21 世纪高职高专规划教材 ◆ 金融保险系列

金融学基础

JINRONGXUE JICHU

主　编　孙　黎
副主编　刘　星　蔡　璨

中国人民大学出版社
·北京·

前言

Preface

在货币多样化的今天，现代金融中的含“金”量越来越少，但其内涵、作用及风险却越来越广、越来越大，并已渗透到社会的每个角落和每个人的生活中。金融学是一门来自生活中的科学，货币、信用卡、储蓄、贷款、物价、利率、基金、股票、外汇、黄金、期货、保险等无一不闪现金融学的影子。每个人都需要学一点金融学，解开金融神秘的面纱，读懂它、应用它，解决生活中出现的金融问题。

本书对最主要的金融学基本原理及人们比较关注的金融问题进行阐述，共分为10个项目，分别为：金融概述、货币与货币制度、信用和金融工具、利息与利率、金融机构、金融市场、货币政策、通货膨胀和通货紧缩、金融危机与金融监管、国际金融。

本书适用于高职院校相关专业的课程教学，也适合于对金融有兴趣或期待解决生活中某方面金融问题的普通读者阅读。与其他同类教材相比，本书特色如下：

1. 体系科学、内容实用。本书依据高职高专人才培养目标，结合金融行业从业要求，衔接了从业资格证书考试内容，以“应用”为主旨构建课程体系。内容紧密联系我国当前金融领域实际，理论知识适度，注重培养学生的职业能力及综合素质。

2. 体例新颖、易教好学。本书采取项目任务式模式，每个项目设有名人名言、知识目标、技能目标、案例导入、小组讨论、小思考、知识链接、案例链接、同步训练等环节，便于教与学的使用。

3. 图文并茂、快乐学习。本书注重可读性，案例来源于生活实际，语言浅显易懂，图文并茂。同时，也希望读者学习后能解读生活中的金融现象，解决现实中的金融问题。

本书为校企合作编写，由辽宁经济职业技术学院孙黎担任主编，并负责总纂和定稿，中国工商银行股份有限公司辽宁省分行的刘星及重庆青年职业技术学院蔡璨担任副主编。编写分工如下：孙黎编写项目一、项目二、项目三、项目四、项目六、项目七；刘星编写项目五、项目十；蔡璨编写项目八、项目九。

本书在编写过程中，得到了中国人民大学出版社及许多方面的大力支持，也参阅和借鉴了许多金融界和教育界专家与学者的著作和研究成果，并从互联网上选用了一定的案例和资料，在此谨向有关单位和作者表示衷心的感谢！特别感谢中国人民大学出版社的胡连连女士，她为本书的写作提出了非常宝贵的建议，提供了大力的支持。

本书中引用的图片仅用于教学辅助，部分图片来自网络，难以一一联系到原作者，在此向这些作者表示衷心感谢，如涉及版权和报酬事宜，请及时联络本书作者，将按照国家相关规定付酬。

由于作者水平有限，书中难免有错误和疏漏之处，敬请有关专家学者和读者不吝赐教，批评指正，我们将不胜感激。

编　者

2018 年 3 月

目 录

Contents

项目一

金融概述

【名人名言】

金融学理论是一种方法而不是教条，它是有助于你做出正确判断的一种思考问题的技巧。

——凯恩斯（英国经济学家）

【学习目标】

知识目标

◇ 了解金融的含义和构成要素。
◇ 掌握金融的分类。
◇ 了解金融学及主要分支。
◇ 熟悉金融与经济的关系。

技能目标

◇ 能够区分不同形式的金融活动。
◇ 能够指出金融学的学习方向。
◇ 能够正确认识金融在现代经济中的作用。

案例导入

互联网金融改变生活

一、消费金融

随着“互联网+”时代的全面到来，人们的消费理念和消费习惯也在发生着翻天覆地的变化，从传统的“花今天的钱办今天的事”开始转变为“花明天的钱办今天的事”。消费金融纷纷成了各大平台相互追逐和瓜分的对象。

随着多行业巨头纷纷加入战场，消费金融行业的争夺已进入白热化阶段。有分析认为，电商平台会更注重客户的体验，扩大客户群体，但在安全保障方面相对比较弱势；而银行在保护国家资金，或者个人的资金安全的方面，都有一个完整的体系和保障。近年来，互联网金融的浪潮的确倒逼商业银行拥抱“互联网+”。而与其他从事消费金融业务的公司相比，商业银行的优势则在于信用、风控等方面。

随着刺激消费政策的持续出台、消费金融牌照管制放开、居民消费能力提升和消费观念的升级，以及消费金融产品和授信主体的多样化，消费金融有望出现爆发性增长。有机构预计 2019 年将超过 37 万亿元，消费金融万亿级“蓝海”市场将打开。

二、移动支付

2015 年，移动互联网渐渐深入生活，移动终端尤其是手机“接管”我们的生活：人们习惯在手机淘宝上下单网购；习惯用 App 买电影票；习惯用移动钱包去还信用卡、缴纳水电费；习惯用“嘀嘀出行”叫车；习惯用微信去发红包……

2015 年是线下电子支付大规模应用“元年”，快餐店、超市、商场几乎都可以使用支付宝、微信等移动支付工具。央行的数据显示，2015 年二季度全国银行机构共处理电子支付业务 249.76 亿笔，金额 594.15 万亿元。其中，移动支付业务 22.86 亿笔，金额 26.81 万亿元，同比分别增长 141.34%和 445.14%。

资料来源：刘向燔．金融改变生活之互联网金融．河北日报，2016－01－19（15）.

小组讨论

什么是金融？

什么是金融学？

我们生活中哪些活动属于金融范畴？

任务一　认识金融和金融学

一、什么是金融

（一）金融的含义

金融是货币流通和信用活动以及与之相联系的经济活动的总称。广义的金融泛指一切与信用货币的发行、保管、兑换、结算、融通有关的经济活动，甚至包括金银的买卖；狭义的金融专指信用货币的融通。

金融的核心是跨时间、跨空间的价值交换，所有涉及价值或者收入在不同时间、不同空间之间进行配置的交易都是金融交易。金融交易是一种将未来收入变现的方式，其本身并未创造价值。金融交易的频繁程度就是反映一个地区或区域，乃至国家经济繁荣能力的重要指标。传统金融以研究货币资金的流通为基础，而现代的金融趋于复杂，其本质就是经营活动的资本化过程。

☆ 知识链接 1－1 ☆

“金融”一词的由来

古代汉语中既有“金”字，又有“融”字，但却没有“金融”一词。“金融”一词属于谓语宾语结构，倒置而已。这里“融”是谓语，指融通、流通；“金”是宾语，指货币、资金；主语则是银行、钱庄等金融机构，已经省略。完整的意思应该是：银行融通货币资金。“金”与“融”的“连姻”使“金”活跃起来，又使“融”有了对象，内涵丰富、形象生动，而且言简意赅。

“金融”一词始于何时，目前已无法考证。最早列入“金融”条目的工具书是 1908 年开始编撰、1915 年出版的《辞源》，其中写着“今谓金钱之融通状态曰金融，旧称银根。各种银行、票号、钱庄曰金融机构”。其次则是 1936 年出版的《辞海》，其金融条目的释文是“谓资金融通之形态也，旧称银根”。由此推算，“金融”一词的出现和使用当在 19 世纪后半叶。

（二）金融的内容

金融的内容可概括为货币的发行与回笼，存款的吸收与付出，贷款的发放与回收，金银、外汇的买卖，有价证券的发行与转让，保险、信托、国内、国际的货币结算等。从事金融活动的机构主要有银行、信托投资公司、保险公司、证券公司、投资基金，还有信用合作社、财务公司、金融资产管理公司、邮政储蓄机构、金融租赁公司以及证券、金银、外汇交易所等。

（三）金融的构成要素

金融是一种复杂的交易活动，它是由金融对象、金融工具、金融机构、金融市场、金融调控机制五部分构成，见图 1－1。这些基本要素对金融来说缺一不可，没有这些要素就不可能存在金融活动，也不能组成真正的金融关系。

（1）金融对象：货币（资金）。由货币制度所规范的货币流通具有垫支性、周转性和增值性。

（2）金融工具：以借贷为主的信用方式为代表。金融市场上交易的对象，一般是信用关系的书面证明、债权债务的契约文书等，包括直接融资：无中介机构介入；间接融资：通过中介机构的媒介作用来实现的金融。

（3）金融机构：包括银行和非银行金融机构等，是金融市场的参与者。

金融的构成要素

1.金融对象

2.金融工具

3.金融机构

4.金融市场

5.金融调控机制

图1-1 金融的构成要素

（4）金融市场：包括资本市场、货币市场、外汇市场、保险市场、衍生性金融工具市场等。

（5）金融调控机制：国家对金融活动进行监督管理和政策性调节等措施。

以上各金融构成要素间关系如下：金融活动一般以金融工具为载体，并通过金融工具的交易，在金融市场中发挥作用来实现货币资金使用权的转移，金融调控机制在其中发挥监督和调控作用。

（四）金融的分类

1. 按金融活动的方式划分

按金融活动的方式划分，可分为直接金融和间接金融。

（1）直接金融，是指资金盈余部门与资金短缺部门分别作为最后贷款者和最后借款者直接协商借贷，或者由资金盈余部门直接购入资金短缺部门的有价证券而实现资金融通的金融行为。

（2）间接金融，是指资金盈余部门与资金短缺部门之间通过金融中介机构间接实现资金融通的金融行为。金融机构发出的证券为间接证券。如银行用发行金融债券集中的资金发放贷款或购入企业债券，就是一种有银行介入的间接金融活动。其中，银行发行的金融债券就是间接融资债券。

2. 按金融活动的目的划分

按金融活动的目的划分，可分为政策性金融、商业性金融和合作性金融。

（1）政策性金融，是指在一国政府支持下，以国家信用为基础，运用各种特殊的融资手段，严格按照国家法规限定的业务范围、经营对象，以优惠性存贷利率，直接或间接为贯彻、配合国家特定的经济和社会发展政策，而进行的一种特殊性资金融通行为。它是一切规范意义上的政策性贷款，一切带有特定政策性意向的存款、投资、担保、贴现、信用保险、存款保险、利息补贴等一系列特殊性资金融通行为的总称。

（2）商业性金融，是指金融企业按照市场经济原则、以商业利益为经营目标的金融活动，它以利润最大化为目的。商业银行、保险公司、证券公司和信托投资公司等的融资活动都是商业性金融。

（3）合作性金融，是指互助合作组织在成员之间进行的金融活动，它不以营利为目的，主要是为了解决成员的融资活动。

3. 按金融活动是否接受政府监管划分

按金融活动是否接受政府监管划分，可分为官方金融和民间金融。

（1）官方金融，又称正规金融，是指由政府批准并进行监管的金融活动。官方金融是属于正式金融体制范围内的，即纳入我国金融监管机关管理的金融活动。

（2）民间金融，又称非正规金融（未观测金融），是指个人、家庭和企业之间，通过绕开官方正式的金融体系而直接进行金融交易活动的行为，包括民间借贷、民间互助会、地下钱庄和地下投资公司等。

4. 按金融活动的运行机制划分

按金融活动的运行机制划分，可分为微观金融和宏观金融。

（1）微观金融，是指金融市场主体（企业、政府、金融中介机构和个人）的投融资行为及金融市场价格的决定等微观层次的金融活动。

（2）宏观金融，是指金融系统各构成部分作为整体的行为及其相互影响以及金融与经济的相互作用，包括货币供求、物价变动、货币财政政策和国际收支等。

5. 按金融活动的性质和功能划分

按金融活动的性质和功能划分，可分为银行业、证券业、保险业、信托业、租赁业等。

（1）银行业在我国是指中国人民银行、监管机构、自律组织，以及在中华人民共和国境内设立的商业银行、城市信用合作社、农村信用合作社等吸收公众存款的金融机构、非银行金融机构、政策性银行，是最早从事金融业务活动的行业。

☆ 知识链接 1-2 ☆

中国经历的三个金融时代中银行功能的演变

1. 财政金融时代

1979 年改革开放前，中国实行以财政金融为主的金融体制，这一时期，银行与其说是金融企业，不如说是财政的一级机构，主要承担财政出纳的功能。

2. 货币金融时代

1980 年中国财政金融体制开始实行“拨改贷”政策，工、农、中、建四大专业银行开始履行向企业商业贷款的功能，银行开始靠赚取存贷息差获利。中国商业银行金融业开始发展，中国金融由此进入货币金融时代。

3. 资本金融时代

1991 年前后，我国相继组建了深沪两个股票交易所，开始了以直接融资为表现形式的资本金融时代的进程。在大规模组建证券、信托、基金等非银机构的同时，商业银行也开始大力拓展中间业务和部分投资银行业务，这表明，中国金融业开始从分业经营向混业经营转型。此后，以股票和债券为主的直接融资发展迅速。无论是从证券金融机构，还是从上市公司规模和累计直接融资总额看，中国正在跨入资本金融时代。

资料来源：刘纪鹏．资本金融学．北京：中信出版社，2012.

（2）证券业是指从事证券发行和交易服务的专门行业，是证券市场的基本组成要素之一，主要由证券交易所、证券公司、证券协会及金融机构组成，并为双方证券交易提供服务，促使证券发行与流通高效地进行，并维持证券市场的运转秩序。

(3) 保险业是保险业务机构以集中起来的保险费建立保险基金，对被保险人因自然灾害或意外事故所造成的经济损失或人身伤亡提供补偿的金融服务行业。

(4) 信托业是信托业务机构接受委托，代为管理、经营和处理经济事务的金融服务行业，现代信托业还从事投资业务。

(5) 租赁业是以金融信贷和物资信贷相结合的方式提供信贷服务的经营业。一般的租赁活动，是出租人将自己拥有的物质资料按一定条件出租给他人使用，承租人在使用过程中按照规定交纳租金。

☆ 知识链接 1-3 ☆

金融业

金融业是指经营金融商品的特殊行业，它包括银行业、保险业、信托业、证券业和租赁业等。金融业在国民经济中处于牵一发而动全身的地位，关系经济发展和社会稳定，具有优化资金配置和调节、反映、监督经济的作用。

金融业具有以下特点：

1. 指标性，是指金融的指标数据从各个角度反映了国民经济的整体和个体状况，金融业是国民经济发展的晴雨表。

2. 垄断性，一方面是指金融业是政府严格控制的行业，未经中央银行审批，任何单位和个人都不允许随意开设金融机构；另一方面是指具体金融业务的相对垄断性。

3. 高风险性，是指金融业是巨额资金的集散中心，涉及国民经济各部门。单位和个人，其任何经营决策的失误都可能导致“多米诺骨牌效应”。

4. 效益依赖性，是指金融效益取决于国民经济总体效益，受政策影响大。

5. 高负债经营性，是指相对于一般工商企业而言，其自有资金比率较低。

金融业的独特地位和固有特点，使得各国政府都非常重视本国金融业的发展。我国对此有一个认识和发展过程，经过几十年改革，金融业以空前未有的速度和规模在成长。随着经济的稳步增长和经济、金融体制改革的深入，金融业有着美好的发展前景。

二、什么是金融学

金融学，是以融通货币和货币资金的经济活动为研究对象，具体研究个人、企业、金融中介机构、政府如何获取、支出、管理资金及其他金融资产的学科，是从经济学中分化出来的学科。微观金融学和宏观金融学是金融学的两大分支，见图 1-2。

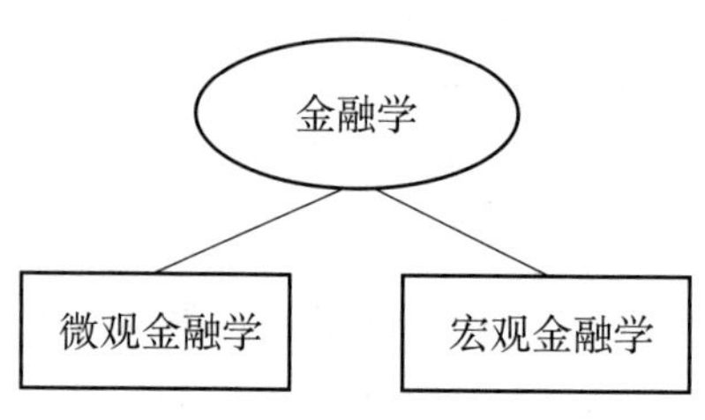

图 1-2 金融学两大分支

微观金融学主要研究金融资产定价和公司金融（理财）的问题，它比较强调从“科学”而不是其他的角度（例如“制度”）来认识人类金融活动中的客观规律。其核心内容是个人在不确定环境下如何进行最优化、企业如何根据生产的需要接受个人的投资、经济组织（市场和中介）在协助个人及企业完成资源配置任务时应起的作用；关键在于怎样达成一个合理的均衡价格体系。

宏观金融学研究在一个以货币为媒介的交换经济中如何实现高就业、低通货膨胀、国际收支平衡和经济增长。宏观金融学是宏观经济学（包括开放条件下）的货币版本，它着重于宏观货币经济模型的建立，并通过它们得出对于实现高就业、低通货膨胀、高经济增长和其他经济目标可能有用的货币政策结论和建议。

金融学专业培养具备金融学理论知识和业务技能，能在银行、证券、投资、保险及其他经济管理部门和企业从事相关工作的专门人才。

金融学主要学习方向：政治经济学、货币银行学、商业银行经营管理、中央银行、国际金融、国际结算、证券投资、投资项目评估、投资银行业务、公司金融等。

任务二 了解金融在现代经济中的地位

一、金融与经济的辩证关系

经济是将各类资源（包括自然资源、社会资源）进行配置的活动，按配置方式不同有计划经济和市场经济等。经济活动配置的资源包括人、财、物和信息等。而金融是货币资源的融通以及由此衍生的各种活动形式，是从属于经济活动的。经济学是研究经济活动理论及实务的学问，金融是经济活动的一个重要分支，一般经济学偏理论，金融多实务。

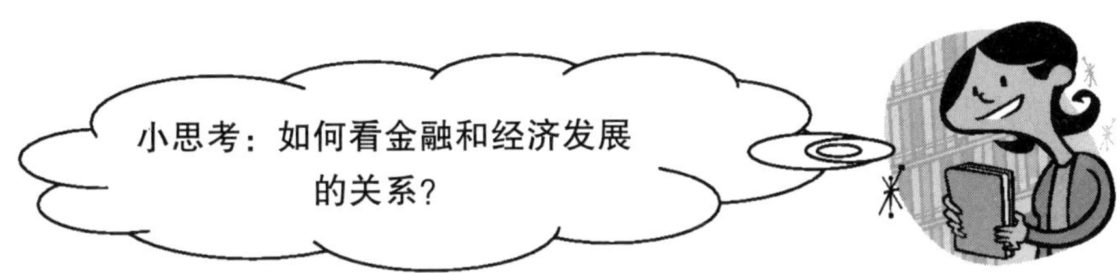

金融与经济发展的关系可表达为：二者紧密联系、相互融合、互相作用。

（一）金融是经济发展的结果

金融是商品货币关系发展的必然产物，经济发展对金融起决定作用。经济发展对金融的决定性作用集中表现在两个方面：一是金融在商品经济发展过程中产生并伴随着商品经济的发展而发展；二是商品经济的不同发展阶段对金融的需求不同，由此决定了金融发展的结构、阶段和层次。

（二）金融促进经济的发展

金融在为经济发展服务的同时，对经济发展有巨大的推动作用。金融对经济的推动作用是通过金融运作的特点、金融的基本功能、金融机构的运作以及金融业自身的产值增长这四条途径来实现的：（1）通过金融运作为经济发展提供各种便利条件；（2）通过金融的基本功能为经济发展提供资金支持；（3）通过金融机构的经营运作来提高资源配置和经济发展的效率；（4）通过金融业自身的产值增长直接为经济发展做贡献。

金融促进经济发展的同时，也可能出现一些不良影响和副作用。主要体现在因金融总量失控出现信用膨胀导致社会总供求失衡；因金融运作不善使风险加大，一旦风险失控将导致金融危机，引发经济危机；因信用过度膨胀而产生金融泡沫，膨胀虚拟资本、刺激过度投机、破坏经济发展三个方面上。因此，我们应正确认识金融与经济发展的关系，充分重视金融对经济发展的推动作用，积极防范金融对经济的不良影响，摆正金融在经济发展中的应有位置，使金融在促进经济发展过程中获得自身的健康成长，从而最大限度地为经济发展服务。

无论是从国际还是从国内的经济发展状况看，经济发展都离不开金融。金融发展水平和金融深化程度已经成为一国经济发展水平的重要标志。金融在促进经济发展过程中起着越来越重要和不可替代的作用。

二、金融在现代经济中的作用

（一）金融在现代经济中具有核心地位

金融在现代经济中的核心地位，是由其自身的特殊性质和作用所决定的。现代经济是市场经济，市场经济从本质上讲就是一种发达的货币信用经济或金融经济，它的运行表现为价值流导向实物流，货币资金运动导向物质资源运动。金融运行正常有效，则货币资金的筹集、融通和使用充分而有效，社会资源的配置也就合理，对国民经济走向良性循环所起的作用也就明显。金融在现代经济中的核心地位，可以从六个方面反映出来：

（1）经济货币化程度加深；

（2）以银行为主体的多元化金融体系已经形成；

（3）金融创新方兴未艾，货币形式正在发生变化；

（4）经济主体的持币动机发生转移；

（5）金融调控已经成为主要的宏观调控方式；

（6）金融深化已经成为现代经济发展中的典型特征。

（二）金融是现代经济中调节宏观经济的重要杠杆

现代经济是指市场机制对资源配置起基础性作用的经济，其显著特征之一是宏观调控的间接化。而金融在建立和完善国家宏观调控体系中具有十分重要的地位。金融业是联结国民经济各方面的纽带，它能够比较深入、全面地反映成千上万个企事业单位的经济活动；同时利率、汇率、信贷、结算等金融手段又对微观经济主体有着直接的影响，国家可以根据宏观经济政策的需求，通过中央银行制定货币政策，运用各种金融调控手段，适时地调控货币供应的数量、结构和利率，从而调节经济发展的规模、速度和结构，在稳定物价的基础上，促进经济发展。

（三）现代一切经济活动几乎都离不开货币资金运动

在现代经济生活中，货币资金作为重要的经济资源和财富，成为沟通整个社会经济生活的命脉和媒介。从国内看，金融连接着各部门、各行业、各单位的生产经营，联系每个社会成员和千家万户，成为国家管理、监督和调控国民经济运行的重要杠杆和手段；从国际看，金融成为国际政治经济文化交往、实现国际贸易、引进外资和加强国际经济技术合作的纽带。

☆ 案例链接 1-1 ☆

央行：我国经济金融运行平稳 国际市场风险隐患多

中国人民银行货币政策委员会2016年第三季度例会日前在北京召开。

会议分析了当前国内外经济金融形势。会议认为，当前我国经济金融运行总体平稳，但形势的错综复杂不可低估。世界经济仍处于国际金融危机后的深度调整期。主要经济体经济走势分化，美国经济温和复苏，欧元区复苏基础尚待巩固，日本经济低迷，部分新兴经济体实体经济有所改善，国际金融市场风险隐患增多。

会议强调，要认真贯彻落实党的十八大和十八届三中、四中、五中全会、中央经济工作会议和党中央、国务院关于下半年经济工作的部署。密切关注国际国内经济金融最新动向和国际资本流动的变化，坚持稳中求进工作总基调，适应经济发展新常态，继续实施稳健的货币政策，更加注重松紧适度，灵活运用多种货币政策工具，保持适度流动性，实现货币信贷及社会融资规模合理增长。改善和优化融资结构和信贷结构。提高直接融资比重，降低社会融资成本。按照加强供给侧结构性改革的要求，继续深化金融体制改革，增强金融运行效率和服务实体经济能力，加强和完善风险管理。进一步推进利率市场化和人民币汇率形成机制改革，保持人民币汇率在合理均衡水平上的基本稳定。

导入案例启示

我们的生活离不开金融。生活中凡涉及货币供给、银行与非银行信用、以证券交易为操作特征的投资、商业保险以及以类似形式进行运作的所有交易行为的集合都可以界定为金融范畴。移动互联网技术让金融插上了腾飞的翅膀，以支付宝、余额宝、微信支付、p2p、众筹等为主要形式的互联网金融日益渗透于大众生活。学习金融学，让我们在参与金融活动时既能充分享用它提供的便利和实惠，又能有效防范和控制它可能造成的风险和损失。

项目小结

金融是货币流通和信用活动以及与之相联系的经济活动的总称。广义的金融泛指一切与信用货币的发行、保管、兑换、结算、融通有关的经济活动，甚至包括金银的买卖；狭义的金融专指信用货币的融通。金融是一种复杂的交易活动，它是由金融对象、金融工具、金融机构、金融市场、金融调控机制五要素构成。

金融的分类主要有：（1）按金融活动的方式划分为直接金融和间接金融；（2）按金

融活动的目的划分为政策性金融、商业性金融和合作性金融；（3）按金融活动是否接受政府监管划分为官方金融和民间金融；（4）按金融活动的运行机制划分为微观金融和宏观金融；（5）按金融活动的性质和功能划分为银行业、证券业、保险业、信托业、租赁业等。

金融学，是以融通货币和货币资金的经济活动为研究对象，具体研究个人、企业、金融中介机构、政府如何获取、支出、管理资金及其他金融资产的学科。

微观金融学和宏观金融学是金融学的两大分支。微观金融学主要研究金融资产定价和公司金融（理财）的问题；宏观金融学研究在一个以货币为媒介的交换经济中如何实现高就业、低通货膨胀、国际收支平衡和经济增长。

金融学主要学习方向：政治经济学、货币银行学、商业银行经营管理、中央银行、国际金融、国际结算、证券投资、投资项目评估、投资银行业务、公司金融等。

金融与经济发展的关系可表达为：二者紧密联系、相互融合、互相作用。具体来说：金融是经济发展的结果，金融促进经济的发展。

金融在现代经济中的作用体现为：金融在现代经济中具有核心地位；金融是现代经济中调节宏观经济的重要杠杆；现代一切经济活动几乎都离不开货币资金运动。

同步训练

☆ 知识训练 ☆

一、总结本项目知识体系，并画出框架图。

二、知识闯关

1. 名词解释

金融、直接金融、间接金融、政策性金融、商业性金融、合作性金融、官方金融、民间金融、微观金融、宏观金融、金融学

2. 简答题

（1）什么是金融？金融的构成要素有哪些？

（2）什么是金融学？金融学的两大分支是什么？

（3）简述金融的分类。

（4）金融与经济发展的关系是什么？

（5）金融在现代经济中的作用体现在哪些方面？

三、讨论金融在现代经济中的作用。

☆技能训练☆

以“生活中的金融”为主题，小组讨论并调查日常生活中经常使用的金融服务及存在的主要问题，收集资料，制作 PPT 并演示汇报。

项目二

货币与货币制度

【名人名言】

谁控制了石油，谁就控制了所有国家；谁控制了粮食，谁就控制了人类；谁掌握了货币发行权，谁就掌握了世界。

——基辛格（美国前国务卿）

【学习目标】

知识目标

◇ 了解货币的产生，理解货币的本质。

◇ 掌握货币的形式和职能。

◇ 理解货币层次划分的意义和依据，掌握我国货币层次的划分。

◇ 掌握货币制度的基本内容，掌握我国的人民币制度相关内容。

技能目标

◇ 能够正确认识和分析现实生活中的货币现象。

◇ 能够运用所学的货币原理处理简单的经济事务。

案例导入

货币与财富

我们普通人理解的货币就是口袋里的钱或银行账号里的数字——人民币、美元、欧元，甚至日元、澳元、加元等。货币的专业解释是固定充当一般等价物的商品，一般等价物的解释是从商品中分离出来，能交换其他商品的商品。

道理大家都明白：钱多就富裕，能买各种商品或服务——豪车、豪宅及住宿高档酒店和享受顶级 SPA 会馆的按摩。

可如何获得货币（俗称的钱）呢？去赚啊！赚钱的本质是劳动，从整个社会大局的视角去观察就是你为社会/别人提供了急需的商品或服务。两层意思：一是你提供商品/服务的稀缺性和价值性决定了劳动的单价，科学家一项发明的价值远大于一个工厂女工生产一双鞋的价值，所以科学家从该项发明获取的货币肯定大于女工从那双鞋获取的货币；二是你提供商品/服务的数量决定了能获得多少货币，生产两双鞋的女工收入肯定要大于生产一双鞋的。

所以，你赚的货币＝劳动单价×劳动数量（以你的角度）＝商品/服务的单价×数量（从社会大局的角度）。整个经济社会的本质就是你为别人提供商品/服务，别人为你提供商品/服务，而这种交换的媒介就是货币。

不知你是否理解了货币与财富之间的关系：你拥有的货币多，代表你拥有的商品/服务多，相应的你可以交换更多的你需要的商品/服务，这些商品/服务可等同于财富。

财富的本质从古到今是一致的，无非是土地、房产、车辆、粮食等，只是内容有所增减：增加的有汽车、手机、电脑等电子设备等，减少的如女婢等。可货币却一直在变化：现在国家印刷的纸钞被当作货币使用，100 多年前的中国清朝银子是货币，再早先的封建社会铜板是货币，更早的奴隶社会的货币就是贝壳甚至羊。

所以货币并不是财富，它代表、交换着财富。说一个国家或地区富裕实质是它能提供/生产更多的商品/服务，而不能简单地说它有更多的货币，这就很好解释世界历史上的货币危机：哥伦布发现美洲新大陆的大航海时代，欧洲各国就把金银作为货币，当美洲开采的大量金银源源不断地运入欧洲后，因当地的商品/服务并没有大量增加，所以造成了通货膨胀——同样的金银只能买更少的商品。

我们说一个人是否富有，不是简单地说其货币数量的绝对值多少，实质是其拥有的货币占整个社会中货币的比例多少，对应的就是其拥有的财富。

资料来源：南方财富网．货币如何代表着财富并影响我们的生活：通缩/通胀/滞胀．（2016－10－14）［2017－11－13］．http：//www. southmoney. com/touzilicai/waihui/201610/772451. html.

小组讨论

什么是货币？

货币以什么形式存在？

我国现行的货币制度包括哪些内容？

任务一　探知货币

一、货币的产生

货币起源于商品，是商品生产和商品交换发展到一定程度的必然产物，是商品经济内在矛盾发展的必然结果。货币的产生大致经历了下述四个阶段。

（一）偶然的物物交换

原始社会末期，由于生产力水平极其低下，发生在两个部落之间的交换，只能是偶然的多余产品的物物交换。如有时用2只羊换1把石斧，羊是表现石斧价值的手段，人们把羊看作石斧价值的代表，或者说与石斧价值等同，称之为等价物。

（二）扩大的物物交换

随着社会生产力和社会分工的发展，物物交换的范围不断扩大，参加交换的商品种类与数量越来越多，一种商品已不再是偶然地与另外一种商品相交换，而是经常地与多种商品相交换，如2只羊可以换1把石斧，或1担谷，或1包盐，等等。

物物交换具有明显缺点：物物交换要求双方都需要对方的商品，交换才能成功，否则交换就无法进行。

（三）一般等价物作为媒介的交换

为了克服物物交换的困难，人们在长期无数次交换的实践中找到了办法，即寻找一种能够为交换双方都能够接受的物品作为一般等价物，这种物品就是最原始的货币。在历史上，牲畜、布帛、贝壳、粮食、食盐、金属等都充当过一般等价物。我国最早充当一般等价物的商品之一是贝，见图2-1。许多与商品交换有关的汉字，都有贝字作部首，如货、赔、赚、贩、购等。

图2-1　中国最早的货币——贝币

（四）一般等价物固定在金银上——货币产生

一般等价物出现后，商品交换就分为两步：第一步，用自己的商品换成一般等价物；第二步，用一般等价物换取自己需要的商品。

马克思依据劳动价值说，通过对价值形式发展的分析，指出商品价值形式发展经历了四个阶段：简单的或偶然的价值形式、扩大的价值形式、一般的价值形式和货币价值形式。当一般等价物的职能长期固定在金银身上以后，金银就从商品群里分离出来，用来表现一切商品的价值。这种用货币来表示商品价值的形态，马克思称之为货币价值形态，货币也由此产生了。

一般等价物固定在金银上，是由金银自身的自然属性决定的，即金银有许多适合固定充当一般等价物的特征：体积小、价值大、便于携带和收藏；不易变质和磨损，便于长期保存；硬度小，质地均匀，便于分割和合并。因此，马克思指出：金银天然不是货币，但货币天然是金银。

二、货币的本质

从货币产生的过程以及最终结果来看：货币是固定地充当一般等价物的商品。货币的本质就是一般等价物。

准确地理解货币要把握以下两点：

（1）货币是商品，具有商品的共性。

商品价值形式的发展表明：货币是在商品交换过程中从一般商品中分离出来的，是用来交换的劳动产品，具有商品的共性，即价值和使用价值。货币既是价值的凝结体，又具有使用价值，能够满足人们的某些需要，这是货币与一切商品相交换的基础。例如，黄金和其他商品一样，是用来交换的劳动产品，是价值的凝结体；另一方面它也能满足人们某些方面的需求，如作装饰品等，具有使用价值。

（2）货币不是一般商品而是特殊商品。

货币的特殊性表现在货币取得了一般等价物的独占权，任何商品都不能与其并列。具体体现为两点：一是货币能够表现一切商品的价值；二是货币具有与一切商品直接交换的能力。

三、货币的职能

货币的职能，也就是货币在人们经济生活中所起的作用。在发达的商品经济条件下，货币具有五种职能：价值尺度、流通手段、贮藏手段、支付手段和世界货币。其中，价值尺度和流通手段是货币的基本职能，其他三种职能是由基本职能派生出来的派生职能。

（一）价值尺度

价值尺度是指货币具有表现和衡量其他一切商品价值大小的职能。货币之所以能表现和衡量其他商品价值，是因为货币本身也是商品，也有价值。货币执行价值尺度的职能时，并不需要现实的货币，只需要观念上的或想象中的货币。

货币在发挥价值尺度职能时，又产生了两个派生职能：一是价格；二是价格标准。当商品的价值用货币来表现时，就是商品的价格。价格是商品价值的货币表现。

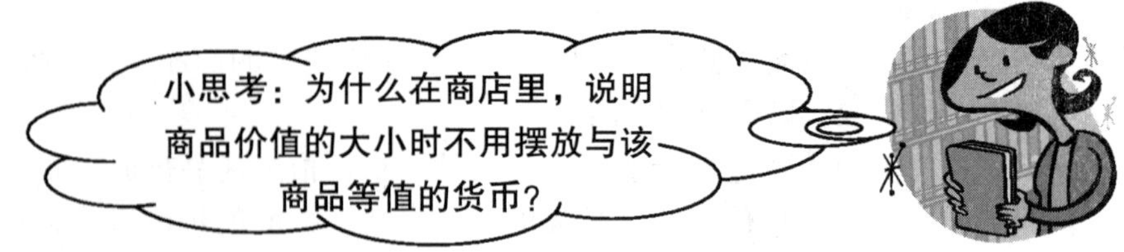

（二）流通手段

流通手段是指货币在商品交换中充当交换媒介的职能。在货币执行流通手段这一作用的情况下，商品与商品不再是互相直接交换，而是以货币为媒介来进行交换。商品所有者先把自己的商品换成货币，然后再用货币去交换其他的商品。

作为流通手段的货币，必须是现实的货币，它可以是不足值的，但不能是观念上的货币。起初是贵金属条、块，以后发展成铸币，最后出现了纸币。纸币是从货币作为流通手段的职能中产生的。

（三）贮藏手段

贮藏手段是指货币退出流通领域被人们当作社会财富的一般代表保存的职能。作为贮藏的货币必须是足值的、实在的。货币能贮藏取决于两个因素：一是贮藏期内不损失其价值；二是在需要购买时能顺利地购买到所需商品。

货币作为贮藏手段具有自发调节货币流通量的作用。当流通中所需要的货币量减少时，多余的金属货币便会退出流通成为贮藏货币；反之，当流通中所需要的货币量增多时，一部分贮藏货币又会重新进入流通成为流通手段。因为贮藏货币具有这种作用，所以在足价的金属货币流通的条件下，便不会产生流通中货币量过多的现象，不会发生通货膨胀。

（四）支付手段

支付手段是指伴随着商品的运动，货币作为价值单方面转移时执行的职能，如在商品赊销过程中的延期支付，以及用于清偿债务或支付税金、租金、工资等。

支付手段职能是流通手段职能的延伸。货币作为支付手段，一方面克服了货币作为流通手段所要求的“一手交钱，一手交货”的局限性，使买和卖的过程相互分离，促进了商品生产和商品流通的发展；另一方面也扩大了商品经济的矛盾。信用关系的过分扩张，或某些企业生产流转过程出现问题，会产生到期不能支付的“脱节”问题。

（五）世界货币

货币的最后一种职能是充当世界货币，即在世界市场上发挥一般等价物的作用，在国际范围内执行价值尺度、流通手段、贮藏手段和支付手段职能。

第二次世界大战前，黄金是世界货币。当今世界，国际上部分发达国家的货币充当世界货币的职能，如美元、欧元、英镑等，它们在国与国之间具有普遍接受性，发挥着价值尺度、支付手段等职能。

四、货币形式的演变

货币作为一种人们能够接受的支付工具，在不同时期有不同的表现形式。货币形式的演变主要体现在币材的变化上，而这种变化是不断地适应生产力和商品经济发展要求的。这一演变大致分为五个阶段，见图 2-2。

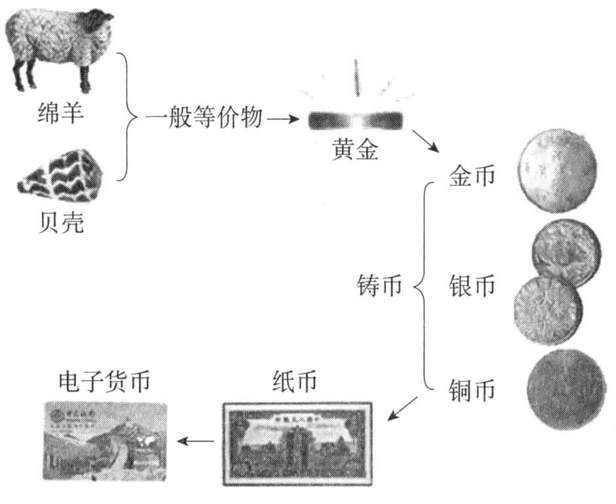

图 2-2　货币形式演变

（一）实物货币

实物货币又称商品货币或足值货币，是指以自然界存在的某种商品或人们生产的某种商品来充当货币。

一般价值形式转化为货币价值形式后，有一个漫长的实物货币形式占主导的时期。但以实物形态存在的货币在交换中具有一定的局限性，如不易分割，无法满足小额商品交换的需要；不易保管；不便携带等，因此，随着商品经济的发展，实物货币逐渐为金属货币所取代。

（二）金属货币

金属货币是指以金属（主要是金、银）为材料并铸成一定形状的货币。

金属冶炼技术的出现与发展自然是金属货币广泛使用的物质前提。金属货币具有价值稳定、易于分割、便于储藏和携带等优点。

金属货币代替实物货币方便了商品交换，促进了商品经济的发展。但金属货币也存在缺陷，如携带大量铸币比较沉重，也不安全；铸币在流通中会不断磨损，其实际价值和名义价值不符；金属货币的数量受制于金属的储量和开采量，无法伴随商品交换数量的增长而增长。因此，金属货币逐渐被纸币所取代。

（三）代用货币

代用货币是在贵金属流通制度下，由政府或银行发行的代替金属货币流通的纸币符号。这种纸币所代表的价值是金属货币价值，可以自由地向发行机构兑换金银。

代用货币较金属货币有明显的优点：印刷成本低；节省了黄金作为币材的使用；降低了运送成本与风险。但是，代用货币的发行量受贵金属准备量的限制，不能满足经济发展的需要，随着金本位制的崩溃，代用货币就退出了历史舞台。

（四）信用货币

信用货币是以信用作为担保，通过信用程序发行和创造的货币。信用货币自身没有价值，并且不代表任何金属货币，是一种纯粹的货币符号，其购买力远远大于货币币材的价值，是完全依靠政府信用和银行信用而流通的一种信用凭证。目前，世界各国发行的货币基本上都属于信用货币。

信用货币的主要形态是纸币。中国是世界上最早使用纸币的国家。公元 11 世纪，北宋的交子是典型的纸币，它是由国家印制、强制使用的不兑现的货币符号，是世界上最早出现的纸币。其后，元、明、清发行的宝钞也属于典型的纸币。

（五）电子货币

电子货币是指可以在互联网上或通过其他电子通信方式进行支付的手段。电子货币没有物理形态，为持有者的金融信用。支付宝、微信支付和手机银行等其实都是电子货币。

☆ 案例链接 2－1 ☆

瑞典迈向“无纸币化”

身上没有现金在瑞典是一件大家早已习以为常的事情，无论是公共交通售票还是商场购物，都可以轻松告别携带现金的不便，电子钱包和银行卡支付早已成为主流。就连以前需要投币才能使用的公共洗手间都可以通过电子支付来完成，丝毫不用担心自己身上是否携带了硬币现金。

现今的瑞典，人们越来越不习惯使用现金，整个社会都在推动电子化交易，“无纸币化”发展迅速。

瑞典有着一个建立在个人或企业信用基础上的金融消费体系，例如在电商平台网购产品，消费者可以选择银行卡、信用账单、电子钱包等多种形式的非现金支付方式。信用账单和个人身份证号相关联，只有信用记录正常的个人才能使用这种电子方式支付，商家在网购商品发货后，会通知第三方信用账单公司给消费者寄送账单，便于消费者先收到商品再支付款项。但个人信用一旦有过不良记录，在瑞典会处处碰壁，从银行卡申办、电子钱包注册、支付与个人身份证关联的账单都阻碍重重。

据瑞典中央银行统计，瑞典十大银行在全国共有 1 400 个营业网点，截至 2016 年，其中 852 个网点已全面取消现金业务服务。瑞典斯安银行（SEB）在全国有 168 个网点，其中 136 个已取消现金业务。在利丁屿市，斯安银行网点早在三年前就不再受理任何现金业务，仅在银行安装两台存取款终端机器，并且每天单卡取款设置 2 万瑞典克朗上限。即使在保留了现金业务的瑞典商业银行当地营业部，也无法一次性取到大额现金，除了每天 1 万瑞典克朗的取款上限，大额预约现金提取还要注明缘由并等待银行审批。由于电子化支付的普及，银行柜台的现金业务所占份额越来越小，瑞典金融监管机构也加大力度反洗钱和管控现金流，另外也能保障银行对外工作环境的安全，在一个没有任何现金业务的银行，劫匪是没有兴趣“光顾”的。

手机支付是近年来最流行的电子支付方式之一，电子钱包的发展也为电子化支付提供了更多选择。据瑞典中央银行统计，2015 年，瑞典现金转账仅占所有支付方式的 2%，预计到 2020 年这一比例将降至 0.5%，而在商店的消费支付中，现金支付仅占约 20%，与五年前相比减少一半。瑞典 1 600 家银行中的 900 家都已经取消了现金业务。另据 VISA 信用卡公司统计，瑞典人年均刷卡消费次数是欧盟平均数的三倍，瑞典人均每年刷卡消费次数达到 207 次。

资料来源：付一鸣．瑞典迈向“无纸币化”．经济参考报，2017－01－17（A04）．

电子货币和纸币一样，是一种货币符号，是一种以电信号形式出现的银行存款。它伴随着银行电子化而产生，是货币银行学与计算机科学高度结合的产物。电子货币自诞生日起就以结算简便、调拨迅速、节约纸张、方便用户、加快商品流通速度等显著优点而受到国际金融界的瞩目。

自 20 世纪 60 年代以来，美、日等国的金融机构纷纷为其银行电子化的目标投入巨款并已取得卓越的成效，其中货币材料电子化就是其努力追寻的目标之一。目前，用电子取代金属、纸张作为一种新型的货币材料不仅已部分地成为现实，而且已代表了未来货币形态的发展趋势。

五、货币层次的划分

货币层次是指各国中央银行在确定货币供给的统计口径时，以金融资产流动性的大小作为标准，并根据自身政策目的的特点和需要划分的层次。货币层次的划分主要是更清楚地反映货币供给及货币创造。

划分货币层次的主要依据是金融资产流动性的强弱。流动性程度不同的金融资产在流通中的交易成本不同、难易程度不同，从而对商品流通和各种经济活动的影响程度也就不同。按流动性强弱将货币划分为不同形式、不同特性的层次，对科学地分析货币流通状况，正确地制定和实施货币政策，及时有效地进行宏观调控具有非常重要的意义。

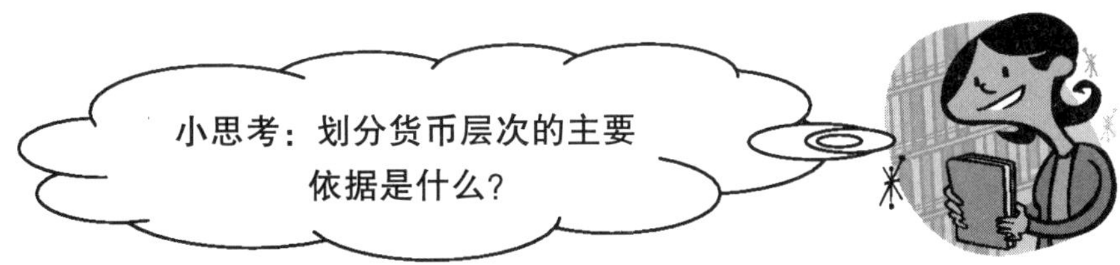

（一）国际货币基金组织的货币层次划分

各国的货币银行制度不同，在货币层次的划分上也不尽相同。国际货币基金组织根据货币涵盖范围的大小和流动性的差别，把货币供应量（某个时点上全社会承担流通和支付手段的货币存量）划分为：

M0＝现钞

M1＝M0＋银行的活期存款

M2＝M1＋准货币

其中，M0 流动性最强，具有最强的购买力。需要说明的是西方国家的 M0 指的是流通于银行体系之外的现钞货币，也就是居民和企业手中的现钞。而在我国，银行体系（不包括中央银行）的库存现钞也属于流通中的现钞货币。

M1，又叫“狭义货币”，其中活期存款由于随时可以变现（提取），所以流动性和购买力不亚于现钞。M1 代表了一国经济中的现实购买力，对货币流通影响最大。在很多国家，M1 是中央银行进行宏观调控的重要变量，是货币政策的中介目标。

M2，又叫“广义货币”，M2 不仅反映现实的购买力，还反映潜在的购买力。定期存款、储蓄存款、外币存款以及各种短期信用工具如银行承兑汇票、短期国库券等不能直接变现，所以不能立即转变成现实的购买力，但经过一定的时间和手续后，也能够转变为购买力，因此，它们又叫作“准货币”。由于 M2 对研究货币流通的整体状况有着重要意义，近年来，很多国家开始把货币供应量的调控目标转向 M2。

若 M1 增速较快，则消费市场活跃；若 M2 增速较快，则投资市场活跃。中央银行和各商业银行可以据此判定货币政策。M2 过高而 M1 过低，表明投资过热、需求不旺，有危机风险；M1 过高而 M2 过低，表明需求强劲、投资不足，有涨价风险。

（二）我国货币层次的划分

根据《中国人民银行货币供应量统计和公布暂行办法》，货币供应量按层次统计。根据国际通用原则，我国以货币流动性差别作为划分各层次货币供应量的标准。我国现行的货币供应量统计有四个层次：

M0＝流通中的现金（货币供应量统计的机构范围之外的现金发行）

M1＝M0＋企业存款（企业存款扣除单位定期存款和自筹基建存款）＋机关团体部队存款＋农村存款＋信用卡类存款（个人持有）

M2＝M1＋城乡居民储蓄存款＋企业存款中具有定期性质的存款（单位定期存款和自筹基建存款）＋外币存款＋信托类存款

M3＝M2＋金融债券＋商业票据＋大额可转让定期存单等

其中，M1，即狭义货币；M2，即广义货币；M2－M1 即准货币，M3 是根据金融工具的不断创新而设置的。

2016 年 8 月中国货币和准货币（M2）供应量为 1 510 982.91 亿元，同比增长 11.4%，2016 年 1—8 月中国货币和准货币（M2）供应量及增速见图 2－3。2016 年 8 月中国货币（M1）供应量为 454 543.6 亿元，同比增长为 25.3%，2016 年 1—8 月中国货币（M1）供应量及增速见图 2－4。

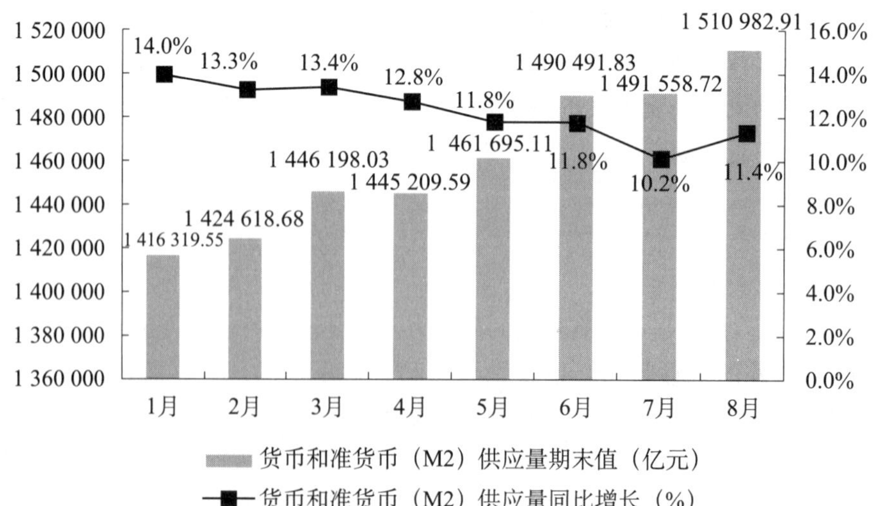

图 2－3　2016 年 1—8 月中国货币和准货币（M2）供应量及增速图

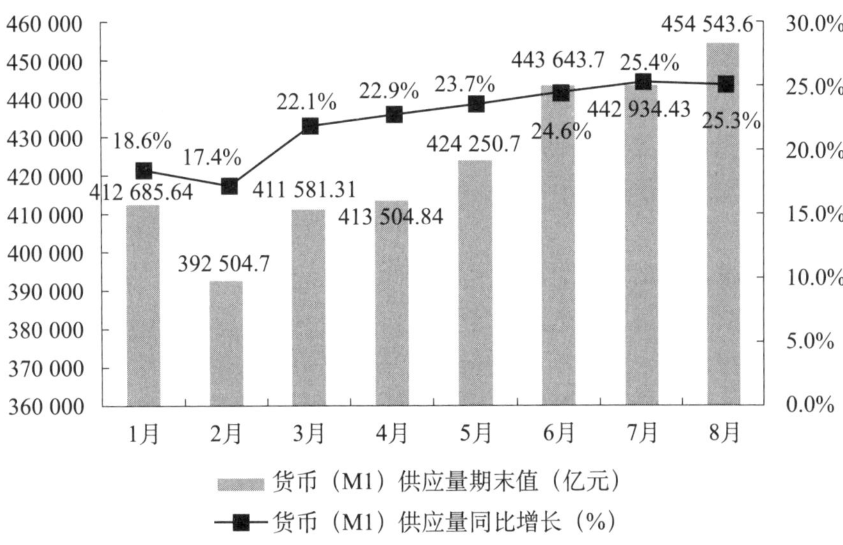

图 2-4　2016 年 1—8 月中国货币（M1）供应量及增速

任务二　熟悉货币制度

一、货币制度的概念

货币制度又称币制，是一个国家以法律形式确定的该国货币流通的结构、体系和组织形式。货币制度的宗旨是加强对货币发行和流通的管理，维持货币币值的稳定，维护国家的经济金融秩序，促进经济稳定、健康发展。

货币制度是历史的产物，是随着资本主义经济制度的建立而逐步形成的。由于货币流通与商品流通紧密相连，如果币权分散、铸币的重量和成色不统一、货币流通本身处于十分混乱的状态，势必会导致商品流通的混乱，影响商品流通范围扩大和统一市场的形成。这在客观上要求国家以法律、法规和规章的形式对货币流通做出规定，形成统一完善的货币制度。

二、货币制度的内容

典型的货币制度包括确定货币材料；确定货币单位；本位币与辅币的铸造、发行和流通程序；规定货币发行准备制度等内容。

（一）确定货币材料

货币材料的确定是一个国家货币制度的基础，确定不同的货币材料就形成不同的货币制度。使用银为本位币材料，即称为银本位制；使用金为本位币材料，即称为金本位制；使用黄金和白银同时为本位币材料，即称为金银复本位制；使用不兑现的无价值的纸做本位币材料，则为纸币本位制。

货币材料的确定并不是各个国家随心所欲指定的，它是由客观经济发展的进程所决定的。资本主义发展初期，广泛流通的是白银，但同时黄金也开始大量进入流通领域，并有排除白银的趋势。这时，资本主义国家就把金银同时规定为货币金属。当黄金在流通中占据统治地位后，各国又不得不规定黄金为货币金属。随着生产的发展和商品流通的扩大，黄金产量无法满足流通的需要，这时各国均以纸币和银行券取代了金属货币。目前各国都实行不兑现的信用货币制度，对货币材料不再做明确规定。

（二）确定货币单位

货币单位是国家法定的货币计量单位。货币单位的确定包括确定货币单位的名称和每一货币单位所含货币金属的重量。规定了货币单位也就规定了价格标准。

在金属货币制度条件下，价格标准是铸造单位货币的法定含金量。如英国的货币单位“磅”，根据1816年5月的金币本位法案规定，1英镑的重量为123.274 47格令，成色为22开金，即含金量为113.001 6格令；美国的货币单位为“美元”，根据1934年1月的法令，美国规定1美元的重量为25.8格令，成色为千分之九百，即含金量为23.22格令。

在纸币本位制度下，货币不再规定含金量，货币单位与价格标准融为一体，货币的价格标准即是货币单位及其划分的等份，如元、角、分。

（三）本位币与辅币的铸造、发行和流通程序

本位币即主币，是一国的基本通货和法定价格标准。本位币具有无限法偿能力（指不论用于何种支付，不论支付数额有多大，对方均不得拒绝接受）。

本位币的最小规模通常是一个货币单位，如1美元、1英镑等。本位币主要用于大宗商品交易和劳务供应的需要，在一国经济生活中起主导作用。

辅币是主币的等分，是小面额货币，主要用于小额交易支付。辅币是有限法偿货币（即在一次支付中有法定支付限额的限制，若超过限额，对方可以拒绝接受），即每次交付的辅币数量超过限额，收方可以拒收。但不少国家规定辅币和主币一样具有无限法偿的能力，我国也采取了这种做法。

金属货币制度下、本位币是用国家规定的货币材料，按照国家规定的货币单位铸造的货币；辅币用贱金属并由国家垄断铸造、信用货币制度下，本位币和辅币的发行权都集中于中央银行或政府指定机构。

一般而言，金属货币制度下本位币可以自由铸造；辅币为限制铸造（即只能由国家铸造）。早期信用货币是分散发行，目前各国信用货币的发行权都集中于中央银行或政府指定机构。

（四）规定货币发行准备制度

货币发行准备制度是指在货币发行时必须以某种金属或某几种形式的资产作为其发行货币的准备。

货币发行准备制度是为约束货币发行规模、维护货币信用而制定的，是一国货币发行的基础，也是一国货币稳定的基础。

在金属货币制度下，货币发行以法律规定的贵金属作为发行准备。在现代信用货币制度下，各国货币发行准备制度的内容比较复杂，一般包括现金准备和证券准备两大类。现金准备包括黄金准备、外汇准备等具有极强流动性的资产准备；证券准备包括国家债券准备、短期商业票据准备等有价证券准备。

三、货币制度的演变

世界各国货币制度的演变，从形态上看，主要经历了银本位制、金银复本位制、金本位制、纸币本位制，见图 2－5。

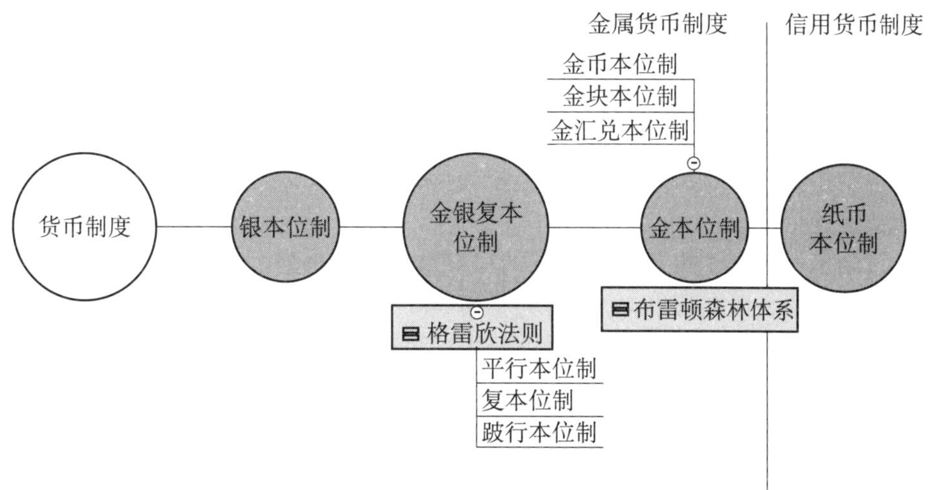

图 2－5　货币制度的演变

（一）金属货币制度

1. 银本位制

银本位制是指以白银作为本位币的一种货币制度，是世界上最早的金属货币制度，也是实施时间最长的一种货币制度。在纪元前及纪元初期，欧洲许多国家，如英国、法国、意大利等，均曾有银币流通。16 至 19 世纪，银本位制在世界许多国家盛行。

银本位制的主要特点如下：

（1）以白银作为本位币币材，银币为无限法偿货币，并有强制流通能力。

（2）本位币的名义价值与其实际价值相符，银币可以自由铸造和熔化。

（3）银行券可以自由兑换银币或等量白银。

（4）白银和银币可以自由输出和输入。

银本位制是与经济不够发达且商品交易主要是小额交易为主的商品经济相适应的货币制度。银本位制最大的缺陷是银价不稳定，易受产银国白银政策的影响而剧烈波动，加上白银体重价轻不适合巨额支付。随着西方国家经济的发展和商品交易额的增加，从 19 世纪起，各国都先后放弃了银本位制，改为金银复本位制。

2. 金银复本位制

金银复本位制是指以金和银两种金属同时作为本位货币流通的货币制度。这是资本主义发展初期最典型的货币制度。

金银复本位制的主要特点如下：

（1）金、银两种铸币都是本位币，本位币的价值与其所含金属的价值相等。

（2）金币与银币同时具有无限法偿能力。

（3）两种货币均可以自由铸造、自由熔化、自由兑换和自由输出入。

实行金银复本位制，必须确定金币和银币间的比价。按比价的确定方式不同，金银复本位制分为以下三种类型：

（1）平行本位制。

平行本位制是指金币和银币间的比价由金银本身的市场价值决定。平行本位制是复本位制的早期形式。

平行本位制下，国家不对两种货币的交换比率加以规定，由市场自发形成和确定。这样，每种商品都有金和银表示的两种价格，金银市场比价波动必然引起商品双重价格比例波动，易造成交易混乱，市场极不稳定。

（2）复本位制。

复本位制是指为了克服"平行本位制"的缺点，国家以法律规定金银两种本位币的比价，按法定比价流通。

复本位制虽然克服了平行本位制下的"双重价格"缺陷，但又出现了新的矛盾，即出现了"劣币驱逐良币"现象。该现象是指当一个国家同时流通两种实际价值不同而法定比价不变的货币时，实际价值高的货币（良币）必然要被熔化、收藏或输出而退出流通领域，而实际价值低的货币（劣币）反而充斥市场。由于这一现象是由16世纪英国财政大臣托马斯·格雷欣发现并提出的，所以称其为"格雷欣法则"。"格雷欣法则"的发现，促使近代世界各国努力统一货币的重量和成色，对于币制的建立和经济的发展颇有贡献。

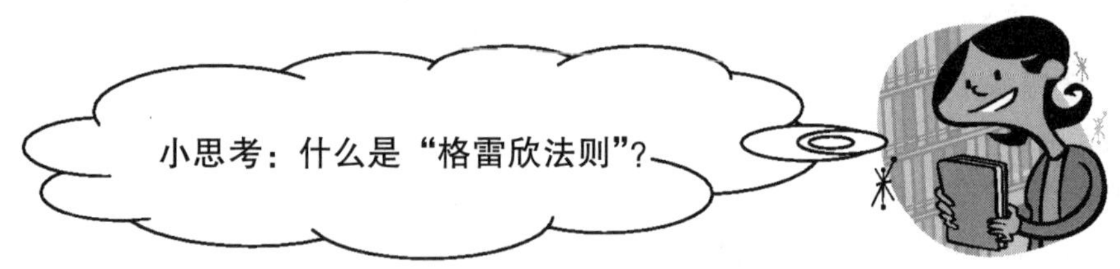

（3）跛行本位制。

为了解决"劣币驱逐良币"现象，一些国家采用了跛行本位制。

跛行本位制是指名义上金币和银币都被规定为本位币，并有法定兑换比率，但金币可以自由铸造，而银币则不能自由铸造，且限制银币每次支付的最高限额，从而将银置于金的从属地位。

在跛行本位制下，银币实质上已演化为金币的符号，起着辅币的作用。从严格意义上讲，跛行本位制已经不是金银复本位制，而是由复本位制向金本位制过渡的一种货币制度。

金银复本位制的演变过程表明，两种本位制的存在必然会产生独占性和排他性，因此金银复本位制度是一种极不稳定的货币制度，这种不稳定性对于迅速发展的资本主义经济具有极大的阻碍作用。英国率先从金银复本位制过渡到金本位制，其后欧洲诸国相继效仿。到19世纪末，世界主要工业化国家都实行了金本位制。

3. 金本位制

金本位制是指以黄金作为本位货币的货币制度。金本位制在发展过程中经历了金币本位制、金块本位制和金汇兑本位制三种形式。

（1）金币本位制。

金币本位制是典型的金本位制，它以金币为本位货币，单位货币包含了一定量的黄金。它具有以下特点：

1）金币为本位货币，单位货币包含了一定量的黄金。

2）金铸币参加流通，可以自由铸造、自由熔化、具有无限法偿能力，其他金属铸币实行限制铸造、有限法偿，克服了金银复本位制条件下双重价值尺度的混乱现象。

3）辅币和银行券可以按各自的面额价值自由兑换金币，以保证其稳定地按照面额进行流通，避免产生对黄金的贬值现象。

4）黄金可以自由输出和输入国境。

金币本位制是一种相对稳定的货币制度，突出表现在国内物价稳定和国际汇率稳定。这种相对稳定的货币制度曾促进了资本主义商品经济的发展。但是这种自发调节机制与国家对经济的调节和控制存在矛盾，这是金币本位制最终被放弃的重要原因。

（2）金块本位制。

金块本位制，又称“生金本位制”，是指没有金币的铸造和流通，而由中央银行发行以金块为准备的纸币或银行券来流通，并对货币的含金量加以规定的货币制度。它的主要特点是：

1）以银行券或纸币作为流通货币，规定有含金量。

2）不准铸造金币，不准金币流通。

3）黄金集中储存于政府，作为银行券流通的保证金。

4）银行券不能自由兑换黄金。可按本位币的含金量（银行券的官方定价），在一定数额以上、一定用途以内兑换黄金。如英国在 1925 年规定银行券数额在 1 700 英镑以上方能兑换黄金，法国在 1928 年规定至少需 215 000 法郎才能兑换黄金。

金块本位制存在的历史不长，因为要维持金块本位制，就必须做到国际收支保持平衡或拥有大量的黄金足以满足对外支付所用。在 1924—1928 年间实行金块本位制的国家有英、法、荷兰、比利时等国。

（3）金汇兑本位制。

金汇兑本位制，也称“虚金本位制”，它是实行银行券流通的方式，银行券在国内不能兑换金块，只能以外汇方式间接兑换黄金的货币制度。其特点是：

1）不铸造金币，没有金币流通，实际上流通的是银行券。

2）银行券规定含金量，但不能直接兑换黄金，只能兑换外汇，以外汇方式间接兑换黄金。

3）中央银行将黄金存于另一个实行金币本位制或金块本位制的国家，规定本国货币与该国货币的法定比率。居民可按这一比率用本国货币兑换外汇，再用外汇向该国兑换黄金。

金汇兑本位制比金块本位制更能节省黄金，但金汇兑本位制对经济的自动调节作用较小，必须通过较大程度的人为管理才能促进国际收支及国内货币供求的平衡。实行金汇兑本位制的国家，实际上是使本国货币依附于经济实力雄厚的外国货币，如英镑、美元、法郎等，从而会在经济上和货币政策上受到这些国家的左右和控制。

资本主义周期性的经济危机，特别是 1929—1933 年资本主义社会世界性的经济危机和金融危机很快地摧毁了这种残缺不全的金本位制，使资本主义国家先后转向不兑现的信用货币制度。

（二）不兑现的信用货币制度

不兑现的信用货币制度，即纸币本位制，是指以不兑换黄金的纸币为本位币的货币制度。当今世界各国普遍实行信用货币制度。

不兑现的信用货币制度具有以下特点：

（1）信用货币一般是中央银行发行的本位货币，由国家法律赋予它无限法偿能力。

（2）信用货币不规定含金量，不能兑换黄金。

（3）现实经济中的信用货币由现金和银行存款构成。

（4）信用货币是通过银行信贷渠道向社会投放。

（5）信用货币的发行数量只能根据本国商品和劳务流通的需要而定，从而使国家对货币的管理成为经济正常发展的必要条件。

不兑现的信用货币制度为政府参与经济管理活动提供了条件，金融当局可以通过货币总量和利率变化，调控宏观经济总量和结构，稳定物价，提高经济效益和社会效益。

四、我国现行的货币制度

我国现行的货币制度是一种“一国多币”的特殊货币制度，即在内地（大陆）实行人民币制度，而在香港、澳门和台湾实行不同的货币制度。表现为不同地区各有自己的法定货币，各种货币限于本地区流通，各种货币之间可以兑换，人民币与港元、澳门元之间按以市场供求为基础决定的汇价进行兑换，澳门元与港元直接挂钩，新台币主要与美元挂钩。

（一）人民币货币制度

人民币制度的内容主要包括：

（1）人民币是我国的法定货币，具有无限法偿能力。

人民币是我国的无限法偿货币，没有规定含金量，不能自由兑换黄金。人民币单位为“元”，元是本位币，即主币，是我国的货币单位。人民币辅币的名称是“角”和“分”。

《中华人民共和国人民币管理条例》第三条规定：中华人民共和国的法定货币是人民币。以人民币支付中华人民共和国境内的一切公共的和私人的债务，任何单位和个人不得拒收。所以我国辅币也具有无限法偿能力。

☆ 案例链接 2-2 ☆

老板 10 万枚硬币买豪车

2016 年 11 月 24 日，河南省郑州市，一郭姓男子和家人开车到进口车店，声称要购买一辆丰田霸道。“他选好车子之后就问我们要不要零钱。”

打开汽车后备厢，店内的员工都惊呆了。硬币分装在十来个塑料袋里，后备厢塞得满满的。1 角、5 角和 1 元，混在一块儿。“手真的抽筋了”店员说，为了数钱，该店专门安排 4 名员工，数了 12 个小时才数完。“来的路上，硬币太重，爆胎了。”购车者郭先生称，“我们家开了个面粉店，不知不觉就存了这么多零钱。”郭先生说，自己家里积攒了太多的硬币，他曾找银行兑换，但银行觉得麻烦不愿兑换，这次要买车，就打算拿来直接花掉。郭先生表示，由于银行对零钱的收取有一定条件，零钱换整十分不方便。几年前，他曾拉着 48 万的硬币买了一辆奥迪。“希望相关部门能多提供一些‘化零为整’的服务。”

资料来源：芮喆．面粉店老板 10 万枚硬币买豪车 店员数钱用簸萁搓．（2016－11－25）［2017－10－29］．http：//picture. youth. cn/qtdb/201611/t2016125 _ 8882425. htm.

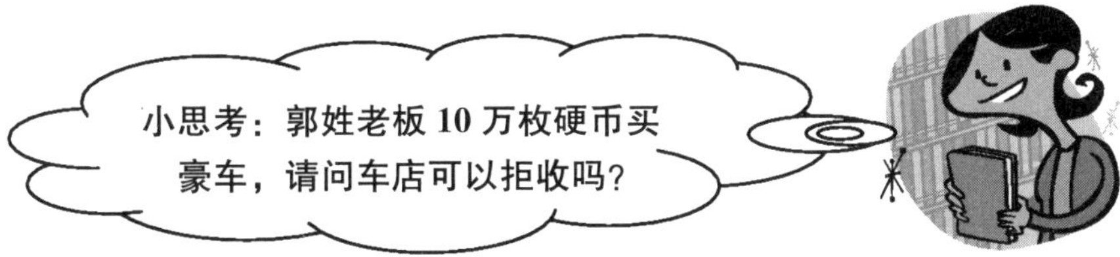

（2）人民币是唯一合法的通货。

我国规定了人民币限额出入国境的制度，在国内严禁一切外国货币流通，金银也不准计价流通。《中国人民银行法》第20条还规定："任何单位和个人不得印制、发售代币票券，以代替人民币在市场上流通。"

（3）人民币的发行坚持经济发行和集中统一的原则。

货币的经济发行是根据经济增长和商品流通的合理需要，按照货币流通规律要求，通过银行信贷收支发行货币。集中统一是指人民币的发行权集中于中央，中国人民银行是国家唯一的货币发行机关。

人民币是不兑现的信用货币，并以现金和存款货币两种形式存在，存款货币由银行体系通过业务活动进入流通。

（4）金准备制度。

我国实行黄金和外汇储备制度，其目的是保证国际支付。

2005年7月21日，我国对完善人民币汇率形成机制进行改革。人民币汇率不再盯住单一美元，而是选择若干种主要货币组成一个货币篮子，同时参考一篮子货币计算人民币多边汇率指数的变化。我国实行以市场供求为基础、参考一篮子货币进行调节、有管理的浮动汇率制度。

（二）港澳台地区的货币制度

1. 中国香港的货币制度

按照《中华人民共和国香港特别行政区基本法》的规定，香港回归后，在香港仍实行独立的港币制度，与内地的人民币制度各成体系，人民币和港币两种货币分别作为两地的法定货币在两地流通。对于内地，港币仍然属于外币；对于香港，人民币也属于外币。

2. 中国澳门的货币制度

澳门的货币制度与香港类似。

3. 中国台湾的货币制度

按照台湾地区的相关规定，新台币是台湾地区的法定货币。

导入案例启示

中央电视台大型纪录片《货币》是这样描述货币的：她在今天人们的心中，仿佛是空气，是水，是阳光，是陪伴人一生的东西。那么她到底是什么呢？地球的生命是45亿年，人类的生命是250多万年，她的生命是五千多年。她在美索布达米亚平原的泥板上，她在亚细亚海边的贝壳里，她在太平洋岛的石头上，她在印第安人的珍珠项链里。她阳光，成就了一切的一切，让自由成为自由，让财富成为财富；她冰冷，定义了今天的格局，让欲望成为欲望，让战争成为战争。如果将人类的250万年压缩成24小时，那么她伴随人类不足三分钟。人们知道她从哪里来，但不知道她到哪里去，她——就是熟悉而又陌生的货币。

货币的定义是固定充当一般等价物的商品。我们要生活，必须拥有货币（钱）。人们一般认为，衡量一个人拥有的财富就是看她拥有多少货币（包括资产）。其实，需要强调的是：货币并不等于财富。货币只是形成财富的手段，健康的货币循环能形成财富，恶性的货币狂飙吞噬财富。

在获取财富的过程中，我们不要忽视了生活的本质——快乐、健康、家庭、责任……总之一切美好的东西，都是值得我们拥有的。

项目小结

货币是固定地充当一般等价物的商品。货币的本质就是一般等价物。

货币具有五种职能：价值尺度、流通手段、贮藏手段、支付手段和世界货币。其中，价值尺度和流通手段是货币的基本职能。

货币形式的演变主要体现在币材的变化，大致分为五个阶段：实物货币、金属货币、代用货币、信用货币、电子货币。

根据国际通用原则，以货币流动性差别作为划分各层次货币供应量的标准。我国现行的货币供应量统计有四个层次：

M0＝流通中的现金（货币供应量统计的机构范围之外的现金发行）

M1＝M0＋企业存款（企业存款扣除单位定期存款和自筹基建存款）＋机关团体部队存款＋农村存款＋信用卡类存款（个人持有）

M2＝M1＋城乡居民储蓄存款＋企业存款中具有定期性质的存款（单位定期存款和自筹基建存款）＋外币存款＋信托类存款

M3＝M2＋金融债券＋商业票据＋大额可转让定期存单等

其中，M1，即狭义货币；M2，即广义货币；M2－M1即准货币，M3是根据金融工具的不断创新而设置的。

货币制度又称币制，是一个国家以法律形式确定的该国货币流通的结构、体系和组织形式。

典型的货币制度包括确定货币材料；确定货币单位；本位币与辅币的铸造、发行和流通程序；规定货币发行准备制度等内容。

世界各国货币制度的演变，从形态上看，主要经历了银本位制、金银复本位制、金本位制、纸币本位制。

银本位制是指以白银作为本位币的一种货币制度，是世界上最早的金属货币制度，也是实施时间最长的一种货币制度。

金银复本位制是指以金和银两种金属同时作为本位货币流通的货币制度。按比价的确定方式不同，金银复本位制分为三种类型：平行本位制、复本位制、跛行本位制。

金本位制是指以黄金作为本位货币的货币制度。金本位制在发展过程中经历了金币本位制、金块本位制和金汇兑本位制三种形式。

不兑现的信用货币制度，即纸币本位制，是指以不兑换黄金的纸币为本位币的货币制度。当今世界各国普遍实行信用货币制度。

我国现行的货币制度是一种“一国多币”的特殊货币制度，即在内地（大陆）实行人民币制度，而在香港、澳门、台湾地区实行不同的货币制度。

人民币制度的内容主要包括：人民币是我国的法定货币，具有无限法偿能力；人民币是唯一合法的通货；人民币的发行坚持经济发行和集中统一的原则；金准备制度。

同步训练

☆知识训练☆

一、总结本项目知识体系，并画出框架图。

二、知识闯关

1. 名词解释

货币、价值尺度、流通手段、贮藏手段、支付手段、世界货币、货币制度、银本位制、金银复本位制、金本位制、不兑现的信用货币制度、格雷欣法则

2. 选择题（包括单项选择题和多项选择题）

（1）与货币的出现紧密相连的是（　　）。

A. 金银的稀缺性　　B. 商品交换的产生与发展

C. 国家的强制力　　D. 先哲的智慧

（2）商品价值形式最终演变的结果是（　　）。

A. 简单价值形式　B. 扩大价值形式　C. 一般价值形式　D. 货币价值形式

（3）在下列货币制度中，“劣币驱逐良币”现象出现在（　　）。

A. 金本位制　　B. 银本位制　　C. 金银复本位制　　D. 金汇兑本位制

(4) 货币的两个基本职能是（　　）。

A. 流通手段　　B. 支付手段　　C. 价值尺度　　D. 贮藏手段

E. 世界货币

(5) 对本位币的理解，正确的是（　　）。

A. 本位币是一国的基本通货　　B. 本位币具有有限法偿能力

C. 本位币具有无限法偿能力　　D. 本位币的最小规格是一个货币单位

E. 本位币具有排他性

(6) 对货币单位的理解正确的有（　　）。

A. 国家法定的货币计量单位　　B. 规定了货币单位的名称

C. 规定了本位币的币材　　D. 确定技术标准

E. 规定货币单位所含的货币金属量

(7) 我国货币制度规定人民币具有的特点是（　　）。

A. 人民币是可兑换货币　　B. 人民币具有含金量

C. 人民币是信用货币　　D. 人民币具有无限法偿能力

E. 人民币具有有限法偿能力

3. 简答题

(1) 在现代经济生活中，货币是如何发挥它的各项职能的?

(2) 货币形式的演变经历了哪些阶段?

(3) 划分货币层次的依据是什么? 我国货币层次是如何划分的?

(4) 什么是货币制度? 货币制度包括哪些内容?

(5) 不兑现的信用制度有什么特点?

三、讨论未来我们的支付方式是什么，我国会不会成为“无纸币化”国家。

☆技能训练☆

一、据 2017 年 2 月 4 日经济之声《天下财经》报道：中国人民银行推动的基于区块链的数字票据交易平台测试成功，据了解，央行旗下的数字货币研究所也将正式挂牌。这意味着在全球范围内，中国央行将成为首个发行数字货币并开展真实应用的中央银行。

请同学们以“数字货币”为主题，以小组为单位收集资料，制作 PPT 并演示汇报。

二、生活中的案例分析

为什么方便面成了美国监狱的地下货币?

美国监狱体系内的黑色交易市场确定了最新的流通规则，方便面成了美国监狱的地下货币。在当前的美国监狱，方便面是最具价值的东西。几乎所有囚犯都在疯狂地收集方便面，在监狱里，只要你掌握了方便面的货源，你就掌握了权力。

这种地下货币的流通最开始是因为美国监狱缩减了囚犯们的伙食开支，食物变成了稀缺资源。后来囚犯们发现了方便面这种食物更具备一般等价物的特征：能长期储存，可以满足需要，并且绝对保值。这是监狱经济学。

曾经香烟是美国监狱里的通用货币，现在成了方便面。这是囚犯们自己的布雷顿森林体系，交易的暗号里叫它“油炸黄金”。

两包59美分的韩国泡面能换一件11美元的T恤，或者价值2美元的五根香烟，这是大部分监狱里面约定俗成的汇率。日本的方便面汇率更高，而中国的方便面由于其分量十足、料包丰富、营养均衡、口感上佳，成了整个货币体系象牙塔中的尖货。

在调查了几个州的监狱，并采访了大量的匿名罪犯后，亚利桑那大学社会学学院的米歇尔·吉布森博士最近在《卫报》发表了一份最新的研究报告，表示“方便面正在变得越来越有价值”。

“它已经不仅仅是食物这么简单。它是一种硬通货，一种货币。你可以用方便面购买任何非法的产品和服务。”

“你可以不喜欢方便面，甚至不吃它们，但你必须使用它们。在监狱里，方便面就是钱。”吉布森博士说。

请分析：

1. 结合案例谈谈什么是货币。为什么香烟、方便面成了美国监狱的地下货币？

2. 你是怎么理解“你可以不喜欢方便面，甚至不吃它们，但你必须使用它们。在监狱里，方便面就是钱”这句话的？这里体现了货币的什么职能？

项目三

信用和金融工具

【名人名言】

履约不计得失。

——古罗马名言（公元前 200 年）

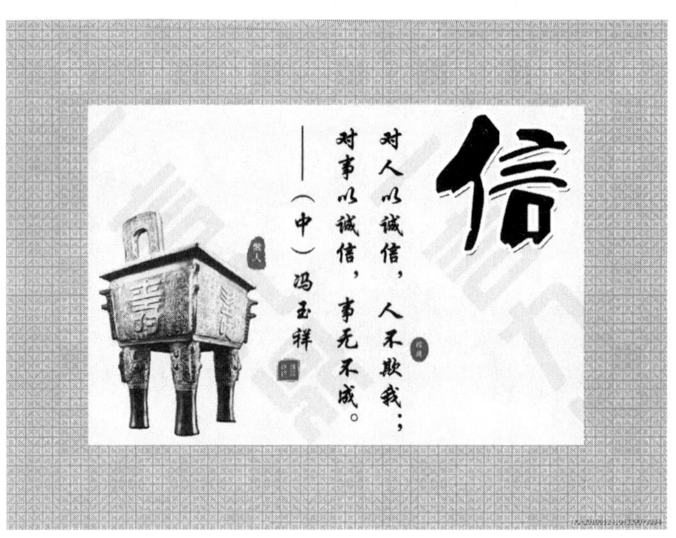

【学习目标】

知识目标

◇ 掌握信用的含义及形式。

◇ 掌握金融工具的各种类型。

技能目标

◇ 能够判断不同形式的信用。

◇ 能够结合实际情况正确运用主要的金融工具。

案例导入

2016年将加快实施统一社会信用代码制度

据央行2016年1月20日晚间消息，社会信用体系建设部际联席会议在京召开。

会议认为，2015年社会信用体系建设部际联席会议各成员单位在党中央、国务院正确领导下，认真贯彻落实《社会信用体系建设规划纲要（2014—2020年）》等文件精神，攻坚克难，协调配合，实施了统一社会信用代码制度，健全了《征信业管理条例》《征信机构管理办法》等一系列征信法规制度，建立了全国信用信息共享平台，开通了“信用中国”网站，推进了失信联合惩戒机制建设，完善了信用建设的工作体系，广泛开展了诚信宣传工作，加强了征信监管。金融信用信息基础数据库收录企业2 100万户，2015年累计查询8 800多万次，收录自然人8.8亿，2015年累计查询6.3亿次，多层次、全方位的征信市场逐步形成，社会信用体系建设取得了一系列突破性进展。

会议部署，2016年是“十三五”开局之年，也是贯彻落实《社会信用体系建设规划纲要（2014—2020年）》的关键之年，要抓紧落实好八项硬任务。一是要加快实施统一社会信用代码制度，实现增量及时公开、存量转换到位。二是要加快全国信用信息共享平台建设，抓好上线、共享、更新、归集、开放、应用、延伸和推送各个环节。三是要发挥“信用中国”网站作用，做好信用信息数据、行政许可和行政处罚信息、联合惩戒信息等“三个公示”，办好地方和部委信用周、信用承诺、热点聚焦等“三个活动”。四是要大力推进行政许可和行政处罚信息上网公示建设，抓好实现7天增量更新、6月底前公示存量、一年内实现系统整合等三个时间段的工作。五是要有序推进守信联合激励和失信联合惩戒机制，争取扩展10个失信联合惩戒领域，实现守信联合激励的新突破。六是要大力加强个人、政务、电商、中小企业和农村等重点领域信用建设。七是要更好发挥社会征信机构作用，大力发展征信市场，鼓励包括民间资本在内的各类资本进入征信业，强化信用信息服务与产品的应用。八是加强信息主体权益的保护和信用宣传教育，推动诚信教育常态化和制度化，提升国民信用水平。

小组讨论

什么是信用？

信用有哪些形式？

金融工具有哪些？如何正确运用？

任务一　认识信用

一、信用的定义和特征

信用的经济含义，是指在交易的一方承诺未来偿还的前提下，另一方为其提供商品或服务的行为。当今社会，信用已广泛地应用于人们的日常经济生活中，信用不仅反映交易主体主观上是否诚实，也反映其是否有履行承诺的能力。

信用具有以下特征：

（1）信用是一种借贷行为，借贷行为的结果形成了债权债务关系，即信用关系。

（2）信用活动中出让的是使用权，而不是所有权。因此，出让方（债权人）可以凭借所有权要求受让方（债务人）偿还本金和支付利息。偿还性是信用最基本的特征。

（3）信用是价值的单方面转移，不是对等转移，所以它是价值运动的特殊形式。信用活动中的价值运动是通过一系列的借贷、偿还和支付过程实现的。出让方（债权人）在让渡其使用权时，没有发生价值的对等交换，同样受让方（债务人）还本付息时也没发生价值的对等交换。

☆ 知识链接 3-1 ☆

“信用”的含义

对信用的真正含义的认识，仁者见仁，智者见智，可以从不同的角度进行探究，在通常意义上，我们至少可以从 4 个角度来理解“信用”。

1. 从伦理道德层面看：信用主要是指参与社会和经济活动的当事人之间所建立起来的、以诚实守信为道德基础的“践约”行为。

2. 从法律层面来看：《民法总则》中规定，民事主体从事民事活动，应当遵循自愿、公平、诚信原则；《合同法》中要求“当事人行使权利、履行义务应当遵循诚实信用原则”。

3. 从经济学层面看：信用是指在商品交换或者其他经济活动中授信人在充分信任受信人能够实现其承诺的基础上，用契约关系向受信人放贷，并保障自己的本金能够回流和增值的价值运动。

4. 从货币层面看：在信用创造学派的眼中，信用就是货币，货币就是信用；信用创造货币；信用形成资本。

二、信用的基本要素

信用行为发生过程一般需要有五个要素，见图 3-1。

图 3-1　信用的基本要素

（一）信用主体

信用主体即信用行为的双方当事人，其中转移资产、服务的一方为授信人，而接受的一方则为受信人。授信人通过授信取得一定的权利，即在一定时间内向受信人收回资产与服务的权利，而受信人则有偿还的义务。在有关商品或货币的信用交易过程中，信用主体常常既是授信人又是受信人；而在信用贷款中，授信人和受信人则是分离的、不统一的。

（二）信用客体

信用客体即信用交易的对象，这种被交易的对象就是授信方的资产，它可以是有形的（如以商品或货币形式存在），也可以是无形的（如以服务形式存在）。没有这种信用客体，就不会产生经济交易，从而就不会有信用行为的发生。

（三）信用内容

在信用交易行为发生的过程中，授信人取得一种权利（债权），受信人承担一种义务（债务），没有权利与义务的关系也就无所谓信用，所以具有权利和义务关系是信用的内容，也是信用的基本要素之一。

（四）信用工具

授信信用双方的权利和义务关系，需要表现在一定的载体上（如商业票据、股票、债券等），这种载体被称为信用工具（金融工具）。信用工具是信用关系的载体，没有载体，信用关系无所依附。

（五）时间间隔

信用行为与其他交易行为的最大不同就在于，它是在一定的时间间隔下进行的，没有时间间隔，信用就没有栖身之地。

三、信用的产生和发展

（一）信用的产生

信用是商品经济发展到一定阶段的产物。当商品交换出现延期支付，货币执行支付手段职能时，信用便随之产生。

信用产生的前提是财产所有权的出现，财产所有权的分散化必然导致收入及财富分配的不平均。一部分经济主体收入大于支出，成为盈余预算单位；一部分经济主体收入小于支出，成为赤字预算单位。盈余预算单位和赤字预算单位各自为了自己的利益，必然会相互进行借贷活动。因此，信用是借贷双方追求各自利益最大化的结果。

最早的信用是实物信用。这种信用受到很大的限制，难以获得广泛的发展。随着社会生产力的进一步发展，出现了以货币为交换媒介的商品流通。商品生产有时间和地区的不同，生产周期的长短不一，产销有远近之别，货币分配不平衡等。为了使商品交换得以实现，维持商品生产的正常进行，商品买卖便出现了赊销或延期支付，即信用交易。

货币在这里充当支付手段职能，实现价值的单方面转移。随着商品货币经济的深入发展，货币的支付手段职能超越了商品流通的范围，而与货币的支付手段职能紧密相连的信用关系也就不仅表现为商品的赊销赊购，而且日益表现为货币的借贷。货币在人们之间分布的不均衡，要求通过信用形式进行货币的调剂。这就使信用关系超出了直接的商品流通范围，渗透到社会生活的各个方面。

（二）信用的发展

信用产生以后，随着商品经济的发展而发展，随着社会生产方式或生产经营形式的改变而改变，依次经历了高利贷信用、资本主义信用和社会主义信用几个发展阶段。

1. 高利贷信用

高利贷信用就是以取得高额利息为特征的借贷活动。高利贷信用产生于原始社会末期，广泛存在于奴隶社会和封建社会，是古老的信用形式。

高利贷的特点：第一，利率高，几乎没有什么限制。一般以月息计息，习惯以月息 3 分为准，普遍是月息 5 分以上，有的年利率高达 200%至 300%。第二，一般用于生活消费，很少用于发展生产，因为高利贷的利率高，以这种借款用于扩大再生产无利可图。第三，高利贷体现了高利贷者对农民和小生产者的剥削关系。

高利贷信用，一方面严重地破坏社会生产力。因为高利贷利率高，一般不用于发展生产，所以使小生产者直接陷于贫困破产的境地，使社会生产力日益萎缩。另一方面高利贷信用为封建社会向资本主义社会过渡提供了前提条件。高利贷在把货币集中的同时，使千百万小生产者破产沦为雇佣劳动者。这两个基本条件都是资本主义经济发展必不可少的。

2. 资本主义信用

资本主义信用表现为借贷资本的运动形式，借贷资本运动是资本主义信用的基本内容。所谓借贷资本是指货币资本家为了获得利息而贷给职能资本家使用的一种货币资本。货币资本是在产业资本循环周转的运动中产生和发展起来并为产业资本服务的生息资本。第一，借贷资本是在与高利贷的斗争中产生的。第二，借贷资本主要来自产业资本循环并为产业资本的循环周转服务。

借贷资本的特点：第一，借贷资本是一种资本商品，利息是这种商品的价格。第二，借贷资本是一种所有权资本。借贷资本家贷出的是资本使用权，而保留所有权。职能资本家到期还本付息。第三，借贷资本具有特殊运动形式，产业资本的运动形式表现为 $G-W\ldots P\ldots W'-G'$（G 代表货币；W 代表商品；P 代表处于生产领域中的生产资本；W'代表包含剩余价值的商品；G'代表包含剩余价值的货币），而借贷资本的运动形式则表现为 $G-G'$。第四，借贷资本体现资本主义生产关系，即体现借贷资本家与职能资本家之间的信用关系和借贷资本家与职能资本家瓜分剩余价值的生产关系。

3. 社会主义信用

信用作为一个历史范畴不仅存在于奴隶社会、封建社会、资本主义社会，还存在于社会主义社会。我国经济体制改革前实行计划经济，在资金管理上实行统收统支，基本建设资金主要靠财政无偿拨款，信用高度集中于银行，实行单一银行信用。银行信用完全受国家计划控制，发放贷款的规模和方向受制于计划，财政统收统支成为国家分配资金的主要形式。银行信用基本上限于发放季节性和临时性的流动资金贷款。

改革开放以后，我国高度集中的计划经济体制逐步转变为有计划的商品经济体制，发展成为社会主义市场经济体制，与之相适应的银行信用也得到了相应的改革：银行信用的作用对象和活动范围不断扩大，银行不仅发放流动资金贷款，还发放各种固定资金贷款；由生产领域扩大到非生产领域；不仅对国有企业发放贷款，而且对其他经济组织和个人发放贷款；开发其他信用形式，实现融资渠道和信用形式的多样化。

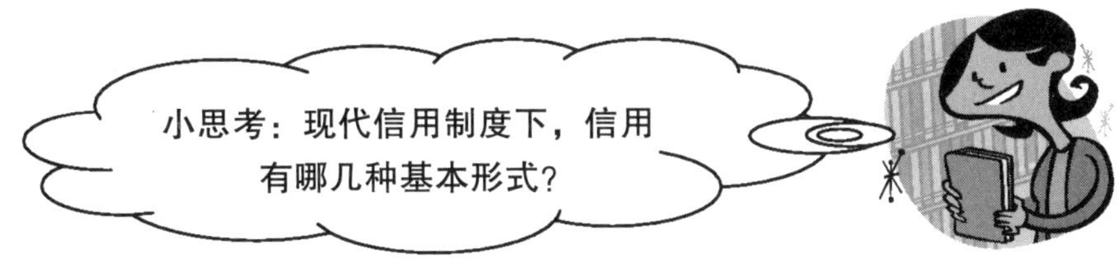

四、信用的基本形式

信用形式是指借贷活动的表现方式，它是信用活动的外在表现。信用形式有多种分类，但通常是以信用主体为划分依据，划分为商业信用、银行信用、国家信用、消费信用和国际信用，见图 3-2。

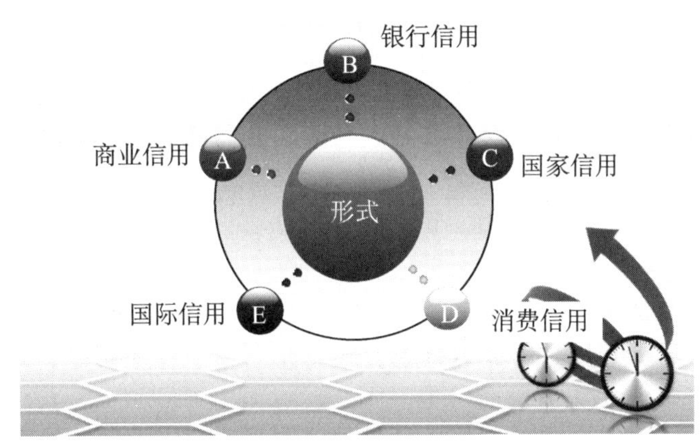

图 3-2　信用的基本形式

（一）商业信用

商业信用是指企业之间相互提供的与商品交易直接相联系的信用。它是企业之间的一种直接信用关系。

商业信用的具体形式包括商品赊销、分期付款、预付货款、延期付款、委托代销等，其中赊销商品和预付货款是商业信用的基本形式。商业信用运用广泛，在企业短期资金来源中占有相当大的比重。

商业信用的特点如下：

（1）商业信用的债权人和债务人都是企业（即主体是企业或厂商）。

商业信用主要是以商品形式提供的信用，因此债权人和债务人都是从事生产或流通活动的生产经营者。对于债权人来说，商业信用使它尽快地实现了商品的销售；对于债务人来说，通过商业信用解决了资金不足的问题，买到了原材料或商品，保证了再生产的顺利进行。

（2）商业信用贷出的资本是商品资本，而不是货币资本。

当企业把商品赊销出去时，商品买卖行为就结束了，但由于没有收回货款，买卖行为实质上转变为借贷行为，形成货币形式的债权债务关系（买方归还货款并支付利息）。这种行为没有从再生产过程中分离出来，是产业资本运动的一部分。

（3）商业信用的规模一般与产业资本动态是一致的。

经济繁荣，社会生产与流通规模扩大，商业信用规模也随之扩大；反之，则缩小。

商业信用在促进商品经济发展、提高资金使用效率、帮助企业调节资金余缺等方面起到了重要作用，但是商业信用也有天然的缺陷：

（1）使用方向受到限制。一方面，商业信用仅仅适用于与商品流通和交易有关的企业，双方如果没有商品买卖关系则不适用。另一方面，在具体使用上，赊销和分期付款通常都是上游企业给下游企业提供信用。

（2）信用规模受到限制。商业信用规模的大小受到企业规模大小的限制，企业资本规模越大，信用规模越大；企业资本越小，信用规模就越小。

（3）商业信用期限较短，通常只能满足短期的资金需要。

☆ 知识链接 3-2 ☆

企业信用报告

企业信用报告的信息包括以下内容：

（1）基本信息，包括企业概况信息、高管人员信息、资本构成信息、对外投资信息、财务信息等。

（2）银行信贷信息，如贷款、贸易融资、保理、保函、对外担保等结清、未结清信息。

（3）商业信用信息，指支付行为和支付信息、还款情况等。

（4）其他信息，包括集团公司信息、大事记信息、公共信息、借款人声明、异议标注等。

企业征信认证系统共设六个企业信用等级标准，分别是 A 级（分 A 级和 A+级）、AA 级（分 AA 级和 AA+级）及 AAA 级（分 AAA 级和 AAA+级）。不同级别对于评级内容、工商、税务、劳动社保、司法、质检、安检、环保、知识产权、银行信贷信息、企业运营信息和综合评价项目都是不一样的。

（二）银行信用

银行信用是由银行等金融机构以货币形式提供给企业或个人的信用。

银行信用的表现形式主要是银行吸收存款和银行发放贷款，以及开出汇票、支票，开立信用账户，发行货币，信托，金融租赁等。

银行信用与商业信用相比具有以下特点：

（1）银行信用是以货币形式提供的。

银行贷放出去的已不是在产业资本循环过程中的商品资本，而是从产业资本循环过程中分离出来的暂时闲置的货币资本，它克服了商业信用在数量规模上的局限性。

（2）银行信用的借贷双方是金融机构和社会不同经济利益者。

银行和其他金融机构在银行信用活动中充当信用中介。它们一方面以债务人的身份通过吸收存款、储蓄或借贷方式从社会各部门、各阶层筹措资金；另一方面以债权人的身份通过贷款或投资等形式向社会不同经济利益主体贷放资金，为全社会提供信用服务。

（3）在产业周期的各个阶段上，银行信用的动态与产业资本的动态往往不相一致。

银行信用是一种间接信用，它所吸收和贷出的资本是独立于产业资本循环的货币资本，所以银行信用的变动具有相对独立性。例如，经济危机时期，产业资本循环的速度减慢，规模缩小，产业信用也因此大量萎缩，但企业为了防止破产及清偿债务，必然要求大量银行资金的帮助，导致对银行信用需求的激增；同时，经济危机引起了银行存款的减少，必然会造成银行信用供不应求，从而引发银行利率大幅上涨。

（4）银行信用具有信用创造功能。

任何经济实体只有首先具备货币资本或商品资本的前提才能提供信用，并且对外提供信用的规模受自身资本总量的约束，唯独银行信用例外，银行能够创造和扩张信用。银行可以通过提供贷款创造出派生存款；可以通过发行银行券、支票等信用流通工具创造信用。

从银行信用的特点可以看出，银行信用克服了商业信用的局限性，极大地扩展了信用的范围、数量和期限，更加有利于社会经济的发展，但银行信用不能完全替代商业信用。因为商业信用是与商品生产和流通直接联系的，它能直接为产业资本循环服务，当企业之间可以直接利用商业信用实现融资时，就不必求助于银行信用，而且商业信用是银行信用的基础，一些银行信用业务，如票据贴现、票据承兑、票据抵押等，都是在商业信用基础上进行的。因此，商业信用是现代信用制度的基础，银行信用是现代信用制度的主导和核心。

☆ 案例链接 3-1 ☆

A 级纳税信用助获无抵押贷款

河北省唐山达意科技股份有限公司近期获得了地税局与中国建设银行联合推行的“纳税信用贷”，缓解了企业资金难题。

之前，该公司因布置职能储物柜急需资金。由于该公司没有土地、厂房、设备等可做抵押，不符合银行贷款的硬件要求。但凭借公司 A 级纳税信用，该公司获得了中国建设银行发放的用于短期生产经营周转的无抵押贷款。

目前，该公司已在唐山市内布置储物柜 130 多套，网络初具规模。

（三）国家信用

国家信用又称政府信用，是指国家及其附属机构作为债务人或债权人，依据信用原则向社会公众和国外政府举债，或向债务国放债的一种信用形式，是以国家（政府）为主体的借贷活动。

国家信用的主要工具就是国家债券，其主要形式：一是发行公债，包括期限为5年的中期公债和15年的长期公债，其目的是弥补财政赤字和支持国家重点建设；二是发行国库券，这是政府为解决短期的预算支出而发行的期限在一年以内的债券；三是发行国际债券和政府向外借款。发行国际债券包括委托国外金融机构发行和直接发行两种方式。政府借款包括向国外政府借款、向国际金融机构借款、向国外商业银行借款等形式。其中发行公债和国库券是国家信用的典型形式。

在现代经济社会中，国家信用与商业信用、银行信用不同，它与生产流通无密切联系。国家利用这种形式筹措资金，可以发挥特殊的作用。

（1）国家信用是调剂政府收支不平衡的手段。

一国财政收支在财政年度内，常因先支后收而发生暂时的不平衡，往往需要借助发行国库券这种短期债券来解决收支矛盾。通常，发行国库券必须用一定的预算收入作为担保。

（2）国家信用是弥补财政赤字的重要手段。

国家由于各种原因，经常出现较大的财政赤字。第二次世界大战结束以后，西方各国普遍采取凯恩斯的赤字财政政策，扩大社会总需求，以刺激生产发展，结果造成各国财政连年巨额赤字，只好频繁发行公债进行弥补。这类公债发行所筹集到的资金往往具有非生产性。

（3）国家信用是筹措资金用于特定支出的重要手段。

在特定的条件下，例如战争时期，军费开支必然大量增加，单靠正常条件下的税收收入难以维持，而运用国家信用，将一部分的国民收入通过公债的形式集中到国家手里，用于战争支出无疑是最快捷、最有效的办法。

此外，国家在保证日常支出外，进行一些开发性项目或工程的投资，如建设铁路、大型水电站、开发落后地区等，也可以通过发行公债来筹措资金予以解决。所以，国家信用作为信用方式来说是一种经济手段或工具。同时，它又能起到其他信用工具或手段起不到的作用。

（4）国家信用是调节经济、稳定经济发展的重要手段。

一般来说，由于一国政府的信誉要高于其他任何部门或企业的信誉，因此政府发行的债券比金融市场上任何形式的金融工具的信誉都要好。只要政府不倒台，国家债券的信誉就有可靠的保证。所以，国家债券成为社会公众在金融市场上重点选择的投资对象。利用国家信用筹措资金用于经济建设就成了国家调节经济、干预经济的一个重要手段。

在经济发达国家，国家信用的运用是相当普遍和充分的，不仅发行各种长期性质的债券，还发行大量短期性质的债券，促进债券市场的繁荣，有效地引导着社会资源在国民经济各个部门间合理流动，促进国民经济的健康协调发展。

（四）消费信用

消费信用是指由企业、商业银行和其他金融机构以商品和劳务为对象向消费者个人提供的信用。

消费信用的主要方式有：

（1）分期付款。

分期付款是一种最为常见的消费信用形式，是商品销售单位向消费者提供的一种中长期消费信用形式，多用于购买高档耐用消费品，如家用汽车、家电等。消费者在购买商品时先支付一定比例的现款，然后签订分期付款合同，按合同约定逐期偿还贷款并支付利息。在贷款未付清前，商品所有权属于卖方或者提供信用者。

（2）消费信贷。

消费信贷是指银行或其他金融机构采取信用、抵押、质押担保或保证方式，以商品型货币形式向个人消费者提供的信用。按接受贷款对象的不同，消费信贷又分为买方信贷和卖方信贷。买方信贷是对购买消费品的消费者发放的贷款，如个人旅游贷款、个人综合消费贷款、个人短期信用贷款等。卖方信贷是以分期付款单证作抵押，对销售消费品的企业发放的贷款，如个人小额贷款、个人住房贷款、个人汽车贷款等；按担保的不同，又可分为抵押贷款、质押贷款、保证贷款和信用贷款等。

（3）延期付款。

延期付款是指零售商对消费者提供的信用，即以赊销方式销售商品。许多国家赊销多采用信用卡透支方式提供。

信用卡，又叫贷记卡，是由银行或信用卡公司依照用户的信用度与财力发给持卡人，持卡人持信用卡消费时无须支付现金，待账单日时再进行还款。它是一种非现金交易付款的方式，是简单的信贷服务。

消费者可凭卡在约定单位购买商品或支付劳务服务费用等，销售单位定期与银行结算账务。同时，消费者还可以凭信用卡在规定的额度内向银行透支现金。信用卡对于银行而言，可以同时收取顾客的利息和约定商户的佣金；对于商业部门而言，可以扩大营业额，增加利润；对于顾客而言，可以超过存款余额购物和免除携带现金。

20世纪60年代，消费信用得到迅速发展。其原因之一是凯恩斯需求管理观念得到认同，各国大力鼓励消费信用，以消费拉动生产；二是第二次世界大战后经济增长较快且稳定，人们的收入有较大幅度提高，对消费需求旺盛，同时厂商和金融机构也因人们的收入水平提高，减少了对消费风险的顾虑，敢于以积极的态度提供消费信用，从而使消费信用有了长足的发展。消费信用的迅速增长对经济的影响是巨大的。

消费信用对经济的积极作用体现在以下几点：

（1）消费信用的发展可以提高人们的消费水平。引入消费信用后，人们可动用一部分未来的收入去消费当前尚无力购买的消费品，从而提高人们的消费水平。

（2）消费信用在一定条件下可以促进消费商品的生产与销售，甚至在某种条件下可以促进经济增长。

（3）消费信用可以引导消费，调节消费结构。

（4）消费信用可以调节市场供求关系。当出现生产过剩、销售危机和需求不足时，多采用消费信用。

（5）消费信用对于促进新技术的运用、新产品的推销以及产品的更新换代等，也具有一定的作用。

消费信用除具有上述积极作用外，在一定情况下会对经济发展产生消极作用。它的过度发展会使一部分人陷入沉重的债务之中，这种情况加剧了经济的不稳定性，在经济繁荣时期，借贷关系发展，靠消费信用方式扩大商品销售数量；在萧条时期，贷者和借者都减少这种借贷数额，使商品销售更加困难，从而使经济更加恶化。

☆ **案例链接 3-2** ☆

信用卡透支 6 毛欠费近万　惊呆持卡人：这是抢劫吗？

2007 年 3 月，当时还在上学的虞先生办理了一张信用卡，并在两年后最后一次使用信用卡并透支了 6 毛钱。毕业后，虞先生前往外地工作，由于更换了手机号码，他一直未收到银行的催还通知。而这 6 毛钱虽然看起来微不足道，但是却埋下了后患。

直到六年之后，虞先生想要贷款买房时，才发现自己已被中国人民银行列入了黑名单。摸不着头脑的虞先生经查询才得知，当初这张信用卡欠费 6 毛，到 2015 年 4 月 1 日为止，逾期产生利息 1 561.72 元、滞纳金 7 547.94 元、超限费 7.03 元、年费 150 元、消费透支 0.6 元，合计 9 267.2 元。

为什么六年之后就欠费这么多？金融专家解释，凡持卡人逾期还款，从消费次日起按每天万分之五计息，逾期计复利，也就是利滚利模式，因此逾期时间越长，利息也就越高。所以，虽然虞先生仅仅透支了 6 毛钱，但按照信用卡计息模式，6 年后欠款近万元，这是可以计算出来的，真的是有理有据！

据了解，该案经常州市天宁区人民法院多次调解，最终双方同意，虞先生向银行缴纳各项费用共计 500 元，银行协助虞先生撤销其在中国人民银行征信系统的不良记录。

资料来源：台海网．信用卡透支 6 毛欠费近万　惊呆持卡人：这是抢劫吗？．(2015-07-17) [2017-11-18]．http://news.youth.cn/sh/201507/t20150717_6878551.htm.

☆ **知识链接 3-3** ☆

注意！这些不良信用记录可以修改

现在银行在放贷的时候越来越看重个人信用。信用一旦有污点就很难消除，但是并不是所有的信用污点都不可以修改，下列情况下不良信用记录可以修改。

第一种情况是，记录时间已经超过 5 年的不良信用记录。《征信业管理条例》第十六条规定：征信机构对个人不良信息的保存期限，自不良行为或者事件终止之日起为 5 年；超过 5 年的，应当予以删除。

如果超过 5 年时间，不良信用记录仍然存在，征信机构、金融信用信息基础数据库运行机构将会被责令整改或者面临处罚。

第二种情况是，个人信息被盗用、冒用，办理的信用卡或者贷款出现逾期导致的不良信用记录。在这种情况下，个人应该向公安部门报案，并且到银行填写否认办卡或是贷款的声明书。一旦确认你说的情况属实，银行会立即修改不良记录。

第三种情况是，一些特殊群体因特殊事件产生的不良信用记录。比如战地记者、武警、医护人员，因为突发事件，出现了逾期，这类人可以到工作单位开具相关证明，并把证明拿给相关的银行，银行认可后会考虑修改不良的记录。

第四种情况是，由于银行或者征信机构过失导致的不良信用记录。《征信业管理条例》第二十五条规定：信息主体认为征信机构采集、保存、提供的信息存在错误、遗漏的，有权向征信机构或者信息提供者提出异议，要求更正。经核查，确认相关信息确有错误、遗漏的，信息提供者、征信机构应当予以更正。

以上四种情况产生的不良信用记录都是可以修改的。另外，银行对于因年费和信用卡小金额欠款造成的不良信用记录一般也持宽容的态度。但是尽量还是不要拖欠银行的钱比较好，因为不良信用记录修改起来一般比较麻烦。

资料来源：腾讯财经．注意！这些不良信用记录可以修改．(2016－09－21)［2017－11－28］．http：//guangyuan. house. qq. com/a/20160921/029339. htm.

（五）国际信用

国际信用是指国与国之间的企业、经济组织、金融机构及国际经济组织相互提供的与国际贸易密切联系的信用形式。国际信用体现的是国际债权债务关系，直接表现资本在国际的流动。国际信用的主要形式有：

(1) 国际商业信用。

国际商业信用是指出口商用商品形式以延期付款的方式向进口商提供的信用，包括在国际贸易中的赊销赊购、来料加工和补偿贸易等。

(2) 国际银行信用。

国际银行信用主要指进出口商使用外国银行贷款形成的信用关系，主要形式是出口信贷。

出口信贷是出口国政府为支持和扩大本国产品的出口，提高产品的国际竞争能力，通过提供利息补贴和信贷担保的方式，鼓励本国银行向本国出口商或外国进口商提供的中长期信贷。出口信贷包括卖方信贷和买方信贷两种具体方式。从信用形式看，卖方信贷是国内银行信用和国际商业信用的结合，买方信贷是国际银行信用形式。

(3) 国际政府信用。

国际政府信用是指国与国政府之间相互提供的信用。主要形式是外国政府贷款。

外国政府贷款是指他国政府利用国库资金向本国政府提供的贷款，这种贷款一般利率较低、期限较长、带有援助性质。外国政府贷款一般金额不大，有一定的附加条件，如规定采购限制，即借款国必须将贷款的全部或一部分用于向贷款国购买设备和物资，有时还附带政治附加条件。

（4）国际金融机构信用。

国际金融机构信用是指世界性或地区性国际金融机构为其成员国所提供的信用。主要包括国际货币基金组织、世界银行及其附属机构——国际金融公司和国际开发协会，以及一些区域性国际金融机构提供的贷款。

（5）国际租赁。

国际租赁是租赁公司给予用户的中长期商品信贷，是国际上通用的吸收外商投资的一种国际经济合作的方式。它是指由出租人根据承租人的决定，向承租人选定的第三者（供货人）购买承租人选定的设备，并将该设备的使用权转让给承租人，在一个不间断的长期租赁合同期内，通过收取租金的方式，收回全部或大部分投资。

任务二　正确运用金融工具

一、金融工具的定义和特征

金融工具也称为信用工具，是资金供需双方在进行资金融通时使用的，用来证明债权债务关系的各种具有法律效力的书面凭证。

金融工具如股票、期货、黄金、外汇、存单、保单等也叫金融产品、金融资产、有价证券。因为它们是在金融市场可以买卖的产品，故称金融产品；因为它们具有不同的功能，能达到不同的目的，如融资、避险等，故称金融工具；在资产的定性和分类中，它们属于金融资产；因为它们是可以证明产权和债权债务关系的法律凭证，故称有价证券。绝大多数的金融工具具有不同程度的风险。

金融工具具有偿还性、收益性、流动性和安全性四个特征。

（1）偿还性。金融工具的偿还性体现在金融工具到期时债务人需要履行偿还债务的义务。每种金融工具都具有不同的偿还期，即指从信用关系产生到债务人全部归还本金所经历的时间。

金融工具的偿还期有两种特殊情况：一是偿还期为零，如银行的活期存款，可以随时要求变现；二是偿还期为无限，如股票、永久性债券等，它们只能在二级市场上转让，而不需要归还借贷的本金。

（2）收益性。金融工具的收益性是指金融工具能定期或不定期给持有人带来收益的特性，这也是持有金融工具的目的。

金融工具的收益通常有两种：一种是固定收益，例如债券、存单，在券面上就载明了利率，投资者按约定获得利息收入；另一种是非固定收益，例如股票，其收益大小事先不确定，持有人有权根据股份公司的经营情况取得股息、红利，或者通过在流通市场上出售股票获得价差收益（资本利得）。

金融工具收益性的大小，是通过收益率来衡量的。收益率是指投资的回报率，一般以年度百分比表达，根据当时的市场价格、面值、息票利率以及距离到期日时间计算。对公司而言，收益率指净利润占使用的平均资本的百分比。其具体指标有名义收益率

(票面利率)、实际收益率、即期收益率、预期收益率等。

(3) 流动性。金融工具的流动性是指金融工具可以迅速变现而不致遭受损失的能力。一般来说,金融工具如果具备下述两个特点,就可能具有较高的流动性:第一,发行金融资产的债务人信誉高,在以往的债务偿还中能及时、全部履行其义务。第二,债务的期限短。这样它受市场利率的影响很小,变现时所遭受亏损的可能性就很少。

(4) 安全性。金融工具的安全性是指金融工具持有人到期收回本金和利息的保障程度。金融工具面临两类风险:一类是违约风险,即债务人到期不履行债务的风险。这种风险的大小主要取决于债务人的信誉以及债务人的社会地位。另一类风险是市场风险,即市场上不确定因素导致金融工具价格下跌的风险。例如,当利率上升时,金融证券的市场价格就下跌;当利率下跌时,则金融证券的市场价格就上涨。证券的偿还期越长,则其价格受利率变动的影响越大。一般来说,安全性与偿还期成反比,即偿还期越长,其风险越大,安全性越小;与流动性成正比;与债务人的信誉也成正比。

☆ 案例链接 3-3 ☆

揭秘:银行理财募集期背后都藏了哪些猫腻

购买短期理财产品不划算　实际收益率会低很多

理财产品募集期比较长,如果购买短期理财产品会很不划算,实际收益率比预期收益率低很多。

举例说明,购买一款 30 天的理财产品,金额为 5 万元,预期收益率是 4.8%,募集期是 6 天,到期获取的收益是 50 000×4.8%×30÷365=197.26 (元)。如果你在募集期第一天购买,在募集期 6 天是没有收益的,仅按照活期利率 0.35%计息,共 50 000×0.35%×6÷365=2.88 (元)。资金实际占用期限是 36 天,理财产品的实际收益率是 (197.26+2.88) ÷50 000×365÷36=4.06%。两者相差 0.74%。理财期限越短、募集期越长,实际收益率就会越低。

国庆、春节期间募集期常达 10 天以上

银行理财产品的销售截止日期通常不会在节假日,碰到节假日募集期会后延,所以遇到国庆、春节这样的长假募集期往往会达到 10 天以上。比如 9 月 27 日发售的一款理财产品,销售截止日通常在 10 月 8 日—10 月 10 日,我们按照 9 日来算的话,募集期就是 12 天。

如果购买 9 月 27 日发售的一款 90 天理财产品,金额 5 万元,预期收益率为 5%,募集期 12 天,到期获取的收益是 50 000×5%×90÷365=616.44 元。募集期 12 天按照 0.35%计息,共 50 000×0.35%×12÷365=5.75 元,资金实际占用 102 天,理财产品的实际收益率为 (616.44+5.75) ÷50 000×365÷102=4.45%。与预期收益率相差 0.54%。

如何权衡募集期问题并且买到性价比高的理财产品?

对于投资者来说,如果想买到性价比高的理财产品就需要考虑以下问题:首先,尽量购买中长期理财产品,减少资金站岗问题,2 个月以内的理财产品尽量不要买,除非是短期内需要用到资金；其次，如果要做短期理财，事先可以自己算一下，把钱放在银行和余额宝等货币基金里面收益会差多少，如果差的不太多，还是购买货币基金比较合适；最后，在购买理财产品之前可以询问一下银行工作人员，能否在募集期最后一两天买到要买的理财产品，工作人员一般都能如实相告。

当然，如果一款理财产品收益确实很高而且卖得很火，这时候募集期就不是那么重要了。

资料来源：刘银平．揭秘：银行理财募集期背后都藏了哪些猫腻．(2015-10-23)［2017-12-02］．https：//www.rong360.com/gl/2015/10/23/79503.html.

二、金融工具的种类

（一）按发行者划分

按发行者划分，可分为直接金融工具和间接金融工具。

（1）直接金融工具也称直接信用工具、直接融资工具，是指非金融机构如企业、个人或政府发行和签署的商业票据、股票、公司债券、抵押契约等。它是直接金融市场上的交易工具。

（2）间接金融工具也称为间接信用工具、间接融资工具，它是指金融机构所发行的银行券（指银行发行的、用以代替商业票据的银行票据，是一种银行发行的信用货币）、存单、人寿保险单、各种借据和银行票据等。它是间接金融市场上的交易工具。

（二）按偿还期限划分

按偿还期限划分，可分为短期金融工具、长期金融工具和不定期金融工具。

（1）短期金融工具，也称货币市场金融工具，一般指提供信用的有效期限在一年或一年以内的信用凭证，包括商业汇票、银行票据、支票、信用证、旅行支票和信用卡等。此外，国库券、大额可转让存单、回购协议等，也属于短期金融工具。西方国家一般把短期信用工具称为“准货币”，这是因为其偿还期短，流动性强，随时可以变现，近似于货币。

（2）长期金融工具，也称资本市场金融工具，指信用期限在一年以上的各种有价证券，包括股票、公司债券、金融债券等。

（3）不定期金融工具，是指没有规定信用关系存续期限且可以长期循环使用的信用凭证，主要指银行券和多数的民间借贷凭证。

（三）按产生的基础和依存关系划分

按产生的基础和依存关系划分，可分为原生金融工具和衍生金融工具。

（1）原生金融工具，一般指货币（本币）、外汇、存单、股票、债券等。

（2）衍生金融工具，是由原生金融工具繁衍出来，并从中派生出自身价值的一类金融产品。衍生金融工具种类繁多，但在形式上均表现为一种合约。根据原生商品的性质不同，衍生金融工具分为四种：远期合约、金融期货、金融期权和金融互换。

三、主要的金融工具

金融工具的种类繁多，这里仅重点介绍几种主要的金融工具。

（一）商业票据

商业票据是起源于商业信用的一种传统金融工具，是指由金融公司或某些信用较高的企业开出的无担保短期票据。商业票据可以背书转让，可以贴现，其可靠程度依赖于发行企业的信用程度。商业票据具有不可抗辩性，即只要证实票据不是伪造的，根据票据所载条件付款的人就无权以任何借口拒绝履行义务。

商业票据的期限在一年以下，由于其风险较大，利率高于同期银行存款利率，商业票据可以由企业直接发售，也可以由经销商代为发售，但对出票企业信誉审查十分严格。

商业票据有本票和汇票两种。本票是由出票人签发的按指定时间向持票人无条件支付一定金额的票据，即是债务人向债权人开出的保证按指定时间无条件付款的书面承诺。汇票是出票人签发的、一种要求付款人按指定日期向收款人（持票人）无条件支付一定额款的票据。汇票进入流通领域后，经过背书可以转让。汇票必须经过债务人的承诺才有效。

商业汇票分为商业承兑汇票（见图 3-3）和银行承兑汇票（见图 3-4）。商业承兑汇票由银行以外的付款人承兑（付款人为承兑人），银行承兑汇票由银行承兑。与银行汇票等相比，商业汇票的适用范围相对较窄，各企业、事业单位之间只有根据购销合同进行合法的商品交易，才能签发商业汇票。除商品交易以外，其他方面的结算，如劳务报酬、债务清偿、资金借贷等不可采用商业汇票结算方式。

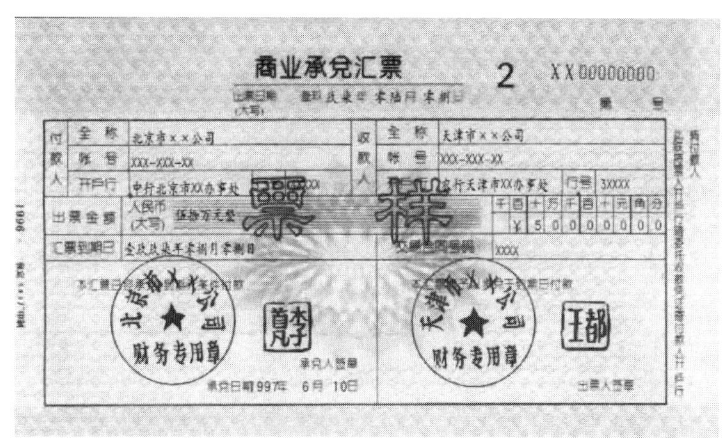
商业承兑汇票 2 XX00000000
付款人 全称 北京市××公司
账号 XXX-XXX-XX
开户行 中行北京市XX办事处
收款人 全称 天津市××公司
账号 XXX-XXX-XX
开户行 农行天津市XX办事处 行号 3XXXX
出票金额 人民币（大写） 伍拾万元整 ¥ 5 0 0 0 0 0 0 0
汇票到期日
交易合同号码 XXXX
财务专用章
承兑人签章
承兑日期 997年 6月 10日
财务专用章
出票人签章

图 3-3 商业承兑汇票票样

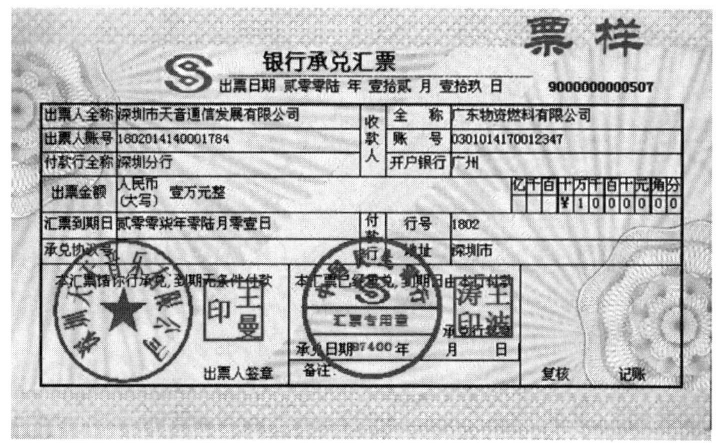
票样
银行承兑汇票
出票日期 贰零零陆 年 壹拾贰 月 壹拾玖 日 9000000000507
出票人全称 深圳市天音通信发展有限公司
出票人账号 1802014140001784
付款行全称 深圳分行
收款人 全称 广东物资燃料有限公司
账号 0301014170012347
开户银行 广州
出票金额 人民币（大写） 壹万元整 ¥ 1 0 0 0 0 0 0
汇票到期日 贰零零柒年零陆月零壹日
付款行 行号 1802
地址 深圳市
承兑协议号
汇票专用章
出票人签章
承兑日期 年 月 日
备注
复核 记账

图 3-4 银行承兑汇票票样

（二）债券

债券是用来表明债权债务关系，证明债权人有按约定的条件取得利息和收回本金权利的有价证券。

债券的分类方法很多，根据债券发行主体的不同，可分为政府债券、公司债券和金融债券。

政府债券是政府为筹集资金而发行的债务凭证。国家通过发行债券获得的资金主要用于弥补财政赤字和国家重点建设项目（见图 3－5）。政府债券主要有公债和国库券。两者的区别在于：一是发行方式不同。公债主要面向公众发行；国库券则可以不公开发行，只向银行、保险公司等金融机构发行。二是期限不同。公债期限较长，一般在 1 年以上；而国库券期限较短，一般期限在 1 年以内。我国的情况比较特殊，我国从 1981 年开始到现在发行的国库券，期限都在 1 年以上，相当于西方国家的政府公债。

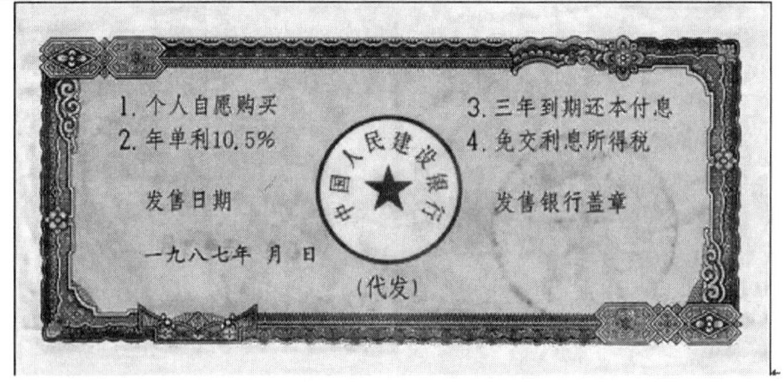

图 3－5 国家重点建设债券图片

公司债券是公司或企业向社会筹集资金而发行的债务凭证。公司债券是企业融资的重要手段。由于公司债券的风险比政府债券大，所以公司债券的利率一般比政府债券的利率高。公司债券有短期、中期和长期之分，但以中长期居多，一般期限在 10 年以上。

金融债券是银行或其他金融机构发行的债券。金融机构通过发行金融债券可以吸收相对稳定的中长期信贷资金。金融债券既可以在国内发行，也可以在国外发行，如外国债券和欧洲债券。所谓外国债券是指在他国债券市场上以该国货币为面值发行的债券；欧洲债券则是指在他国市场上以第三国货币为面值发行的债券。

（三）股票

股票是一种有价证券，是股份公司在筹集资本时向出资人公开或私下发行的、用以证明出资人的股东身份和权利，并根据持有人所持有的股份数享有权益和承担义务的凭证（见图 3－6）。股票是一种资本所有权证券，它不具有偿还性，但可以流通转让。它是现代企业制度和信用制度发展的结果。

图 3－6　上海豫园商场股份有限公司股票图片

在现代股份制度运行中，股份公司发行股票可以分为普通股票和优先股票。

普通股票是股票中最普遍、最主要的形式。普通股票是指代表股东享有平等权利，并且随发行公司经营利润的多少分得相应股息的股票。普通股票的持有者享有的权利主要包括：公司的经营参与权、公司盈余和剩余财产分配权、优先认股权。

优先股票是相当于普通股票而言的，是指股东有优先于普通股票分红和资产求偿权利的股票。优先股的股息通常是事先确定的，无论公司经营利润大小都可按固定的收益率取得股息，因而优先股票收益稳定、风险较小。当公司破产、改组和解散时，首先要还清对外所欠的一切债务，其剩余部分优先分配给优先股股东，若还有剩余，才分配给普通股东。

（四）衍生金融工具

衍生金融工具是指在货币、债券、股票等原生金融工具基础上衍生而来的，以杠杆交易为特征的金融工具。主要包括远期合约、金融期货、金融期权和金融互换。

（1）远期合约是指合约双方约定在未来某一时刻按约定价格买卖约定数量的金融资产。它是根据买卖双方的特殊需求由买卖双方自行签订的合约，它使资产的买卖双方能够消除未来资产交易的不确定性。

（2）金融期货是指买卖双方在交易所内以公开竞价的形式达成的，在将来某一特定时间交割标准数量特定金融工具的协议。金融期货主要包括：外汇期货、利率期货和股票指数期货等。

（3）金融期权是指合约双方按约定的价格，在约定的日期内就是否买卖某种金融产品达成的契约，包括现货期权和期货期权两大类，每类又可以分为很多种类。

（4）金融互换是指两个或两个以上当事人按照共同商定的条件，在约定时间内，交换一定支付款项的金融交易，主要有货币互换和利率互换两类。

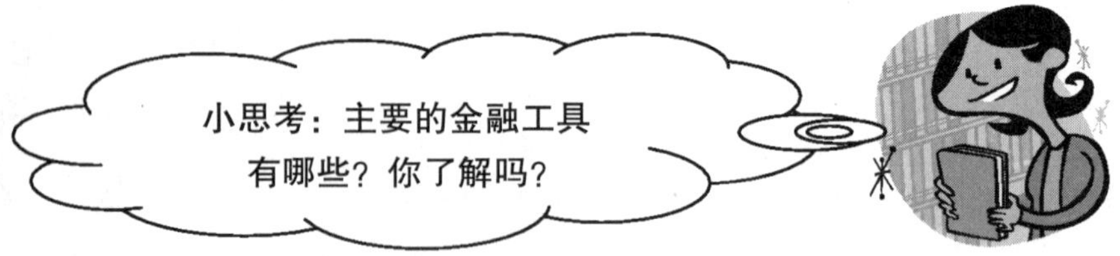

导入案例启示

诚信既是社会主义核心价值观的重要内容，也是建立社会主义市场经济体制的基础。越是发展市场经济，越是发挥市场在资源配置中的决定性作用，就越需要法人和自然人以诚实守信作为基础。

近年来，国家高度重视社会信用体系建设，包括：实施了统一社会信用代码制度，健全了《征信业管理条例》《征信机构管理办法》等一系列征信法规制度，建立了全国信用信息共享平台，开通了“信用中国”网站，推进了失信联合惩戒机制建设，完善了信用建设的工作体系，广泛开展了诚信宣传工作，加强了征信监管，强力推进守信联合激励和失信联合惩戒机制等。这些举措取得了明显成效，多层次、全方位的征信市场逐步形成，社会信用体系建设取得了一系列突破性进展。

希望我们未来的社会能够形成不愿失信、不能失信、不敢失信和自觉守信的良好氛围。社会发展需要诚信发展，诚实守信是企业美德，是社会发展的动力源泉，诚实守信让社会更精彩。

项目小结

信用的经济含义，是指在交易的一方承诺未来偿还的前提下，另一方为其提供商品或服务的行为。信用有信用主体、信用客体、信用内容、信用工具和时间间隔五个要素。

信用是商品经济发展到一定阶段的产物。当商品交换出现延期支付，货币执行支付手段职能时，信用便随之产生。信用产生以后，依次经历了高利贷信用、资本主义信用和社会主义信用几个发展阶段。

信用形式有多种分类，但通常是以信用主体为划分依据，划分为商业信用、银行信用、国家信用、消费信用和国际信用。

金融工具也称为信用工具，是资金供需双方在进行资金融通时使用的，用来证明债权债务关系的各种具有法律效力的书面凭证。金融工具具有偿还性、收益性、流动性和安全性四个特征。

金融工具的分类主要有：（1）按发行者划分为直接金融工具和间接金融工具；（2）按偿还期限划分为短期金融工具、长期金融工具和不定期金融工具；（3）按产生的基础和依存关系划分为原生金融工具和衍生金融工具。

主要的金融工具包括商业票据、债券、股票和衍生金融工具。

其中商业票据是指由金融公司或某些信用较高的企业开出的无担保短期票据，包括本票和汇票；债券是用来表明债权债务关系，证明债权人有按约定的条件取得利息和收回本金权利的有价证券，根据债券发行主体的不同，可分为政府债券、公司债券和金融债券；股票是由股份有限公司发行的，用以证明投资者的股东身份，并据以获得股息的凭证，包括普通股票和优先股票；衍生金融工具是指在货币、债券、股票等原生金融工具基础上衍生而来的，以杠杆交易为特征的金融工具。主要包括远期合约、金融期货、金融期权和金融互换。

同步训练

☆ 知识训练 ☆

一、总结本项目知识体系，并画出框架图。

二、知识闯关

1. 名词解释

信用、商业信用、银行信用、国家信用、消费信用、国际信用、金融工具、商业票据、债券、股票、衍生金融工具、远期合约、金融期货、金融期权、金融互换

2. 选择题（包括单项选择题和多项选择题）

(1) 信用最基本的特征是（　　）。

A. 让渡性　　B. 流动性　　C. 偿还性　　D. 付息性

(2) 下列属于商业信用的是（　　）。

A. 银行对企业贷款　　B. 企业对个人赊销商品

C. 个人间的商品赊销　　D. 企业间的赊销行为

(3) 下列属于消费信用的是（　　）。

A. 企业赊销　　B. 发行国债　　C. 个人住房贷款　　D. 个人之间资金融通

(4) 以下哪种信用形式是现代信用制度的主导和核心？（　　）

A. 商业信用　　B. 国家信用　　C. 银行信用　　D. 消费信用

(5)(　　)是指买卖双方在交易所内以公开竞价的形式达成的，在将来某一特定时间交割标准数量特定金融工具的协议。

A. 远期合约　　B. 金融期货　　C. 金融期权　　D. 金融互换

(6) 商业票据包括(　　)。

A. 本票　　B. 汇票　　C. 支票　　D. 大额可转让存单

(7) 下列属于国家信用的有(　　)。

A. 政府债券

B. 一国政府在他国金融市场发行的债券

C. 国家从国际金融机构的借款

D. 国家从其他国家的借款

E. 卖方信贷

3. 简答题

(1) 什么是信用？信用的构成要素有哪些？

(2) 什么是银行信用？银行信用和商业信用相比有什么特点？

(3) 试述消费信用对经济的积极作用。

(4) 什么是金融工具？它是如何分类的？

(5) 主要的金融工具有哪些？

三、讨论信用卡分期及逾期的年利率是多少。

☆技能训练☆

一、以小组为单位调研“个人信用报告的相关知识”，例如什么是信用报告，个人如何查询信用报告，如何保持良好的个人信用记录等等，制作 PPT 并演示汇报。

二、生活中的案例分析

小梁几年前办了一张信用卡，在使用过一次并还款之后没再用过，没想到里面还欠了几十元钱，他一直不知道，结果今年发现“利滚利”再加上滞纳金，他要交很多钱还要承担不良记录。

请分析：

1. 哪些情况下会产生不良信用记录？

2. 发生不良信用记录后，应如何处理？

项目四

利息与利率

【名人名言】

复利堪称是世界第八大奇迹，它的威力甚至超过了原子弹。

——爱因斯坦

【学习目标】

知识目标

◇ 掌握利息的定义及实质。

◇ 掌握利息的计算。

◇ 掌握利率的分类。

◇ 熟悉决定和影响利率变动的因素。

技能目标

◇ 能够正确计算单利和复利。

◇ 能够正确应用“72 法则”。

◇ 能够分析利率变动对经济的影响。

案例导入

IMF 经济学家阎开：全球长期利率走向何方

在特朗普获选美国总统的短短一星期之内，美国十年期国债的收益率从 1.83%一路上涨至 2.23%，引发了全球债券市场的风暴。同一时期，英国十年期国债收益率从 1.24%上升到了 1.41%，众多欧元区国家的十年期债券收益率也首次突破了自 2016 年 5 月份以来 1%的瓶颈。新兴市场国家则遭受了更大的冲击：巴西、墨西哥、阿根廷等国的美元债券均在短时间内向上突破了超过 50 个基点。

1. 长期国债收益率为什么这么低

尽管经历了短时间的急速上涨，但是现今的长期利率仍旧处于历史的低点。就美国来说，其十年期国债利率二十世纪九十年代在 6%～8%的范围内浮动，2000—2008 年在 4%～6%范围内浮动，却于 2016 年 7 月 5 日达到了 1.4%左右的历史低位，这一利率水平甚至低于 2009—2012 年美联储大量购买长期国债的量化宽松时期。

如果说美元独特的储备货币地位所引致的避险需求是其利率走低的原因，那么德国等欧元地区，甚至瑞典等非欧元地区的国债长期收益率在今年的大幅下滑，则让人感到费解和担忧。

一般而言，长期利率由两个因素组成。第一个因素是对未来一段时间短期利率走向的预期。例如，如果投资者预期未来十年之内央行处在加息通道中，其对十年期国债的利率要求会相应提高，否则，投资者将会投资一系列的短期债券。第二个因素是风险溢价。由于长期债券对利率和通货膨胀的变动更加敏感，投资者需要获得更高的收益来补偿相应的风险。在过去一段时间内，组成长期利率的两个因素都大幅走低。这就意味着投资者认为现在低利率，低通胀的状况将持续很长时间。

在均衡的情况，一个经济体的短期利率应该等于其资本的边际生产率，也就是由多增加一单位资本所带来的 GDP 增加量决定。而资产的边际生产率则由资本的供给和需求决定，在资本供不应求的情况下，资本就会被生产效率最高的生产者拿走，资本的边际生产率提高；反之，在资本供过于求的情况下，边际生产率就会降低。现在的长期利率水平，说明很多投资者认为目前极低的资本生产率会一直持续下去。

持这种观点的人认为，由于人口结构变化、储蓄率上升、产业结构变化等一系列长期的结构性因素的影响，全球的资本供给将长期大于资本需求，从而压低资本回报率，使得均衡利率长期处于低位。同时，逐渐减慢的技术革新进程，趋于停滞的发达国家生产率的增长，也是资本回报率下降的原因。

2. 长期利率中期变化和长期趋势

根据上文的分析，长期利率除了包括对未来短期利率的预期之外，还包括通货膨胀和短期利率的风险溢价。在过去一段时间内，虽然影响资本生产率的结构性因素并未发生根本扭转，但是影响通货膨胀、短期利率和生产率的周期性因素发生了显著的变化。

首先是抑制通货膨胀阻力减小。金融危机后，央行大量的流动性资金注入并未使通货膨胀抬头，这其中除了结构性因素之外，劳动力市场的供大于求以及大宗商品价格的下跌起了很大的作用。劳动力市场方面，虽然金融危机导致了大量的失业，从而致使平均工资长期处于低迷的水平，但从 2014 年下半年开始在美国、英国等发达国家劳动力市场的回暖，已经引起了工资逐步上升。导致通货膨胀处于低水平的另外一个重要原因是大宗商品价格从 2012 年开始结束迅速上升进程而趋于平稳并在 2014 年开始下滑。而最近，大宗商品价格也出现了回升。

其次是财政政策的扩张趋势增强。由于一系列的政治因素和历史遗留问题，各国政府在财政政策方面大都被束缚了手脚。但随着货币政策的作用越来越弱，以及副作用越来越明显，财政刺激的政治压力正在逐渐变小。本次美国大选中，民主党和共和党的候选人都不约而同地提出了将加大基础设施建设作为其重要的施政纲领。另外，从国家的负债水平来看，美国、英国和欧元区的政府负债率均远远低于日本。这就意味着同样具有储备货币地位的这些国家还有比较大的财政刺激空间。短期内，财政刺激会导致利率上升和通货膨胀上升，提高了长期利率的风险溢价。

另外，即使从长期来看，目前的生产率下降是否是一个长久的过程仍旧有待商榷。虽然划时代的发明在任何一个时期都是小概率事件，但是即使在现有的科技条件下，发达国家和发展中国家的生产率都还有巨大的提升空间。Klenow and Hsieh（2011）指出，中国和印度在保持现有科技水平不变的情况下，只需要把资本分配的效率改善到美国的水平，就可以再有 40%左右的生产率提升。发达国家中，日本的妇女劳动参与率低和欧洲等国效率极其低下的劳动力市场，都是制约其生产率的瓶颈。这些生产率的提高，是不需要靠科技的进步来完成的。

综上所述，全球的长期利率在一段时间内，向上的概率比向下的概率要大很多。如果美国、英国等世界主要经济体实现了其对财政刺激的承诺，则利率向上的速度会更加迅速。

资料来源：阎开 . IMF 经济学家阎开：全球长期利率走向何方 .（2016－11－18）[2017－05－02]. http：//finance. ifeng. com/a/20161118/15015470 _ 0. shtml.

小组讨论

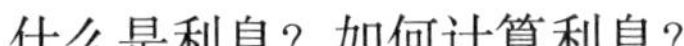

什么是利息？如何计算利息？

什么是利率？

利率变化对经济有什么影响？

任务一　计算利息

一、利息及其实质

（一）利息的含义

利息是指在信用关系中借款人（债务人）因使用借入货币而支付给贷款人（债权人）的报酬，或者说是资金短缺者从市场上筹集资金的成本。利息是商品货币经济中普遍存在的一个经济范畴，是在信用的基础上产生的。

（二）利息的实质

马克思主义认为利息实质上是利润的一部分，是剩余价值的转化形式。货币本身并不能创造货币，不会自行增值。只有当职能资本家用货币购买到生产资料和劳动力，才能在生产过程中通过雇佣工人的劳动，创造出剩余价值。而货币资本家凭借对资本的所有权，与职能资本家共同瓜分剩余价值。因此，资本所有权与资本使用权的分离是利息产生的内在前提。而再生产过程的特点，导致资金盈余和资金短缺的共同存在，是利息产生的外在条件。当货币被资本家占有用来充当剥削雇佣工人的剩余价值的手段时，它就成为资本。货币执行资本的职能，获得一种追加的使用价值，即生产平均利润的能力。所有资本家追求剩余价值的利益驱使，利润又转化为平均利润。平均利润分割成利息和企业主收入，分别归不同的资本家所占有。因此，利息实质上与利润一样，是剩余价值的转化形式。

☆ 知识链接 4-1 ☆

不同经济学派对利息本质的认识

1. 利息报酬理论。配第、洛克认为，利息是因暂时放弃的货币使用权（而给贷者带来不方便）而获得的报酬。

2. 资本生产力理论。萨伊（庸俗经济学家推崇）认为，资本具有生产力，利息是资本生产力的产物，纯利息是对借用资本所付的代价。

3. 节欲论。西尼尔认为，利息是资本所有者节欲行为（牺牲眼前的消费欲望）的补偿。

4. 时差论。庞巴维克认为，现在的物品价值通常高于未来的同一类和同一数量的物品的价值（满足即期需要，已经控制在手，能投入生产创造利润），其间产生一个差额，利息就是用来弥补整个价值差额的。

5. 流动偏好论。凯恩斯认为，利息是在一定时期内人们放弃货币周转流动性的报酬。

二、利息的作用

利息在微观上是企业平均利润的一部分，在平均利润的分配上，利息决定了信贷资金的所有者与使用者对利润的分配比例。信贷资金所有者所得利息越多，则信贷资金借入者得到的利润就越少；反之，贷出者所得的利息越少，则借入者所得的利润就越多。这样，在经济利益的驱动下，利息在信贷资金的分配中就可以起到调节经济的杠杆作用，成为国家和中央银行调控宏观经济的工具。利息的经济杠杆作用，主要表现在下述几个方面。

（一）聚集社会资金

利息通过各种信用方式如存款、股票、债券等，可以把社会上分散的闲置资金聚集起来，变消费基金为生产基金，促进经济的发展。一般要求利息率要高于通货膨胀率，即实际利率应当等于名义利率和通货膨胀率之差。

（二）促进企业节约资金，提高资金的使用效益

利息作为企业的资金占用成本已直接影响企业经济效益水平的高低。企业为降低成本、增进效益，就要千方百计减少资金占用量，同时在筹资过程中对各种资金筹集方式进行成本比较。全社会的企业若将利息支出的节约作为一种普遍的行为模式，那么，经济增长的效率也肯定会提高。

（三）有利于政府调控宏观经济

由于利息收入与全社会的赤字部门和盈余部门的经济利益息息相关，因此，政府也能将其作为重要的经济杠杆对经济运行实施调节。例如：中央银行若采取降低利率的措施，货币就会更多地流向资本市场，当提高利率时，货币就会从资本市场流出。如果政府用信用手段筹集资金，可以用高于银行同期限存款利率来发行国债，将民间的货币资金吸收到政府手中，用于各项财政支出。

（四）影响居民资产选择行为

在中国居民实际收入水平不断提高、储蓄比率日益加大的条件下，出现了资产选择行为，金融工具的增多为居民的资产选择行为提供了客观基础，而利息收入则是居民资产选择行为的主要诱因，但利息收入过高时应注意防范投资风险。

从中国目前的情况看，高储蓄率（见图4－1）已成为中国经济的一大特征，这为经济高速增长提供了坚实的资金基础，而居民在利息收入诱因下做出的种种资产选择行为又为实现各项宏观调控做出了贡献。

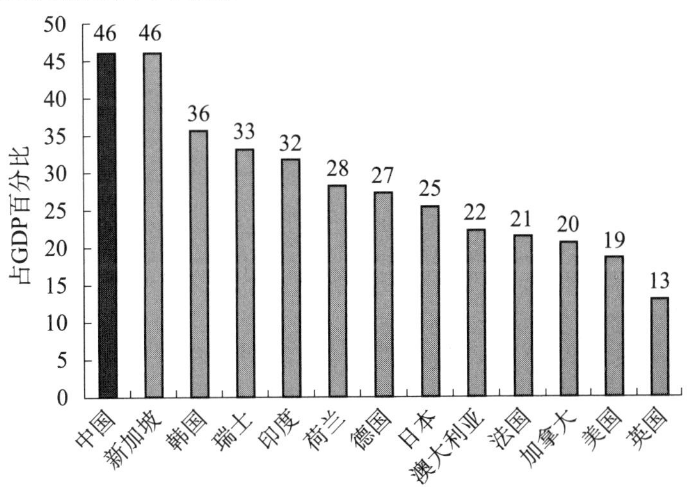

图4－1　2015年各国人均储蓄率

☆ 案例链接 4-1 ☆

你图人家利息，人家图你本金

家住朝阳区的付阿姨2013年开始参与民间借贷活动。在尝试了几家民间理财公司，拿到几笔年化收益率超过20%的高息之后，她对收益的胃口越来越大，直到遇到一家承诺每月付5%利息的公司，付阿姨感到很满意，陆续投入84万元。谁知最后公司资金链断裂，她的本金和预期的15万元利息都化为泡影。

对投资者来说，高额利息永远像伊甸园中的苹果一样，充满致命诱惑。泛亚交易所推出的活期理财产品“日金宝”与时下规模最大的公募基金余额宝类似，可以随时存取，年化收益却高达13%，几乎是余额宝的4倍。面对如此高的利息，一些投资经验丰富的精英人士都忍不住倾囊入场，更不用说风险意识较弱的普通投资人。

无论哪个投资项目，借贷双方的心态和目标都是截然不同的。出借方希望钱生钱，利滚利，即便不多赚，至少也要能跟CPI打个平手。借入方的目的则是花别人的钱办自己的事，事情不办完绝对不愿意还钱。通常情况，借入方会比借出方获得更大收益，而借出方承担的风险要大于借入方。这就是为什么貌似高大上的银行，在金融危机来临时忽然变得脆弱不堪的原因。然而，银行应对坏账有征信控制、催收、核销、拨备覆盖等一系列自我保护措施，但普通投资人面对收不回来的本金往往束手无策。

资料来源：张品秋．高息理财背后没告诉你的秘密．北京晚报，2015-09-27（07）.

三、利息的计算

（一）单利和复利

1. 单利的计算方法

单利是指在计算利息额时，不论期限长短，仅按本金计算利息，所生利息不再加入本金重复计算利息。在计算利息时，除非特别指明，给出的利率是指年利率。对于不足1年的利息，以1年等于360天来折算。

2. 复利的计算方法

复利是指每经过一个计息期，要将所生利息加入本金再计利息，逐期滚算，俗称“利滚利”“驴打滚”“利叠利”。其中，计息期是指相邻两次计息的时间间隔，如年、月、日等，一般计息期为1年。

假如我们的初始资本不变，影响复利的结果只有两个因素：一是投资增长率，二是投资时间。投资增长率越大，投资周期越长，财富的积累越大。

☆ 案例链接 4-2 ☆

耶鲁大学 54 届校友 25 年共捐款 1.1 亿美元

耶鲁大学是美国名校，校友给母校捐款本不稀奇。但本周耶鲁大学从其 1954 届毕业生处得到的捐款却达到了令人咋舌的 1.1 亿美元。

据美国《纽约时报》2004 年 6 月 1 日报道，这笔巨额捐款中的大部分——约 9 000 万美元，来自 25 年前一群毕业生为母校捐出的 7.5 万美元捐款。

1979 年，理查德·吉尔德和其他 1954 年毕业的耶鲁学生回到母校参加毕业 25 周年的纪念活动。他们得知，母校财政状况紧张。为缓解这一情况，吉尔德想出了一个主意：不如他们这届校友把捐款放在一处，交由专业的资产投资公司打理，在他们毕业 50 周年时，再将本金和利息一起捐赠给母校。

这次聚会的两年后，在取得了美国财政部国内收入署做出的非营利性组织的认定后，一个名为“54/50 基金会”的机构诞生了，这个名字取 1954 届、50 周年之意。耶鲁大学 1954 届毕业生中的 40 人共捐资 7.5 万美元，后来又有 31 位校友捐款 30 万美元。到 1984 年他们毕业 30 周年聚会上，已经没人记得清自己到底捐了多少钱。

后来，基金会的运作好得出乎人们的预料，每年的资金增长率平均达到 37%。最后，基金会筹集了 9 000 万美元。除这 9 000 万美元外，一个旨在推动更多 1954 届毕业生为毕业 50 周年庆祝活动捐款的基金会又捐助了 2 000 万美元。

资料来源：新华网．耶鲁 54 届校友捐款日长夜大 7.5 万美元 25 年成 1.1 亿．(2004-06-02)[2017-05-22]．http：//news. sina. com. cn/w/2004-06-02/14352698122s. shtml.

（二）现值与终值

现值（Present Value）又称本金，是指未来某一时点上的一定量现金折算到现在的价值。

终值（Future Value）又称将来值，是现在一定量现金在未来某一时点上的价值，俗称本利和。

（三）单利的计算

1. 单利终值的计算

单利终值的计算公式为：

$$F=P\ (1+ni)$$

式中：F 为终值（本利和）；P 为本金；i 为利率；n 为计息时期数。

【例 4-1】某城市商业银行的一年期定期存款利率为 2%，某公司现在将本金 1 000 万元存入银行，采用单利计息，请问：第一、第二、第三年末的终值（本利和）分别是多少？

答：第一、第二、第三年末的终值（本利和）分别为：

$$F=1\ 000\times(1+2\%\times1)=1\ 020\ (\text{万元})$$

$$F-1\ 000\times(1+2\%\times2)=1\ 040\ (\text{万元})$$

$$F=1\ 000\times(1+2\%\times3)=1\ 060\ (\text{万元})$$

即第一、第二、第三年末的终值（本利和）分别为 1 020、1 040、1 060 万元。

2. 单利利息的计算

单利利息的计算公式为：

$$I=P\times i\times n$$

式中：I 为利息和；P 为本金；i 为利率；n 为计息时期数。

【例 4-2】 个体工商户小王因经营需要向银行贷款 50 000 元，年利率为 6%，借款期限为 3 年。请问：以单利计息，到期时贷款人小王应支付多少利息？

答：到期时贷款人应支付的利息为：

$$I=P\times i\times n=50\ 000\times 6\%\times 3=9\ 000\text{（元）}$$

即到期时贷款人小王应支付的利息为 9 000 元。

3. 单利现值的计算

单利现值是单利终值的逆运算，其计算公式为：

$$P=F/(1+ni)$$

式中：F 为本利和；P 为本金；i 为利率；n 为计息时期数。

（四）复利的计算

1. 复利终值的计算

复利终值的计算公式为：

$$F=P\times(1+i)^n$$

上式中 $(1+i)^n$ 是利率为 i、期数为 n 的复利终值系数。

【例 4-3】 某一民营企业决定从今年留存收益中提取 100 000 元购买投资产品，准备 8 年后更新设备。如该产品 8 年的投资报酬率为 6%（每年复利一次）。请问：该公司 8 年后可用来更新设备的金额为多少？

答：该公司 8 年后可用来更新设备的金额为：

$$F=100\ 000\times(1+6\%)^8=100\ 000\times 1.593\ 8=159\ 380\text{（元）}$$

即该公司 8 年后可用来更新设备的金额为 159 380 元。

2. 复利现值的计算

复利现值是复利终值的对称概念，指未来一定时间的特定资金按复利计算的现在价值，或者说是为取得将来一定本利和现在所需要的本金。

复利现值计算公式为：

$$P=F\times(1+i)^{-n}$$

上式中的 $(1+i)^{-n}$ 是把终值折算为现值的系数，称复利现值系数。

【例 4-4】 小方拟在 5 年后获得购房首付款 100 000 元，假设投资报酬率为 10%，请问：他现在应一次性投入多少元？

答：小方现在应一次性投入为：

$$P=F\times(1+10\%)^{-5}=100\ 000\times 0.6209=62\ 090\text{（元）}$$

即小方现在应一次性投入 62 090 元。

3. 复利利息的计算

本金 P 的 n 期复利利息公式为：

$$I=F-P$$

【例 4-5】 小梁有本金 10 000 元，投资 5 年，利率 8%，每年复利一次，请问其本利和与复利息分别是多少？

答：小梁的本利和与复利息分别为：

$F=10\ 000\times(1+8\%)^5=10\ 000\times1.469\ 3=14\ 693$（元）

$I=14\ 690-10\ 000=4\ 693$（元）

即小梁的本利和与复利息分别为 14 693、4 693 元。

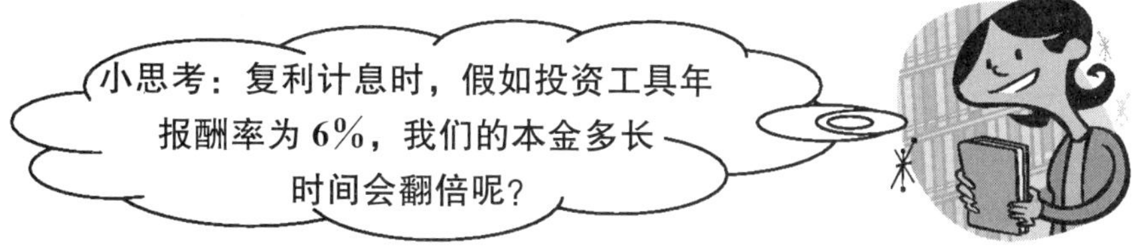

☆ 知识链接 4-2 ☆

72 法则

所谓的“72 法则”就是以 1%的复利来计息，经过 72 年以后，本金会变成原来的一倍。这个公式好用的地方在于它能以一推十，例如：利用 8%年报酬率的投资工具，经过 9 年（72/8）本金就变成一倍；利用 12%的投资工具，则要 6 年左右（72/12），就能让 1 元钱变成 2 元钱。

之所以选用 72，是因为它有较多因数，容易被整除，更方便计算。使用 72 作为分子足够计算一般息率（由 6%至 10%），但对于较高的息率，准确度会降低。对于低息率或逐日复利，69.3 会提供较准确的结果（因为 ln2 约等于 69.3%）。对于少于 6%的息率计算，使用 69.3 也会较为准确。

任务二　分析利率变动

一、利率的定义和分类

（一）利率的定义

利率是利息率的简称，是一定时期内利息额与本金的比率，它是计量借贷资本增值程度的数量指标。利率是资金的价格，用公式表示为：

利率＝利息额/本金×100%

利率通常用年利率、月利率和日利率来表示，亦称年息、月息和日息。年利率一般以本金的百分之几表示，通常称为年息几厘，例如年息 2 厘，就是指本金 100 元，每年利息 2 元；月利率一般以本金的千分之几表示，通常称为月息几厘。例如月息 3 厘，就是指本金 100 元，每月利息 0.3 元；日利率一般以本金的万分之几表示，通常称为日息几厘。例如日息 4 厘，就是指本金 100 元，每日利息 0.04 元。它们三者之间的换算关系如下：

年利率÷12=月利率

月利率÷30=日利率

年利率÷360=日利率

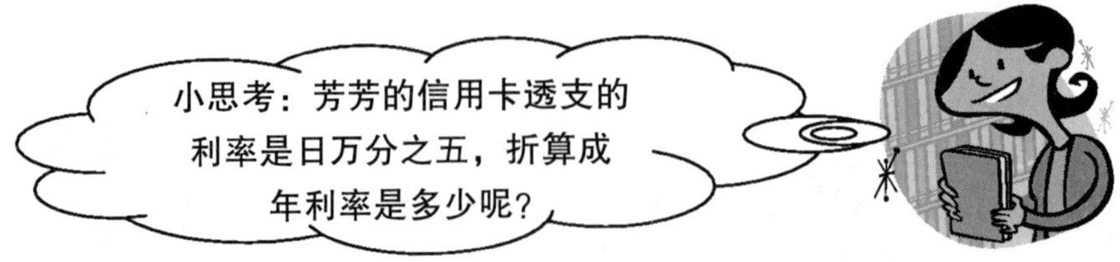

（二）利率的分类

1. 按利率形成方式划分

按利率形成方式划分，可分为市场利率、法定利率和公定利率。

（1）市场利率，是指在金融市场上由借贷双方通过竞争而形成的利率。它能灵敏地反映资金供求状况，即当资金供不应求时，利率上升；反之，利率下降。

（2）法定利率，也称为官定利率，是指由一国政府通过中央银行而确定的各种利率。它是国家调节经济的重要杠杆，国家通过法定利率调节资金供求状况，进而调节市场利率水平，反过来市场利率水平也影响法定利率，是法定利率调整的重要依据。我国目前的利率基本上是法定利率。

（3）公定利率，是指由金融机构或行业公会、协会按协商的办法确定的的利率。例如，香港银行公会定期调整并公布各种存、贷款利率，会员银行必须执行。会员银行执行同业公会制定的利率可以防止银行间恶性竞争。

2. 按利率体系的地位和作用划分

按利率体系的地位和作用划分，可分为基准利率和非基准利率。

（1）基准利率，是指在整个利率体系中处于关键地位、起决定作用的利率。一些国家把再贴现率视作基准利率，一些国家把同业拆借利率视为基准利率。国际金融市场通常把伦敦同业拆借利率 LIBOR 视为基准利率。

在我国，则以中国人民银行对国家专业银行和其他金融机构规定的存贷款利率为基准利率。具体而言，一般普通民众把银行一年定期存款利率作为市场基准利率指标，银行则是把隔夜拆借利率作为市场基准利率。

（2）非基准利率，是指基准利率以外的所有利率。它在利率体系中不处于关键地位、不起决定性作用。

3. 按借贷期内利率是否调整划分

按借贷期内利率是否调整划分，可分为固定利率和浮动利率。

（1）固定利率，是指在整个借贷期限内都固定不变，不随市场利率变化而变化的利率。在贷款期限较短和预期市场利率变化不大的情况下，通常采用固定利率。

（2）浮动利率，是指在整个借贷期限内，随着参照利率的变动情况而定期调整的利率。采用浮动利率时首先要确定好参照利率，参照利率可以选择市场利率、银行存款利率、贷款利率；其次要确定调整的时间间隔，如必须约定每半年调整一次还是一年调整一次。借贷期限较长和国际金融市场的借贷大多采用浮动利率。在我国，住房抵押贷款采用按年浮动的利率。

☆ 知识链接 4-3 ☆

我国住房抵押贷款利率调整规定

1. 贷款期间的利率变动按中国人民银行的规定执行。贷款期限在 1 年以内（含 1 年）的，遇法定利率调整，不调整贷款利率，继续执行实行合同利率；贷款期限在 1 年以上的，遇法定利率调整，于下年 1 月 1 日开始，按相应利率档次执行新的利率。

2. 借款合同约定，签订借款合同后与银行发放贷款期间，如遇法定贷款利率调整时，贷款账户开立时执行最新贷款利率。

4. 按利率与通货膨胀的关系划分

按利率与通货膨胀的关系划分，可分为名义利率和实际利率。

（1）名义利率，也称为挂牌利率，是指以名义货币表示的利率，也就是未剔除通货膨胀因素的利率。一般我们所说的利率都是指名义利率。

（2）实际利率，是指物价不变、货币购买力不变条件下的利率，是在通货膨胀情况下剔除通货膨胀因素后的利率。实际利率是资金使用或占用的真实成本，它的变化势必会影响货币资金的供求关系及人们的资产选择行为。

名义利率与实际利率的关系为：

实际利率＝名义利率－通货膨胀率

在通货膨胀时期，名义利率高于实际利率；在通货紧缩时期，名义利率低于实际利率。

☆ 案例链接 4-3 ☆

负利率时代来临　10 万存银行 1 年净亏 537 元

居民消费价格指数（CPI）是用来直观衡量一个国家通货膨胀水平的指数之一，当这一指数一段时期内高于一年期存款利率的时候，该时期内居民存款的实际利率为负，尤其是对于我国这种高储蓄率的国家来说，在这一时期内存银行一年定期是赔钱的。

据银率网数据库统计，2015 年 10 月降息之后，五大国有商业银行的一年期存款利率统一上浮 16.67%，为 1.75%；10 家上市的股份制银行，除了招商银行同五大国有商业银行保持一致为 1.75%外，其他 9 家统一上浮 33.33%，一年期定期利率达 2.00%。

而据国家统计局数据，2015 年四季度 CPI 基本保持在 1.5%左右，2016 年 1 月 CPI 达到 1.8%，比国有大行一年期存款利率高出 0.05 个百分点；2 月达到 2.3%，比国有大行一年期存款利率高出 0.55 个百分点，比股份制银行一年期存款利率高出 0.3 个百分点；3 月和 4 月的 CPI 同 2 月持平。

那么，到底存一笔一年期定期会亏多少钱？对此，银率网分析师算了一笔账，假设存款10万元，而全年CPI在2.3%左右，也就是以2.3%为通胀率，如此计算国有大行和招商银行：一年期存款利率1.75%，10万元存款到期本息合计为101 750元，根据现金价值，以2.3%的通胀率对到期本息进行折现，101 750÷1.023=99 462.37，即一年后的101 750元仅相当于现在的99 462.37元。也就是说，在这几家银行存10万元一年期定期，到期实际上是净亏537.63元。

资料来源：李王艳．负利率时代来临　10万存银行1年净亏537元．华商报，2016-05-17(A1).

5．按是否带有优惠性质划分

按是否带有优惠性质划分，可分为一般利率和优惠利率。

(1) 一般利率，是指金融机构按一般标准发放贷款或吸收存款所执行的利率。

(2) 优惠利率，是指低于一般标准的贷款利率和高于一般标准的存款利率。优惠利率带有扶持和照顾的性质。

在国际市场上，低于伦敦同业拆借利率LIBOR标准的贷款利率被称为优惠贷款利率。优惠贷款利率的执行对象一般都是国家政策扶持的行业、企业或项目。优惠存款利率更多的是各金融机构为争取客户和存款的竞争手段，在实行利率管制的国家一般没有优惠存款利率。

二、决定和影响利率变动的因素

(一) 社会平均利润率

由于利息是利润的一部分，因此利润率是决定利率的首要因素。但决定利率高低的利润率不是单个企业的利润率，而是一定时期内一国的平均利润率。一般来说，平均利润率是利率的最高界限。当然，在一般情况下，利率也不会低于零。如果利率低于零，就不会有人出借资金了，因此利率通常在平均利润率与零之间波动。

(二) 借贷资金的供求状况

平均利润率对利率起决定作用是针对利率总水平而言的，某一时刻的市场利率是由社会资金供求情况决定的。这是因为，在信用经济中，货币资金是一种特殊商品，一方面这种特殊商品的投资和使用能带来价值的增值；另一方面这种特殊商品以利率表示其价格。在金融市场上，货币资金这种商品的价格，即利率的高低，要受其供求关系状况的左右。当借贷资金供大于求时，利率会下降；当借贷资金的供小于求时，利率会上升，甚至可能高于平均利润率。

利率对社会资金供求关系反映的程度取决于供求决定机制健全的程度。供求决定机制越健全的市场，利率越能反映资金供求的真实状况。

(三) 物价水平的变动

物价水平的变动对利率的影响主要表现为由货币本身的升值或贬值而带来的影响。若一国发生通货膨胀，货币贬值，物价上涨，则货币的实际购买力下降。表现在借贷活动中，就是投资或信贷本金的价值随物价上涨而发生贴水，于是利息成为补偿贴水的手段。如果利率不能补偿贴水率，投资和信贷就会受到抑制。反之，一国发生通货紧缩，货币升值，物价下跌，货币的实际购买力提高。表现在借贷活动中，就是投资或信贷本金的价值因货币升值而发生升水，利率水平必然回调。

所以，利率水平和物价变动水平具有同步发展的趋势，物价变动的幅度制约着利率水平的高低。

（四）国家经济政策

在现代经济运行中，国家对经济的干预成为必然趋势。利率作为一个金融变量，既是一个决定于某些经济因素的经济运行机制中的内生变量，又是一个中央银行货币政策可以影响的外生变量，所以利率成为国家对经济活动进行调节的重要工具。世界各国政府都根据本国经济发展状况和经济政策目标，通过中央银行制定的官方利率来影响市场利率，以达到调节经济、实现其经济发展目标的目的。利率不再完全随着借贷资金供求状况在其确定的经济区域内自由波动，而必须受国家的调节与控制。

在经济高涨时期，国家实行紧缩的金融政策，相应会提高利率水平；在经济衰退时期，国家实行扩张的金融政策，相应会降低利率水平。

（五）国际利率水平

随着国际经济联系的日益加深，国际利率水平对一国国内利率水平的影响越来越大。国际利率水平对国内利率的影响是通过借贷资本在国家间的流动来实现的。在开放的经济条件下，当国内利率水平高于国际利率水平时，外国资本就会流入国内，使市场上资金供给增加而利率下降；当国内利率水平低于国际利率水平时，国内资金流向国外，市场上资金供给减少，利率上升。

借贷资本在国家间的流动渠道主要有两个：一是国际信贷渠道。例如，在国际金融市场利率较低的条件下，银行及其他金融机构从国际金融市场上筹资成本较低，从而使其能够以较低的利率发放贷款，影响国内利率的回落。二是国际贸易渠道。例如，在国际金融市场利率高于国内贷款利率的条件下，出口企业就会把一些可以即期结汇的交易做成远期结汇交易，这实际上就等于出口企业向外国进口商提供了一笔贷款，出口企业可以从国际金融市场和国内金融市场利率水平的差异中获得收益。

（六）汇率水平

汇率的变动会影响利率水平，若外汇汇率上升、本币贬值，国内居民对外汇的需求就会下跌，从而使得本币供应相对充裕，国内利率趋于稳定，并在稳中下降；若外汇汇率下跌、本币升值，国内居民对外汇的需求就会增加，本币的供应处于相对紧张状态，从而迫使国内市场利率上涨。

（七）借贷期限长短、风险大小

一般而言，借贷期限越长，资金给使用者带来的收益越大，而资金出借者也应该分享更多的收益。同时，存在资金出借者到期不能收回本息的可能，而且信用风险的大小和信贷期限成正比。因此，利率应随期限长短、风险大小进行调整。即期限长、风险大的借贷活动，利率会高一些；期限短、风险小的借贷活动，利率就相应低一些。

（八）预期通货膨胀

在信用货币制度下，通货膨胀是一种特有的经济现象。通货膨胀会给债权人带来损失。

为了弥补这种损失，债权人往往会在一定的预期通货膨胀率的基础上确定利率，以保证本金和实际利息额不受到损失。当预期通货膨胀率提高时，债权人会要求提高贷款利率；当预期通货膨胀率下降时，利率一般也会相应下调。

除此之外，一国的民族融资习惯、融资成本、利率管理、国际协议等都在一定程度上对利率水平及结构产生影响。

三、利率变动对经济的影响

（一）对资金供求的影响

在市场经济中，利率是一种重要的经济杠杆，这种杠杆作用首先表现在对资金供求的影响上。利率水平的高低变动对资金盈余者的让渡行为有重要影响，它对资金盈余者持有资金的机会成本大小起决定性作用。当利率提高时，意味着借款的成本增大，资金短缺者的负担也越重，借款规模就会受到制约；利率降低则相反。

（二）对投资行为的影响

从宏观角度来看，利率对投资行为的影响表现为对投资规模和投资结构等方面的影响上。

1. 对投资规模的影响

利率对投资规模的影响是指利率作为投资的机会成本对社会总投资的影响。在投资收益不变的条件下，因利率上升而导致的投资成本增加，必然使那些投资收益较低的投资者退出投资领域，从而使投资需求减少。相反，利率下跌则意味着投资成本下降，从而刺激投资，使社会总投资增加。

2. 对投资结构的影响

投资结构主要是指用于国民经济各部门、各行业以及社会生产各个方面的投资比例关系。利率作为调节投资活动的杠杆，不但决定投资规模，而且利率水平与利率结构都会影响投资结构。一般来说，利率水平对投资结构的作用必须依赖于预期收益率与利率的对比上。资金容易流向预期收益率高的投资活动，而预期收益率低于利率的投资，往往由于缺乏资金而无法进行。从短期来看，利率的变动，会引起投资结构的调整。利率越高，投资会越集中于期限短、收益高的项目。

☆ 知识链接 4－4 ☆

西方各国的利率政策

西方经济理论界与货币管理当局都把利率视为衡量经济运行状况的一个重要指标和调节经济运行的重要手段。因此，自 20 世纪 30 年代经济大萧条以来，控制利率水平在西方货币政策体系中是十分重要的手段。

第二次世界大战后，西方各国为了恢复生产，刺激经济的高速发展，都不约而同地把经济增长和充分就业作为经济政策的主要目标。低利率政策由于有利于刺激投资，扩大生产规模，有利于经济的迅速增长而被广泛采用，并且在战后的 20 多年里，对经济的发展确实起到了促进作用。例如，在 20 世纪 50 年代和 60 年代，美国实际年均国民生产总值（GNP）增长率都在 4%左右。日本从低利率政策中获得的好处更大，企业大量利用低利贷款，减少了利息负担，降低了企业产品成本，增加了企业利润，促进了企业投资，加速了工业发展。日本的低利率政策对日本投资的迅速增长、工业的高速发展和进出口贸易的开展都发挥了重大作用。

70 年代起，西方各国国际收支极度不平衡，并发生了普遍性的通货膨胀。与此同时，国内经济逐渐停滞，形成了可怕的“滞胀”局面。为了缓解经济危机，西方各国相继转向推行高利率政策，以压缩投资，抑制通货膨胀，结果取得了极大的成效。英国的通货膨胀率从 1975 年的 24.2%下降到 1982 年的 8.6%，再继续下降到 1988 年的 3.8%。日本的通货膨胀率也从 1974 年的 24.3%逐渐下降到 1988 年的 0.5%。

由此可见，利率的变动对投资规模乃至整个经济活动的影响是巨大的。这一点，不但被西方经济学理论一再强调，而且也在实践中反复得到了证实。

（三）对消费行为的影响

从宏观看，居民的全部收入可分为消费和储蓄两个部分，储蓄＝收入－消费。在收入水平一定的情况下，储蓄的多少取决于消费倾向的高低，若居民的消费倾向高，则新增收入中用于消费的部分大，储蓄就少。居民的消费倾向的高低除了与目前收入水平、未来收入预期、物价水平及消费观念等有关外，还受利率水平的影响。当利率上升时，会抑制人们的消费欲望。再从企业投资来看，投资代表着社会资金需要，提高利率则使企业投资成本增加。当利率水平提高时，一方面消费减少、储蓄增加，社会资金供给扩大，从而有可能使社会产出扩大；另一方面，又可能使投资受到抑制，从而使社会产出减少。

（四）对资源分配的影响

从总量的方面说，利率可以抑制对资源的总需求，把有限的资源分配到资金利润率较高的部门使用。这种调节从结构方面说，主要是采用差别利率，实行利率的优惠与惩罚制度，用较低的优惠利率支持重要行业、企业和短线产品的生产，也可以以较高的利率和加收利息的办法抑制对一些行业、企业和长线产品的投资，这样能够调节产业结构、企业结构和产品结构。如果在地区间、行业间、企业间实行差别利率，还能促使资金在地区、行业、企业间的转移。但是，利率的调节作用的大小还往往取决于一国的经济环境与经济条件。

（五）对国际收支的影响

当国际收支发生严重的逆差时，可将本国短期利率提高，以吸引外国的短期资本流入，减少或消除逆差；当国际收支发生过大的顺差时，可将本国利率水平调低，以限制外国资本流入，减少或消除顺差。

（六）对汇率的影响

利率在一定条件下对汇率的短期影响很大。利率对汇率的影响是通过不同国家的利率差异引起资金特别是短期资金的流动而起作用的。在一般情况下，如果两国利率差异大于两国远期或即期汇率差异，资金便会由利率较低的国家流向利率较高的国家，从而有利于利率较高国家的国际收支。要注意的是，利率水平对汇率虽有一定的影响，但从决定汇率升降趋势的基本因素看，其作用是有限的，它只是在一定的条件下，对汇率的变动起暂时的影响。

总的来说，利率变动主要是通过贷款人和借款人对利率变动的反应来影响经济的，但利率作用的发挥又往往受到各种因素的影响，例如社会平均利润率的变动、社会资本状况、金融市场的完善程度等。

利率变动对经济的影响效果取决于一国经济发展的实际状况。经济高涨时，尽管利率上升，也很难抑制投资增加；当经济萎缩时，尽管当局压低利率，也刺激不了投资的增加。再者，一国经济越发达，利率的作用就越明显；反之，越不发达的国家利率被扭曲得越严重，对经济也就失去调节作用。

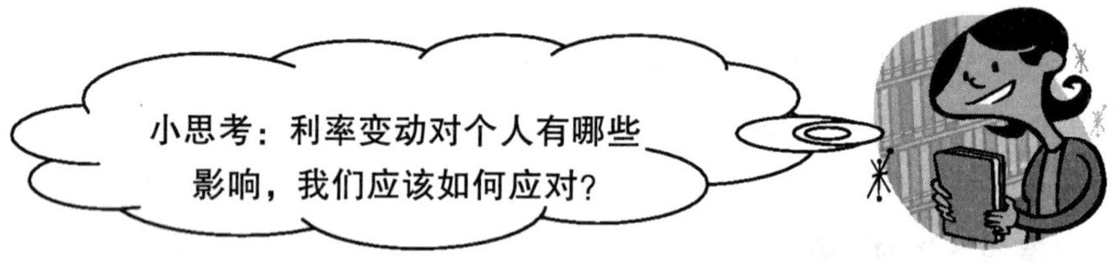

四、利率市场化

利率市场化是指中央银行逐步放松和消除对利率的管制，遵循价值规律，由市场自主确定利率水平，包括利率决定、利率传导、利率结构和利率管理的市场化。实际上，它就是将利率的决策权交给金融机构，由金融机构自己根据资金状况和对金融市场动向的判断来自主调节利率水平，最终形成以中央银行基准利率为基础，以货币市场利率为中介，由市场供求决定金融机构存贷款利率的市场利率体系和利率形成机制。

利率市场化是我国利率制度改革的方向，目前我国利率市场化基本完成。

☆ 案例链接 4-4 ☆

央行：我国利率市场化基本完成

根据中国人民银行发布的消息，从 2015 年 10 月 24 日起，金融机构人民币贷款和存款基准利率各下调 0.25 个百分点，下调金融机构人民币存款准备金率 0.5 个百分点。同时，为了加大对“三农”和小微企业的金融支持，对符合标准的金融机构额外降低存款准备金率 0.5 个百分点。

对此，央行货币政策司司长李波解释说，这主要还是考虑到目前的经济形势：“首先是物价比较低，为了保持实际利率水平相对稳定应该降息，市场也有这个呼声。其次，考虑到外汇占款下降，流动性有一定的下降，通过降准保持流动性合理充裕。最后，定向降准反映了本届政府定向调控的思路。”

与此同时，央行还同时宣布对商业银行、农村合作金融机构等不再设置存款利率浮动上限，这意味着我国利率管制基本放开。事实上，自从 1992 年中共十四大决定要发挥市场在资源配置中的基础性作用以来，我国一直在推动利率市场化改革。经过 20 多年渐进式的改革，目前银行的定价能力逐步提高，金融机构的资产方已经完全市场化，负债方也已经 90%实现了市场化。取消存款利率上限标志着利率市场化改革迈出了最为关键的一步。

李波认为，现在是放开存款利率上限的一个非常好的时机："利率下行周期进行市场化改革是一个比较好的时机，因为放开上限初期，可能会导致利率往上走，因为没有上限管理了。但是配合以降息，就可以对冲短期利率上行造成的压力。"

对于利率市场化带来的影响，清华大学中国与世界经济研究中心主任李稻葵认为，中国的消费者将享受到更加多样化的金融服务："当利率市场化以后，我们整个金融行业会变得更加灵活，效率会提高，从而给老百姓提供更多的金融产品。"

导入案例启示

现代市场经济的环境错综复杂，许多因素都与利率息息相关，政治、经济、制度等方面的因素都会引起利率的变动。

在特朗普获选美国总统的短短一星期之内，由于对财政刺激和通货膨胀的预期，以及对美联储加快加息步伐的预期，导致了本次长期国债收益率的上涨。长期国债收益率在决定全球资产价格方面起到了"锚"的作用，对长期国债收益率走势判断的正确与否，决定了未来一段时间全球资产配置的成败。

同时，利率的变动对经济也有一定的影响。但利率作用的发挥又往往受到各种因素的限制，利率变动对经济的影响效果取决于一国经济发展的实际状况。

利率上升一般被认为是收缩经济的一种做法，但是对于发达经济体来说，其长期的超低利率已经对金融中介活动带来了一定程度上的负面影响，导致了以银行为首的金融机构利润受到极大的挤压。利率的上升在带来银行等金融中介利润上升的同时，也会增强金融中介活动，提高经济的灵活性。因此，这次长期利率的上升对发达国家经济的总体发展来说不一定是一件坏事。

对于新兴市场国家来说，发达国家利率上升会导致资本加速外流，这对新兴市场国家货币和资本市场来说都是一个考验。最近亚洲、南美洲和东欧市场都出现了比较大的波动，投资者抛售当地的债券以购买发达国家的长期债券。这种现象在未来一段时间有可能会持续。

最后，从贸易的角度来说，新兴市场的货币贬值对本国经济有一定的刺激作用。目前已经有证据表明，新兴市场国家的贸易环境正在改善，发达国家的总需求正在上升。如果新兴市场国家的货币相对于发达国家进一步贬值，那么对其出口以及宏观经济无疑是一个利好。

项目小结

利息是指在信用关系中借款人（债务人）因使用借入货币而支付给贷款人（债权人）的报酬，或者说是资金短缺者从市场上筹集资金的成本。马克思主义认为利息实质上是利润的一部分，是剩余价值的转化形式。

利息的经济杠杆作用，主要表现在以下几个方面：聚集社会资金；促进企业节约资金，提高资金的使用效益；有利于政府调控宏观经济；影响居民资产选择行为。

利息的计算方法有单利和复利两种，主要是现值和终值的计算。

利率是利息率的简称，是利息额与借贷资本金的比值，它是计量借贷资本增值程度的数量指标。利率通常用年利率、月利率和日利率来表示，亦称年息、月息和日息。

利率的分类主要有：（1）按利率形成方式划分为市场利率、法定利率和公定利率；（2）按利率体系的地位和作用划分为基准利率和非基准利率；（3）按借贷期内利率是否调整划分为固定利率和浮动利率；（4）按利率与通货膨胀的关系划分为名义利率和实际利率；（5）按是否带有优惠性质划分为一般利率和优惠利率。

决定和影响利率变动的因素主要包括：社会平均利润率；借贷资金的供求状况；物价水平的变动；国家经济政策；国际利率水平；汇率水平；借贷期限长短、风险大小；预期通货膨胀。

利率对经济的影响体现在：对资金供求、投资行为、消费行为、资源分配、国际收支、汇率等几个方面。总的来说，利率变动主要是通过贷款人和借款人对利率变动的反应来影响经济的，但利率作用的发挥又往往受到各种因素的影响，利率变动对经济的影响效果取决于一国经济发展的实际状况。

利率市场化是指中央银行逐步放松和消除对利率的管制，遵循价值规律，由市场自主确定利率水平，包括利率决定、利率传导、利率结构和利率管理的市场化。利率市场化是我国利率制度改革的方向，目前我国利率市场化基本完成。

同步训练

☆ 知识训练 ☆

一、总结本项目知识体系，并画出框架图。

二、知识闯关

1. 名词解释

利息、利率、单利、复利、现值、终值、市场利率、法定利率、公定利率、基准利率、非基准利率、固定利率、浮动利率、名义利率、实际利率、一般利率、优惠利率

2. 选择题（包括单项选择题和多项选择题）

（1）马克思主义认为利息的实质是（　　）。

A. 资本生产力的产物

B. 利润的一部分，是剩余价值的转化形式

C. 因暂时放弃的货币使用权（而给贷者带来不方便）而获得的报酬

D. 在一定时期内人们放弃货币周转流动性的报酬

（2）日利率一般以本金的（　　）表示，通常称为日息几厘。

A. 十分之几　　B. 百分之几　　C. 千分之几　　D. 万分之几

（3）物价不变、货币购买力不变条件下的利率是（　　）。

A. 基准利率　　B. 名义利率　　C. 实际利率　　D. 市场利率

（4）我国住房抵押贷款利率属于（　　）。

A. 基准利率　　B. 公定利率　　C. 固定利率　　D. 浮动利率

（5）决定利率的首要因素是（　　）。

A. 社会平均利润率　　B. 借贷资金的供求状况

C. 物价水平的变动　　D. 国家经济政策

（6）按利率形成方式划分，利率包括（　　）。

A. 基准利率　　B. 法定利率　　C. 一般利率

D. 市场利率　　E. 公定利率

（7）利率市场化是指中央银行逐步放松和消除对利率的管制，遵循价值规律，由市场自主确定利率水平，包括（　　）的市场化。

A. 利率决定　　B. 利率传导　　C. 利率结构

D. 利率管理　　E. 利率期限

3. 简答题

（1）什么是利息？利息有什么作用？

（2）什么是利率？简述利率的表示方式。

（3）简述利率的分类。

（4）决定和影响利率变动的因素有哪些？

（5）利率对经济的影响体现在哪些方面？

三、讨论：我国现行的利率是负利率吗？

☆技能训练☆

一、分别登录中国人民银行及某一商业银行网站，查询比较最新的存贷款利率情况。

二、生活中的复利计算

1. 刘梅22岁大学毕业，如果她有2万元的资金，用于投资基金，按照年12%的回报率复利计算。请问：到60岁的时候，她大约有多少资金？如果存到银行，按照5%的单利计算，她大约有多少资金？

2. 小明目前有投资资金100 000元，准备于3年后购车使用，小明的投资报酬率为6%。请问：3年后小明会有多少资金用于购车？

3. 小李计划5年后购房，需要首付150 000元，小李的投资报酬率为8%。请问：小李目前需要准备多少资金？

三、生活中的案例分析

经过几轮“借新还旧”，欠下近7万元

2016年6月初，广州一所高校的学生小包（化名）和同学在逛街时看中了一件衣服，无奈于临近放假囊中羞涩而被迫放弃购买。回到学校后，小包无意中在微信朋友圈里看到了有关“借贷宝”的信息。出于试一试的心理，小包当即下载并安装了“借贷宝”App。

6月9日，小包通过“借贷宝”联系上一名出借人，并通过聊天工具QQ将自己的身份证照片、学生证照片和其他信息发送给对方后，成功地在“借贷宝”平台上完成了一份1 000元的借贷合同，即俗称的借条。这份借条显示，小包自即日起向出借人借款1 000元，利息按照年利率18%进行计算，借款时间为一个星期。

如果按照这张借条的内容，那么一周之后小包一共需要还款本息总计约1 004元。但是事实上一周之后，小包一共偿还了1 507元，而她实际借到手的款项只有800元。

在小包借款前与出借人的聊天记录中记者看到，出借人表示由于小包仍然是在校学生，本身并不具备收入能力，要求小包除提供证件照片等信息以外，另外提供500元的押金。这500元押金的收取方式则是需要小包在“借贷宝”平台上再打一张500元的借条。此外，除了以双方在借贷宝平台上约定的利率支付利息外，小包还需要私下向出借人一次性支付借款额20%的利息。双方达成一致后，出借人将1 500元出借给小包。小包随后通过其他渠道（支付宝、微信、QQ等），将500元押金和200元利息转给出借人。根据双方的约定，如果小包一周之内无法偿还1 000元借款，那么500元押金将不再退还给小包。与此同时，借贷宝上的这张500元的借条也会按照逾期做罚息处理。

小包一开始也认为这样的借款方式有些苛刻，但是急于用钱便没有过多考虑。一周以后，小包仍然无力偿还这1 500元的借款，但是由于不好意思向父母开口，她便通过“借贷宝”以同样的方式申请了第二笔借款。也就是说，为了偿还第一笔债务，小包又一次通过签署4 000元的借条借到了1 600元。就这样，在不到一个月的时间里，经过几轮“借新还旧”，小包通过“借贷宝”平台借款所累积的债务就达到了近7万元，其中有近5万元的借条是以押金的形式“借出”的，押金金额由所借款项的50%到200%不等。而此时小包真正借到手的款项还不到1万元。

自6月中旬开始，小包所借的款项大部分已经开始逾期。根据当初在平台签订的借款协议，借款人逾期未偿还借款本金和利息，所有欠款将按年利率24%计算罚息给予出借人，并且开始计算逾期费用。一时之间，小包的手机上开始不停地接到各种催款电话和短信，借贷宝方面及出借人开始催她还钱。部分出借人的语气并不客气，并且威胁她不要以为躲起来就没事了，再不还钱就会有“恐怖的事情发生”。

无奈的小包只好向父母求助，随后父母带着小包向当地的派出所报警。派出所表示，由于催款人目前并没有任何实际行为，所以很难以短信或者电话为依据认定造成威胁。派出所同时告诉小包，她只需要偿还自己认定的欠款即可，所谓的“押金”导致的欠款涉嫌欺诈行为，她有理由拒绝还款。

请分析：

1. 首次借款，小包实际借到手的款项只有800元，一周后一共偿还了1 507元，她7天借款的实际利率是多少？

2. 小包借贷过程中，有哪些违规现象？

3. 面对催款，小包应该怎么办？

项目五

金融机构

【名人名言】

商业银行的健康事关中国金融的稳定。

——周小川

【学习目标】

知识目标

◇ 掌握现代金融机构体系的构成，熟悉我国的金融机构体系。
◇ 掌握中央银行的职能及主要业务。
◇ 掌握商业银行的职能及主要业务。
◇ 了解全球性金融机构。

技能目标

◇ 能够认识和分析各类金融机构。
◇ 能够系统地阐述我国金融机构体系的构成。

案例导入

传统金融机构玩创新 盘点 2016 银行的那些新鲜事

随着近年来科技和网络的快速跃进，人们生活的点滴早已发生了翻天覆地的变化。不知道各位是否还记得自己第一次扫码付款时的场景；是否还记得第一次网络约车时的场景；又是否还记得第一次 App 订餐时的场景……不管各位是否还记得，这些已经完全融入人们的生活之中，并且被更多新的第一次所淹没。

在万众创新的大背景下，这些所谓的第一次，其实是各个领域创新成果的展现。然而，其中金融领域的改革创新却显得格外耀眼。余额宝的出世让众多投资者初识普惠金融，微信红包的诞生给无味的除夕送来了几分欢闹。这些值得称道的创新，基本都来自电商和互联网金融平台，传统金融机构却很少被人提及。其实这些受到自身体制约束的金融领域"巨无霸"，也正在不断地创新思变。

支付服务领域创新 银行抢滩二维码市场

目前，支付二维码随处可见，大到商场，小到店铺，甚至连买个煎饼都可以掏出手机扫码支付。人们现在出门真的可以不用带钱包，但手机却要随身同行。

其实，支付从人们开始交易的那一刻就已形成，不过支付的形式从古至今不断更迭。由最初的物物交换到银钱买卖，再到现代的纸币流通，未来还极有可能演化为电子货币支付。因此，我们看到支付的流程，正一步一步地由繁化简，并且支付的渠道也在多元化发展。正如我们现在所使用的二维码支付，相信很多人已经深深地体会到了它的便捷。但无论你是在国内还是在国外，经常见到的恐怕还是支付宝、微信的二维码，却少见金融机构的产品。可银行在目前谋变的过程中，也在争夺着二维码支付的市场份额。

据了解，工商银行在 2016 年下半年便推出了自己的二维码支付产品，该产品为广大中小商户提供了包括支付、结算、融资等全方位金融服务，通过简单的"扫一扫"即可覆盖线上线下和 O2O 支付全场景，大大提高了支付效率和便利程度。

工商银行相关人员介绍，工银二维码支付采用了国际先进的 Token 技术，可应用于客户通过融 e 联、工银 e 生活扫描商户二维码；商户使用 POS 扫码设备扫描客户二维码；商户使用"商户之家"App 扫描客户二维码等三类场景，并已联合麦当劳、万宁超市、中石油北京分公司、必胜客（北京）等商户推出了一系列二维码支付优惠促销活动。

业内人士指出，商业银行发展二维码支付，不仅可以改善大众消费环境，还可以把二维码支付作为纽带，运用大数据技术深度挖掘中小商户的经营状况和融资需求，提供信贷融资、存款理财、代发工资等全面金融服务，以数据化、纯信用、全线上的融资产品降低小微企业获取金融服务的门槛和成本，缓解小微企业的融资难、融资贵问题。

银行玩起智能投顾　似乎理财就那么简单

近年来，由于金融市场的风险不断上升，加之人民币出现了一定幅度的贬值，人们对于理财的需求正在日益增加。但要想拥有一套私人订制的理财计划，估计您的流动资金起码要在几百万元以上。然而，当科技公司率先抛出了智能投顾的概念后，似乎让普通投资者也看到了享有相同待遇的希望。

虽说科技公司在智能投顾领域占有得天独厚的优势，但这完全阻碍不了金融机构在该领域加速布局的热忱。就在2016年即将结束之际，12月6日招商银行正式上线“摩羯智投”；12月中旬，浦发银行基于手机银行8.0推出智能投顾系统——“财智机器人”。

据了解，此次招商银行推出的“摩羯智投”是一套资产配置服务流程，包含了目标风险确定、组合构建、一键购买、风险预警、调仓提示等。它会适时进行全球市场扫描，根据最新市场状况，去计算最优组合比例，如果客户所持组合偏离最优状态，“摩羯智投”将为客户提供动态的基金组合调整建议，在客户认可后，可自主进行一键优化。

业内人士分析认为，智能投顾本质是指用机器和算法代替部分的人工投顾，从而降低人工成本、提高服务效率。“智能”更多指的是用机器和技术手段来提供服务。“投”指的是运用量化算法，通过资产配置获得系统性收益。“顾”指的是根据客户需求，持续提供匹配风险偏好、投资期限及目标一致的组合解决方案，是投顾服务的重点，目前还有很大的提升空间。

整体来看，银行近年来在支付、客服等多个业务领域中大力创新，发展人工智能。这些在给客户带来优质服务的同时，还印证了金融领域中的“巨无霸”也加速行驶在了改革创新的道路上。

资料来源：金融工厂．传统金融机构玩创新　盘点2016银行的那些新鲜事．(2016-12-23)［2017-05-13］．http：//q. stock. sohu. com/news/cn/036/600036/4910157. shtml.

小组讨论

什么是金融机构？　生活中会接触到哪些金融机构？　商业银行有哪些业务创新？

任务一　熟悉金融机构体系

一、金融机构的定义和特征

（一）金融机构的定义

金融机构的定义有狭义和广义之分。

狭义的金融机构是指金融活动过程中的中介机构，即在间接融资领域中作为资金余缺双方交易的媒介，专门从事货币、信贷活动的机构，主要是指银行和其他从事存、贷款业务的中介机构。

广义的金融机构则是指所有从事金融活动的机构，包括直接融资领域中的金融机构、间接融资领域中的金融机构和各种提供金融服务的机构。

金融机构是金融体系的重要组成部分，在整个国民经济运行中起着举足轻重的作用。它们通过疏通、引导资金的流动，促进和实现了资源在经济社会中的合理配置，提高了全社会经济运行的效率。

☆ 案例链接 5-1 ☆

李克强：金融机构要支持实体经济特别是小微企业

2016 年 3 月 16 日上午，国务院总理李克强在人民大会堂三楼金色大厅会见中外记者并回答记者提出的问题。

在回答有关近期中国股市和汇市波动的提问时，李克强表示，金融首要任务还是要支持实体经济的发展，金融机构还是要着力去支持实体经济，特别是小微企业的健康发展，绝不能脱实向虚。以下为问答实录：

路透社记者：近期中国股市和汇市的波动引起了国际投资者的高度关注。请问总理，您认为中国的金融市场目前面临哪些主要问题和挑战？中国政府对金融市场未来的发展和加强监管有什么计划？股市汇市和债券市场将会有哪些重点改革措施？近期的市场波动会不会影响改革的进度？深港通会不会年内推出？谢谢。

李克强：请你问第一个问题，你就把股市汇市等金融市场问题当“当头炮”，不过也可以理解。因为许多金融问题的表现往往早于经济问题的发生。但是金融首要任务还是要支持实体经济的发展，实体经济不发展，是金融最大的风险。去年我们采取了一系列像降息、降准、定向降准等措施，这不是量化宽松，我们始终注意把握货币供应量的松紧适度，主要还是为了降低实体经济融资的成本。所以金融机构还是要着力去支持实体经济，特别是小微企业的健康发展，绝不能脱实向虚。

（二）金融机构的特征

从性质上看，金融机构是一种经济组织，即经营货币信用业务，从事资金融通的金融企业。绝大多数金融机构与一般的企业一样，都以追逐利润为目标。但是，金融机构是一种特殊企业，其特殊性具体体现在以下四个方面。

1. 金融机构是以金融商品为其经营对象的金融企业

无论是经营存款、贷款、汇兑和储蓄业务的银行机构，还是经营证券投资或保险业务的非银行金融机构，它们经营的对象都是金融商品，或者说金融工具。金融机构通过对这些金融商品的“买卖”，促进资金融通和赚取利润。

2. 金融机构是以融通资金为目的，促使贷款人（资金盈余单位）与借款人（资金不足单位）联系起来的金融媒介体

金融机构既可以通过向资金盈余单位出售间接金融工具，把资金集中起来，然后再

用这些资金去购买资金不足单位的直接融资工具，实现资金盈余单位和资金不足单位之间的资金融通，又可以通过创造信用把资金盈余单位的资金转移给资金不足的单位使用，即创造被称为货币的间接金融工具（如钞票、活期存款），购买资金不足单位的直接金融工具，资金不足单位再使用货币购买商品，从而实现社会组织间的资源转移。作为金融媒介体是金融机构最本质的特征。

3. 金融机构是为全社会提供金融服务的社会公共服务机构

金融机构从产生的那一天起，就为社会提供金融服务，如货币的兑换、保管、汇兑等。在现代商品经济条件下，金融机构面向全社会各阶层，多方面提供各种金融服务，特别是以信用货币制度和银行制度为主体的银行机构，具有极其深刻的渗透力和扩散性，已成为国民经济的神经中枢及社会经济的调节机构。

4. 金融机构是最具风险性、最需要加强风险管理的经济组织

金融机构作为金融媒介体，是把盈余单位的资金供给资金不足单位使用，其贷款可能收不回来，或者出现资金周转不灵的情况；同时，经营的货币本身也可能因为市场利率、物价水平的变化而带来损失。更为重要的是，金融机构涉及面广、影响大，其风险对社会经济、政治等各方面的影响都极为深刻。所以，金融机构特别需要加强风险管理和控制。

二、金融机构体系

金融机构体系是指金融机构的组织体系，是一个由经营和管理金融业务的各类金融机构所组成的完整系统。

现代金融机构体系包括众多的金融机构。在市场经济条件下，各国金融体系大多数是以中央银行为核心来进行组织管理的，因而形成了以中央银行为核心，商业银行为主体，各类专业银行、非银行金融机构和金融监管机构并存的金融机构体系，见图5-1。

图5-1　金融机构体系

（一）中央银行

中央银行，是国家最高的货币金融管理组织机构，在各国金融体系中居于主导地位。国家赋予其制定和执行货币政策，对国民经济进行宏观调控，对其他金融机构乃至金融

业进行监督管理的职责，地位非常特殊。

（二）商业银行

商业银行，是以营利为目的，以多种金融负债筹集资金，以多种金融资产为经营对象，具有信用创造功能，全方位经营各类金融业务的综合性、多功能的金融服务企业。

商业银行是各国金融体系中最重要的组成部分。现代商业银行可以从事存款、贷款、投资以及多种表外业务，有“金融百货公司”之称。

（三）专业银行

专业银行，是指有特定经营范围和提供专门性金融服务的银行。专业银行的出现是社会分工发展在金融领域的体现。社会经济迅速发展，要求银行必须具有某一专业领域的知识和服务技能，从而推动了各式各样专业银行的产生，主要包括投资银行、储蓄银行、抵押银行、开发银行和政策性银行等。

1. 投资银行

投资银行，是与商业银行相对应的一类金融机构，主要从事证券发行、承销、交易、企业重组、兼并与收购、投资分析、风险投资、项目融资等业务的非银行金融机构，是资本市场上的主要金融中介。

投资银行是美国和欧洲大陆的称谓，英国称之为商人银行，在日本和我国则指证券公司。

投资银行的组织形态主要有四种：一是独立型的专业性投资银行，这种类型的机构比较多，遍布世界各地，它们有各自擅长的业务方向，比如美国的高盛、摩根士丹利；二是商业银行拥有的投资银行，主要是商业银行通过兼并收购其他投资银行，参股或建立附属公司从事投资银行业务，这种形式在英德等国非常典型，比如汇丰集团、瑞银集团；三是全能型银行直接经营投资银行业务，这种形式主要出现在欧洲，银行在从事投资银行业务的同时也从事商业银行业务，比如德意志银行；四是一些大型跨国公司兴办的财务公司。

2. 储蓄银行

储蓄银行，是指通过吸收储蓄存款获取资金从事金融业务的银行。储蓄银行是一种较为古老的金融机构，大多是由互助性质的合作金融组织演变而来。互助性的储蓄银行就是存款人将资金存入银行，银行以优惠的形式向存款人提供贷款，这种组织形式在美国比较普遍。

3. 抵押银行

抵押银行，也称不动产抵押银行，是指专门从事土地、房屋及其他不动产抵押贷款的长期放款的银行。抵押银行一般不办理存款业务，资金来源主要靠发行不动产抵押证券及短期票据贴现来筹集，其贷款对象主要是以土地或房屋作抵押的土地所有者、购买者和建筑商。

在许多国家，这类银行都很发达，如法国的房地产信贷银行、德国的私人抵押银行、美国的联邦全国抵押贷款协会均属于此类专业银行，它们的贷款业务均占据了抵押贷款市场的较大份额。

4. 开发银行

开发银行，是指专门为满足经济建设长期投资需要而设立的银行。开发银行开展的投资具有开发性，且投资数量大、周期长、见效慢、风险大，一般商业银行不愿承担，有时也无力承担。所以开发银行多为政府创办，不以营利为目的，经营那些社会效益显著而经济效益难以预料的工程投资项目，如新经济区的基础建设、新产业开发、全国性公共设施的建设等。

开发银行分为国际性、区域性及本国性三种。国际性开发银行以国际复兴开发银行（也称世界银行）为代表；区域性开发银行以亚洲开发银行、非洲开发银行、泛美开发银行为代表；本国开发银行以国家开发银行为代表。

5. 政策性银行

政策性银行，是政府创办的以扶持特定的经济部门或促进特定地区经济发展为主要任务，在特定的行业领域从事金融活动的银行。政策性银行的资金主要来源于创办时的财政拨款及发行债券或吸收一定的定期存款等方面。政策性银行的经营不以营利为目的，具有财政性（政策性、无偿性），同时具有金融性（营利性、有偿性），是一种特殊的金融机构。

由于各国的实际情况不同，各国政策性银行的种类也有所不同。一般来说，政策性银行主要包括农业银行和进出口银行。

除上述银行机构外，在各国的银行体系中还有来自国外的外资（合资）银行。随着金融业的全球一体化不断推进，外资银行已成为各国银行体系中的重要组成部分。

（四）非银行金融机构

非银行金融机构，是指除中央银行、商业银行及专业银行以外的其他经营金融性业务的公司或组织。主要包括保险公司、信托投资公司、信用合作社、金融租赁公司、财务公司等。

1. 保险公司

保险公司是经营保险业务的经济组织。它是以吸收保险费的形式建立起保险基金，用于补偿投保人在保险责任范围内发生的经济损失的具有法人资格的企业。

保险公司是西方发达国家中最重要的非银行金融机构，在各国国民经济中发挥着重要的作用。保险具有分散风险和补偿经济的两个基本功能，在现代社会中还有融通资金的功能。

2. 信托投资公司

信托投资公司是一种以受托人的身份，代人理财的金融机构。信托与银行信贷、保险并称为现代金融业的三大支柱。信托公司的主要业务包括经营资金和财产信托、代理资产保管、金融租赁、经济咨询、证券发行及投资等。

3. 信用合作社

信用合作社又称信用社，是由社员自愿集资结合而成立的，以互助为主要宗旨的合作性金融机构。信用合作社是西方国家中普遍存在的一种互助合作性金融组织，其基本经营目标是以简便的手续和较低的利率，向社员提供信贷服务，帮助经济力量薄弱的个人解决资金困难。其资金主要来源于合作社成员缴纳的股金和吸收的存款。

4. 金融租赁公司

金融租赁公司，是指专门经营租赁业务的公司。租赁设备的物主，通过提供租赁设备而定期向承租人收取租金。金融租赁公司兼有融资、投资和促销多种功能，以金融租赁业务为主。金融租赁在发达国家已经成为设备投资中仅次于银行信贷的第二大融资方式。

5. 财务公司

财务公司，也称金融公司，各国的名称不同，业务内容也有差异，但多数是商业银行的附属机构。财务公司的资产业务在各国差异较大，有的以消费信贷为主，有的则主要从事商业银行不愿办理的风险较大的贷款、票据贴现、证券和不动产抵押贷款等。其资金来源主要包括发行债券和向商业银行贷款等，有的国家的财务公司还公开吸收存款。

除此之外，金融资产管理公司、各类基金公司、期货类机构、黄金投融资机构、专业融资公司、信用服务机构等也属于非银行金融机构。

（五）金融监管机构

金融监管机构是根据法律规定对一国的金融体系进行监督管理的机构。其职责包括按照规定监督管理金融市场；发布有关金融监督管理和业务的规章和命令；监督管理金融机构的合法合规运作等。

目前各国的金融监管机构，主要由四类构成：一是负责管理存款货币并监管银行业的中央银行或金融管理局；二是分业设立的监管机构；三是金融同业自律组织如行业协会；四是社会性公律组织如会计师事务所、评估机构等。其中，中央银行或金融管理局通常在一个国家或地区的金融监管组织机构中居于核心位置。

三、我国的金融机构体系

现阶段，我国的金融机构按地位和功能，分为监管机构、银行类金融机构、证券类金融机构、保险类金融机构、其他类金融机构和金融行业自律组织，详细内容见表5-1。

表5-1　　我国金融机构体系分类表

机构分类	机构名称	机构职能
监管机构	中国人民银行	中国人民银行为国务院组成部门，是中华人民共和国的中央银行，是在国务院领导下制定和执行货币政策、维护金融稳定、提供金融服务的宏观调控部门。
	中国银行保险监督管理委员会	中国银行保险监督管理委员会（简称银保监会）为国务院直属正部级事业单位。依照法律法规和国务院授权统一监督管理银行业和保险业，维护银行业和保险业合法、稳健运行，防范和化解金融风险，保护金融消费者合法权益，维护金融稳定。
	中国证券监督管理委员会	中国证券监督管理委员会（简称证监会）为国务院直属正部级事业单位，依照法律、法规和国务院授权，统一监督管理全国证券期货市场，维护证券期货市场秩序，保障其合法运行。
银行类金融机构	政策性银行	国家开发银行、中国进出口银行和中国农业发展银行，主要分别承担国家重点建设项目融资、支持进出口贸易融资和农业政策性贷款业务的任务。
	大型商业银行	大型商业银行包括中国工商银行、中国农业银行、中国银行、中国建设银行及交通银行。大型商业银行是我国银行体系的主体，以获取利润为经营目标，以经营存贷款、办理转账结算为主要业务，以多种金融资产和金融负债为经营对象，具有综合性服务功能，对我国经济金融的发展起着重要作用。

续前表

机构分类	机构名称	机构职能
银行类金融机构	股份制商业银行	股份制商业银行是指大型商业银行以外的全国性股份制商业银行、区域性股份制商业银行的总称。中信银行、招商银行等属于全国性股份制商业银行。
	城市商业银行	城市商业银行是中国银行业的重要组成和特殊群体，其前身是20世纪80年代设立的城市信用社，当时的业务定位是：为中小企业提供金融支持，为地方经济搭桥铺路。20世纪90年代中期，以城市信用社为基础，各地纷纷组建城市商业银行。
	农村金融机构	农村金融机构主要包括农村信用社、农村商业银行、农村合作银行、村镇银行、农村资金互助社和贷款公司，主要从事农村地区的银行金融服务业务。
	中国邮政储蓄银行	中国邮政储蓄银行是在邮政储蓄的基础上组建的。中国邮政储蓄银行主要依托和发挥网络优势，以零售业务和中间业务为主，为城市社区和广大农村地区居民提供基础金融服务。
	外资银行	外资银行指依照有关法律、法规，经批准在中华人民共和国境内设立的外商独资银行、中外合资银行、外国银行分行、外国银行代表处。
证券类金融机构	证券交易所	证券交易所是为证券集中交易提供场所和设施，组织和监督证券交易，实行自律管理的法人，目前包括上海证券交易所和深圳证券交易所。
	证券公司	证券公司指经批准而成立的专门经营证券业务，具有独立法人地位的有限责任公司或者股份有限公司，可以承销发行、自营买卖或自营兼代理买卖证券。普通投资人的证券投资都要通过公司来进行。
	证券服务机构	证券服务机构是从事证券投资咨询、证券资信评估服务、证券集中保管等证券服务业务的法人机构。
	期货公司	期货公司是指依法设立的、接受客户委托、按照客户的指令、以自己的名义为客户进行期货交易并收取交易手续费的中介组织，其交易结果由客户承担。期货公司是交易者与期货交易所之间的桥梁。
	基金管理公司	基金管理公司是指依据有关法律法规设立的对基金的募集、基金份额的申购和赎回、基金财产的投资、收益分配等基金运作活动进行管理的公司。证券投资基金的依法募集由基金管理人承担。基金管理人由依法设立的基金管理公司担任。担任基金管理人应当经国务院证券监督管理机构核准。
保险类金融机构	保险公司	保险公司是依照法律法规和国家政策设立的经营商业保险和政策性保险的金融机构。
	保险中介机构	保险中介机构是介于保险人和被保险人之间，专门从事保险业务咨询与推销、风险管理与安排、保险价值评估、损失鉴定与理算等中间服务活动，并获取佣金或手续费的组织。

续前表

机构分类	机构名称	机构职能
其他类金融机构	金融资产管理公司	金融资产管理公司指经国务院决定设立的收购国有银行不良贷款，管理和处置因收购国有银行不良贷款形成的资产的国有独资非银行金融机构。
	信托公司	信托公司是指依法设立的，以营业和收取报酬为目的，以受托人身份承诺信托和处理信托事务的金融机构。
	企业集团财务公司	企业集团财务公司是以加强企业集团资金集中管理和提高企业集团资金使用效率为目的，为企业集团成员单位提供财务管理服务的非银行金融机构。
	金融租赁公司	金融租赁公司是指经国务院银行业监督管理机构批准，以经营融资租赁业务为主的非银行金融机构。
	汽车金融公司	汽车金融公司是指经国务院银行业监督管理机构批准设立的，为中国境内的汽车购买者及销售者提供金融服务的非银行金融机构。
	货币经纪公司	货币经纪公司是指经批准在中国境内设立的，通过电子技术或其他手段，专门从事促进金融机构间资金融通和外汇交易等经纪服务，并从中收取佣金的非银行金融机构。
	消费金融公司	消费金融公司是指经国务院银行业监督管理机构批准，在中华人民共和国境内设立的，不吸收公众存款，以小额、分散为原则，为中国境内居民个人提供以消费为目的的贷款的非银行金融机构。
金融行业自律组织	中国银行业协会	中国银行业协会是经中国人民银行和民政部批准成立，并在民政部登记注册的全国性非营利社会团体，是中国银行业自律组织。2003年中国银监会成立后，中国银行业协会主管单位由中国人民银行变更为中国银监会。
	中国证券业协会	中国证券业协会是依据《中华人民共和国证券法》和《社会团体登记管理条例》的有关规定设立的证券业自律性组织，属于非营利性社会团体法人，接受中国证监会和国家民政部的业务指导和监督管理。
	中国期货业协会	中国期货业协会是依据《中华人民共和国证券法》《期货交易管理条例》和《社会团体登记管理条例》的有关规定设立的期货行业自律性组织，属于非营利性社会团体法人，接受中国证监会和国家民政部的业务指导和监督管理。
	中国证券投资基金业协会	中国证券投资基金业协会是依据《中华人民共和国证券法》《中华人民共和国证券投资基金法》和《社会团体登记管理条例》的有关规定设立的证券投资基金业自律性组织，属于非营利性社会团体法人，接受中国证监会和国家民政部的业务指导和监督管理。
	中国保险行业协会	中国保险行业协会是经国务院保险监督管理机构审查同意并在国家民政部登记注册的中国保险业的全国性自律组织，是自愿结成的非营利性社会团体法人。
	中国银行间市场交易商协会	中国银行间市场交易商协会是由市场参与者自愿组成的，包括银行间债券市场、同业拆借市场、外汇市场、票据市场和黄金市场在内的银行间市场的自律组织。其是经国务院、民政部批准成立的全国性非营利性社会团体法人。

截至2015年底，我国金融机构构成及数量情况，见表5-2。

表 5-2　　2015 年底我国金融机构数量表

名称	数量	名称	数量
政策性银行	3	外资法人金融机构	40
大型商业银行	5	信托公司	68
股份制商业银行	12	金融租赁公司	47
民营银行	5	汽车金融公司	25
城市商业银行	133	贷款公司	14
农村商业银行	859	消费金融公司	12
农村合作银行	71	企业集团财务公司	224
农村信用社	1 373	中德住房储蓄银行	1
村镇银行	1 311	货币经纪公司	5
农村资金互助社	48	金融资产管理公司	4
邮政储蓄银行	1		

小思考：在我国内地，哪些机构属于金融机构？香港地区呢？

☆ 知识链接 5-1 ☆

香港的金融机构体系

香港是以国际金融资本为主体，以银行业为中心，外汇、黄金、证券、期货、共同基金和保险金融市场高度发达的多元化的国际金融中心。银行业是香港金融业的主体。

（一）金融机构体系

1. 银行业

香港的银行业实行三级制：分别是持牌银行、有限制牌照银行及接受存款公司。根据《银行业条例》，这三类机构统称为认可机构。香港金融管理局是这三类认可机构的发牌机关。只有持牌银行才可从事全面的银行业务，特别是往来与储蓄账户业务，以及接受不限数额及存款期的存款。

2. 证券业

香港的证券市场和期货市场分别由联合交易所和期货交易所经营，联交所和期交所都是香港交易所的全资附属公司。

3. 保险业

香港是全球最开放的保险中心之一。

（二）金融监管体系

1. 香港金融管理局

香港金融管理局成立于 1993 年 4 月 1 日，由外汇基金管理局与银行业监理处合并而成，是负责香港的金融政策及银行、货币管理的法定机构，担当类似中央银行的角色。金管局负责维持港元联系汇率，及确保整个银行体系的稳定，金管局亦管理数以千亿计的香港外汇基金。金管局的关联机构包括香港按揭证券有限公司、香港印钞有限公司、香港金融研究中心、香港银行同业结算有限公司及外汇基金投资有限公司。而香港的货币发行则由指定的发钞银行负责，包括汇丰银行、渣打银行和中国银行。

2. 证券及期货事务监察委员会

证券及期货事务监察委员会成立于 1989 年 5 月，是不隶属于政府架构，享有自主权的法定组织，负责监管香港的证券及期货市场。

3. 保险业监督

保险业监理专员获行政长官委任为保险业监督。

任务二　走进中央银行

一、中央银行的产生和发展

中央银行，是国家最高的货币金融管理组织机构，在各国金融体系中居于主导地位。国家赋予其制定和执行货币政策，对国民经济进行宏观调控，对其他金融机构乃至金融业进行监督管理权限的职能，地位非常特殊。

（一）中央银行产生的经济背景

中央银行产生于 17 世纪后半期，形成于 19 世纪初叶，它产生的经济背景如下所述。

1. 商品经济的迅速发展

18 世纪初，西方国家开始了工业革命，社会生产力的快速发展和商品经济的迅速扩大，促使货币经营业越来越普遍，而且日益有利可图，由此产生了对货币财富进行控制的欲望。

2. 资本主义经济危机的频繁出现

资本主义经济自身的固有矛盾必然导致连续不断的经济危机。面对当时状况，资产阶级政府开始从货币制度上寻找原因，企图通过发行银行券来控制、避免和挽救频繁的经济危机。

3. 商业银行的普遍设立

伴随着商品经济的快速发展，银行业也逐步兴盛起来。商品经济的迅速发展和资本主义生产方式的兴起，在推动欧洲大陆的货币兑换商转变成商业银行的同时，也加速了新银行的涌现。

4. 货币信用与经济关系普遍化

资本主义产业革命促使生产力空前提高，生产力的提高又促使资本主义银行信用业蓬勃发展。主要表现在一是银行经营机构不断增加；二是银行业逐步走向联合、集中和垄断。

资本主义商品经济的迅速发展，经济危机的频繁发生，银行信用的普遍化和集中化，既为中央银行的产生奠定了经济基础，又为中央银行的产生提供了客观要求。

（二）中央银行的发展

从1656年瑞典银行设立到1913年美国联邦储备体系建立，中央银行制度的基本建立经历了257年的时间。这一时期，全世界经自然演变而形成或者专门设立的中央银行约有29家。其中，瑞典银行、英格兰银行、法兰西银行、德国国家银行、日本银行和美国联邦储备体系是主要代表。

☆ 知识链接5-2 ☆

英格兰银行

真正最早全面发挥中央银行职能的是英格兰银行，为各国中央银行体制的鼻祖。

英格兰银行（Bank of England）成立于1694年，英国的中央银行，最初的任务是充当英格兰政府的银行，这个任务至今仍然有效。英格兰银行大楼位于伦敦市的针线（Thread Needle）大街，因此它有时候又被人称为“针线大街上的老妇人”或者“老妇人”。

1694年根据英王特许成立，股本120万镑，向社会募集。成立之初即取得不超过资本总额的钞票发行权，主要目的是为政府垫款。到1833年英格兰银行取得钞票无限法偿的资格。1844年，英国国会通过《银行特许条例》（即《比尔条例》），规定英格兰银行分为发行部与银行部；发行部负责以1 400万镑的证券及营业上不必要的金属贮藏的总和发行等额的银行券；其他已取得发行权的银行的发行定额也规定下来。此后，英格兰银行逐渐垄断了全国的货币发行权，至1928年成为英国唯一的发行银行。

与此同时，英格兰银行凭其日益提高的地位承担商业银行间债权债务关系的划拨冲销、票据交换的最后清偿等业务，在经济繁荣之时接受商业银行的票据再贴现，而在经济危机的打击中则充当商业银行的“最后贷款人”，由此而取得了商业银行的信任，并最终确立了“银行的银行”的地位。随着伦敦成为世界金融中心，因应实际需要，英格兰银行形成了有伸缩性的再贴现政策和公开市场活动等调节措施，成为近代中央银行理论和业务的样板及基础。

1. 一战前，中央银行成立和发展的初级阶段

一战前，中央银行成立和发展的初级阶段是自由竞争资本主义产生、发展的鼎盛阶段，以18世纪英国经济学家亚当·斯密“看不见的手”原理为基础的理论认为资本主义可以自发的实现充分就业的均衡，国家干预和调节经济生活不仅没有必要，而且也没有可能，作为中央银行来说，只要维持住银行券和黄金的自由兑换关系以及代理国库活动就可以了，其他经济活动都可以在“看不见的手”的指导下自由和谐的产生和运作。

2. 中央银行发展的第二阶段

即一战后至20世纪60年代末的50年间，资本主义经济从自由竞争阶段过渡到垄断

阶段，垄断成为资本主义经济的最显著特征，国家干预和控制经济生活的迫切性越来越突出，凯恩斯顺应时代发展的要求，于 1936 年出版了西方最有影响的著作《就业、利息和货币通论》，全面确立了国家干预和控制经济生活的理论体系，从而使得国家把中央银行严格置于自己的监督控制之下，中央银行也就没有多少独立性可言。

3. 中央银行发展的第三阶段

中央银行发展的第三阶段是在凯恩斯主义指导下，资本主义经济经过 20 世纪 50 年代、60 年代的调整发展时期，之后就陷入了通货膨胀和经济停滞并存的滞胀困境。因此，国家干预经济的思想遭到了弗里德曼为代表的现代货币数量论的致命打击，重视货币政策、减少政府干预、保持中央银行独立性的呼声越来越高。当代西方国家不断增强中央银行的独立性，分权制成为了当代中央银行制度的理论基础。

（三）我国中央银行的产生与发展

我国的中央银行萌芽于 20 世纪初。清政府因整理币制，于光绪三十年（1904）由户部奏准设立户部银行，额定资本白银 400 万两，后又增拨 20 万两，1905 年 8 月在北京开业。户部银行是清末官商合办的银行，它是模仿西方国家中央银行而建立的我国最早的中央银行。1908 年户部更名为度支部，户部银行改名为大清银行，经理国库、发行纸币。

1911 年的辛亥革命，促使大清王朝覆灭，大清银行改组为中国银行。而交通银行始建于 1908 年，成立之初，曾自我标榜为“纯属商业银行性质”。但事实上，它后来成了北洋政府的中央银行。1913 年，交通银行取得了与中国银行同等地位的发行权。1914 年，交通银行改定章程，已经具备了中央银行的职能。这两家银行共同作为北洋政府的中央银行。

1924 年 8 月，孙中山领导的广东革命政府在广州创立中央银行。1926 年 7 月，国民政府移迁武汉，同年 12 月在汉口设中央银行。原广州的中央银行改组为广东省银行。1928 年，汉口中央银行停业。

1928 年 11 月 1 日，南京国民政府成立中央银行，总行设在当时全国的经济金融中心——上海，在全国各地设有分支机构，法定中央银行为国家银行，行使中央银行职责。1949 年 12 月，中央银行随国民党政府撤往台湾。

1948 年 12 月 1 日，中国人民银行在石家庄正式宣告成立。1949 年 2 月，中国人民银行总行随军迁入北京，以后按行政区设立分行、中心支行和支行（办事处），支行以下设营业所，基本上形成了全国统一的金融体系。

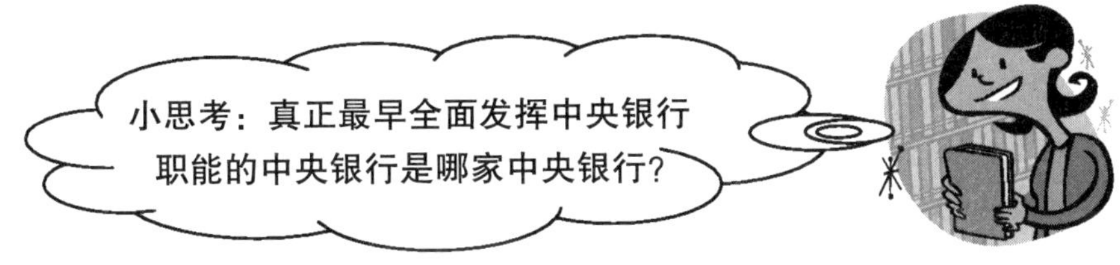

二、中央银行的性质与职能

（一）中央银行的性质

中央银行的性质一般表述为：中央银行是国家赋予其制定和执行货币政策，对国民经济进行宏观调控和管理监督的特殊的金融机构。

中央银行是一个特殊的金融机构，其特殊性主要表现在以下几个方面。

1. 地位的特殊性

中央银行是国家机构的重要组成部分，它是政府管理下的一个金融管理机构，通过自身的业务活动贯彻国家的宏观经济政策，代表国家对整个国民经济进行监督和管理。

2. 业务的特殊性

中央银行的业务活动不以营利为目的，它的业务对象主要是政府、银行及其他金融机构，不与企业和个人直接发生业务联系。

3. 管理的特殊性

中央银行不同于一般的政府管理机构，而是以银行的身份进行管理。它主要是通过业务活动，例如法定存款准备金率、再贴现业务、公开市场业务等工具执行货币政策，达到管理的目的。

（二）中央银行的职能

中央银行是代表一国政府发行法偿货币、制定和执行货币政策、实施金融监管的重要机构。中央银行职能主要是制定、执行货币政策，对金融机构活动进行领导、管理和监督。中央银行是一个“管理金融活动的银行”，具有以下职能。

1. 发行的银行

中央银行是发行的银行，是指中央银行垄断货币发行权，是一国或某一货币联盟唯一授权的货币发行机构。中央银行集中与垄断货币发行权的必要性主要表现在以下几个方面：

（1）统一货币发行与流通是货币正常有序流通和币值稳定的保证。

（2）统一货币发行是中央银行根据一定时期的经济发展情况调节货币供应量，保持币值稳定的需要。

（3）统一货币发行是中央银行实施货币政策的基础。

2. 银行的银行

银行的银行职能是指中央银行充当商业银行和其他金融机构的最后贷款人。最后贷款人是指商业银行无法进行即期支付而面临倒闭时，中央银行及时向商业银行提供贷款支持以增强商业银行的流动性。中央银行主要通过票据再贴现和票据再抵押两种途径为商业银行充当最后贷款人。

这一职能体现了中央银行是特殊金融机构的性质，是中央银行作为金融体系核心的基本条件。中央银行通过这一职能对商业银行和其他金融机构的活动施加影响，以达到调控宏观经济的目的。中央银行作为“银行的银行”需履行的职责如下：

（1）集中商业银行的存款准备金。

（2）充当银行业的最后贷款人。

（3）创建全国银行间清算业务平台。

（4）外汇头寸调节。

3. 政府的银行

政府的银行职能是指中央银行为政府提供服务，是政府管理国家金融的专门机构。具体体现在：

（1）经理国库。

（2）代理政府债券发行。

（3）为政府融通资金。

中央银行对政府融资的方式主要有两种：

1）为弥补财政收支暂时不平衡或财政长期赤字，直接向政府提供贷款。为防止财政赤字过度扩大造成恶性通货膨胀，许多国家明确规定，应尽量避免以发行货币来弥补财政赤字。

2）中央银行直接在一级市场上购买政府债券。

（4）为国家持有和经营管理国际储备。

国际储备包括外汇、黄金、在国际货币基金组织中的储备头寸、国际货币基金组织分配的尚未动用的特别提款权等。

（5）代表政府参加国际金融活动，进行金融事务的协调与磋商，积极促进国际金融领域的合作与发展。

（6）为政府提供经济金融情报和决策建议，向社会公众发布经济金融信息。中央银行处于社会资金运动的核心，能够掌握全国经济金融活动的基本信息，为政府的经济决策提供支持。

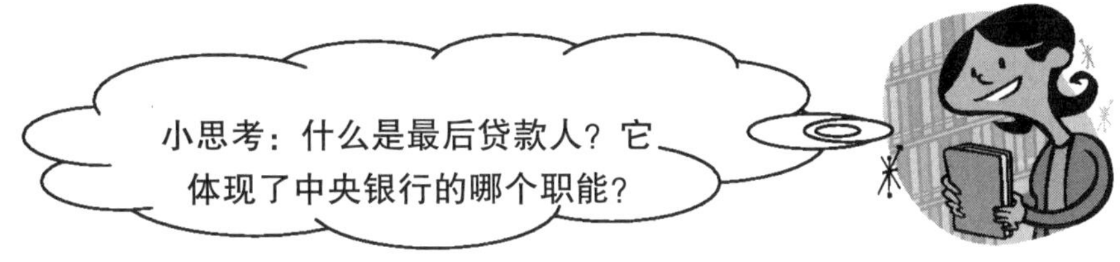

三、中央银行制度的类型

现在各国的中央银行，虽然在性质与职能方面基本一致，但各国的社会制度、经济发展水平、金融业发展程度等因素不同，致使各国的中央银行制度存在差异。总体来说，大致可归纳为四种类型：单一式中央银行制度、复合式中央银行制度、跨国中央银行制度和准中央银行制度。

（一）单一式中央银行制度

单一式中央银行制度是指国家单独建立中央银行机构，全面行使中央银行权力和履行中央银行职能。具体有下述两种形式。

1. 一元式

这种体制是在一个国家内只建立一家统一的中央银行，机构设置一般采取总分行制。即在全国只设一家中央银行，根据需要下设若干分支机构。这类中央银行的特点是权力集中，职能齐全。目前世界上绝大部分国家都实行这种体制，我国也是如此。

2. 二元式

这种体制是在一个国家内建立中央和地方两级中央银行机构，中央机构是最高权力机构，地方机构虽然要接受中央机构的监督管理，但其与中央机构并非总分行的关系，他们在各自的辖区内独立性很强。

(二) 复合式中央银行制度

复合式中央银行制度是指一个国家不单独设置专门的中央银行，而是由一家大型银行既行使中央银行的职能，又经营一般商业银行的业务。这种体制的中央银行主要存在于苏联和东欧等国。我国在1983年以前一直实行这种中央银行制度。

(三) 跨国中央银行制度

跨国中央银行制度是指由参加某一货币联盟的所有成员国联合组成的中央银行制度。跨国中央银行发行共同的货币，并为成员国制定相对统一的金融政策。

这种中央银行制度的典型代表有欧洲中央银行。除此之外，由贝宁、象牙海岸、尼日尔、塞内加尔、多哥等国组成的西非货币联盟，由喀麦隆、刚果、加蓬等国组成的中非货币联盟，以及东加勒比海货币管理局等，都是实行跨国中央银行制度。

☆ 知识链接5-3 ☆

欧洲中央银行

欧洲中央银行简称欧洲央行，总部位于德国法兰克福，成立于1998年6月1日，其负责欧盟欧元区的金融及货币政策，是为了适应欧元发行流通而设立的金融机构，同时也是欧洲经济一体化的产物。

欧洲中央银行是世界上第一个管理超国家货币的中央银行。独立性是它的一个显著特点，欧洲央行不接受欧盟领导机构的指令，不受各国政府的监督。它是唯一有资格允许在欧盟内部发行欧元的机构，1999年1月1日欧元正式启动后，11个欧元国政府失去制定货币政策的权力，而必须实行欧洲中央银行制定的货币政策。

欧洲央行委员会的决策采取简单多数表决制，每个委员只有一票。货币政策的权力虽然集中了，但是具体执行仍由各欧元国央行负责。各欧元国央行仍保留自己的外汇储备。欧洲央行只拥有500亿欧元的储备金，由各成员国央行根据本国在欧元区内的人口比例和国内生产总值的比例来提供。

欧洲中央银行的资本为50亿欧元，各成员国中央银行是唯一的认购和持有者。资本认购的数量依据各成员国的GDP和人口分别占欧盟的比例为基础来确定。在组织结构上类似美国联邦储备体系，欧盟成员国央行类似美联储中的12家联邦储备银行。两者都属二元式的中央银行体制，地方级机构和中央两级分别行使权力，两级中央银行具有相对的独立性。

(四) 准中央银行制度

准中央银行制度是指一些国家或地区只设置类似中央银行的机构，或由政府授权某个或几个商业银行综合行使中央银行的职能。

新加坡、我国香港地区是准中央银行型中央银行制度的典型代表。新加坡设有货币委员会和金融管理局，前者主要负责发行货币，保管发行准备金和维护货币完整。后者负责执行除货币发行以外的中央银行的一切职能。香港设有金融管理局，它具有执行货币政策、金融监管和支付体系管理等职能，货币的发行主要是由渣打银行、汇丰银行等来完成。

四、中央银行的主要业务

（一）中央银行的资产业务

中央银行资产业务是指中央银行运用其资金来源的业务活动，主要包括贷款业务、再贴现业务、证券买卖业务和金银外汇储备业务等。

1. 贷款业务

中央银行贷款业务是中央银行的重要资产业务之一，它充分体现了中央银行作为“最后贷款人”的职能。中央银行贷款业务的意义在通过向商业银行、国家财政以及其他金融机构发放应急贷款，更好地维护金融体系的稳定与安全、抑制通货膨胀、执行货币政策，进而促进经济的发展。中央银行贷款的特征如下：

（1）中央银行贷款以短期贷款为主，一般不经营长期贷款业务。

这是由中央银行自身的地位和作用决定的。由于中央银行肩负调节宏观经济的重任，因而其资产必然保持高度的流动性，以保证对经济调节的灵活性和有效性。

（2）中央银行贷款不以营利为目的。

这是由中央银行自身的性质决定的，也是中央银行与商业银行的根本区别之一。

（3）中央银行应控制对财政的放款，以保持中央银行的相对独立性。

中央银行对财政的放款是政府弥补资金亏空的应急措施之一。但如果对这种放款不加限制，势必会从总量上削弱中央银行宏观金融调控制度的有效性，也会削弱其应有的独立性，成为财政用以弥补赤字的工具。因而各国中央银行对此都有明确规定。

（4）中央银行一般不直接对企业和个人发放贷款。

这是由中央银行的性质和职能决定的。中央银行如果直接办理对企业和个人的贷款业务，势必会与商业银行形成竞争，不仅不利于其发挥金融宏观调控的职能，而且在货币政策推行过程中，无法得到商业银行的配合，也不利于货币政策目标的实现。

2. 再贴现业务

再贴现是指商业银行为弥补营运资金的不足，将其持有的通过贴现取得的商业票据提交中央银行，请求中央银行以一定的贴现率对商业票据进行二次买进的经济行为。再贴现政策是中央银行货币政策工具的“三大法宝”之一，是国家进行宏观经济调控的重要手段。中央银行通过调整再贴现率，提高或者降低再贴现额度，从而调节信用规模。因而，再贴现业务对中央银行有效实施宏观金融调控具有突出的意义。

3. 证券买卖业务

证券买卖业务也是中央银行的主要资产业务，特别是在证券市场较发达的国家更是如此。中央银行买卖证券一般都是通过公开市场业务进行的。

4. 金银外汇储备业务

中央银行保管金银外汇储备有着特殊的意义，主要表现在稳定币值、稳定汇价以及调节国际收支等方面。

（二）中央银行的负债业务

中央银行的负债是指社会集团和个人持有的对中央银行的债权。中央银行的负债业务主要包括资本业务、货币发行业务、存款业务等。

1. 资本业务

中央银行的资本业务实际上就是筹集、维持和补充自有资本的业务。中央银行为了保证正常的业务活动，一般会拥有一定数量的自有资本。中央银行自有资本的形成主要有三个途径：政府出资、地方政府或国有机构出资、私人银行或部门出资。

2. 货币发行业务

(1) 货币发行的含义和意义。

货币发行一般是指现金货币发行，通常有两重含义：一是指货币从中央银行发行库，通过各家银行业务库流向社会；二是指货币从中央银行流出的数量大于流入的数量。

货币发行是中央银行主要的负债业务，通过这项业务，中央银行既为经济发展提供了流通手段和支付手段，也相应筹集了社会资金，满足中央银行履行其各项职能的需要。

(2) 货币发行的原则。

中央银行发行货币一般坚持以下三个原则：

第一，垄断发行原则。

第二，信用保证原则。

第三，弹性发行原则。

(3) 货币发行的渠道。

中央银行的货币发行是通过再贴现、贷款、购买证券、购买金银和外汇等业务活动，将货币注入流通的，并通过同样的渠道反向组织货币的回笼，从而满足经济发展对流通手段和支付手段的需求。

3. 存款业务

中央银行存款业务是完全不同于商业银行和其他金融机构的存款业务的。中央银行的存款主要来自两个方面：一是金融机构；二是政府和公共部门。金融机构在中央银行的存款包括法定准备金存款和超额准备金存款，在现代存款准备制度下，中央银行集中商业银行和其他金融机构的存款准备金。此外，商业银行和其他金融机构通过中央银行办理它们之间的债务清算，所以为清算需要也必须把一定数量的存款存在中央银行，这部分存款称为超额准备金存款。政府和公共部门在中央银行存款也包括两部分：一是财政金库存款；二是政府和公共部门经费存款。由于中央银行代理国家金库和财政收支，所以国库的资金以及财政资金在收支过程中形成的存款也属于中央银行存款。

(三) 中央银行的其他业务

中央银行的其他业务是指除资产业务和负债业务外，客观存在既不属于资产业务也不形成自己的负债，而是代理、代办，或者提供服务便利等业务。

1. 代理发行和兑付国债业务

国债是一国政府发行的有价证券的总称。国债的种类按期限划分有短期国债和长期国债。短期国债是期限在一年以下（包括一年）的国债，主要是国库券。长期国债是期限在一年以上的国债，也叫公债。

国债的发行方式按是否有金融中介机构参与出售来划分，有直接发行与间接发行。

我国国债的发行一般由中央银行（中国人民银行）采取承购包销的形式进行。具体操作程序为：国债的印制→国债的调拨→国债款项的上划→发行结束后的清理工作。

2. 清算业务

清算业务是指中央银行为商业银行和其他金融机构办理资金划拨清算和资金转移的

业务。清算业务是中央银行的传统业务，是中央银行对商业银行的主要服务性业务，是中央银行作为“银行的银行”性质的具体体现。

中央银行办理资金清算业务，主持一国的资金清算事宜，具有极其重要的意义：

(1) 有利于缩短资金在途时间，加速资金周转，提高资金效益，节约社会劳动。

(2) 有利于提高银行工作效率，增强银行信誉。

(3) 有利于中央银行正确制定和执行金融政策，有效地进行金融宏观调控。

五、我国的中央银行——中国人民银行

中国人民银行是中华人民共和国的中央银行，主要职能为制定和执行货币政策、维护金融稳定、提供金融服务。

(一) 我国中央银行的产生与发展

中国人民银行是在 1948 年 12 月 1 日在原来的华北银行、北海银行和西北农民银行的基础上合并而成的，最初在石家庄成立。1949 年 2 月中国人民银行迁至北京，解放区的银行逐步改组合并成为中国人民银行的分行，总的来看中国人民银行成立至今的 70 年的过程当中经历了不同的发展阶段。

1. 中国人民银行的创建与国家银行体系的建立 (1948—1952 年)

1948 年 12 月 1 日，中国人民银行在河北省石家庄市宣布成立。华北人民政府当天发出布告，由中国人民银行发行的人民币在华北、华东、西北三区的统一流通，所有公私款项收付及一切交易，均以人民币为本位货币。

1949 年 2 月，中国人民银行总行随军迁入北京，以后按行政区设立分行、中心支行和支行 (办事处)，支行以下设营业所，基本上形成了全国统一的金融体系。这一时期的中国人民银行，一方面全部集中了全国农业、工业、商业短期信贷业务和城乡人民储蓄业务；同时，既发行全国唯一合法的人民币，又代理国家财政金库，并管理金融行政，这就是所谓的“大一统”的中央银行体制。

1949 年 9 月，中国人民政治协商会议通过《中华人民共和国中央人民政府组织法》，把中国人民银行纳入政务院的直属单位系列，接受财政经济委员会指导，与财政部保持

密切联系，赋予其国家银行职能，承担发行国家货币、经理国家金库、管理国家金融、稳定金融市场、支持经济恢复和国家重建的任务。

2. 计划经济体制时期的国家银行（1953—1978 年）

在统一的计划经济体制中，自上而下的人民银行体制，成为国家吸收、动员、集中和分配信贷资金的基本手段。随着社会主义改造的加快，私营金融业纳入了公私合营银行轨道，形成了集中统一的金融体制，中国人民银行作为国家金融管理和货币发行的机构，既是管理金融的国家机关又是全面经营银行业务的国家银行。

3. 从国家银行过渡到中央银行体制（1979—1992 年）

1979 年 1 月，为了加强对农村经济的扶植，恢复了中国农业银行。同年 3 月，适应对外开放和国际金融业务发展的新形势，改革了中国银行的体制，中国银行成为国家指定的外汇专业银行；同时设立了国家外汇管理局。以后，又恢复了国内保险业务，重新建立中国人民保险公司；各地还相继组建了信托投资公司和城市信用合作社，出现了金融机构多元化和金融业务多样化的局面。

1983 年 9 月 17 日，国务院做出《关于中国人民银行专门行使中央银行职能的决定》，由中国人民银行专门行使中央银行的职能，并具体规定了人民银行的 10 项职责。

1984 年 1 月 1 日，中国工商银行从中国人民银行分离出来，正式成立，承担原中国人民银行的工商信贷和储蓄业务。至此，中国人民银行的商业性业务基本剥离，正式成为我国的中央银行；中国工商银行则成为规模最大的商业银行，负责工商企业贷款，作为配套措施；中国建设银行从财政部分离，负责基本建设贷款；中国农业银行则负责农村服务贷款。中国人民银行专门行使中央银行的职能，专门负责领导和管理全国的金融事业。

4. 逐步强化和完善现代中央银行制度（1993 年至今）

1993 年，按照《国务院关于金融体制改革的决定》，中国人民银行进一步强化金融调控、金融监管和金融服务职责，划转政策性业务和商业银行业务。

1995 年 3 月 18 日，全国人民代表大会通过《中华人民共和国中国人民银行法》（以下简称《中国人民银行法》），首次以国家立法形式确立了中国人民银行作为中央银行的地位，标志着中央银行体制走向了法制化、规范化的轨道，是中央银行制度建设的重要里程碑。

1998 年 10 月始，中国人民银行及其分支机构在全国范围内进行改组，撤销中国人民银行省级分行，在全国设立 9 个跨省、自治区、直辖市的一级分行，同时撤销北京市分行和重庆分行，由总行营业管理部履行所在地中央银行职能，并在不设一级分行的省会（自治区、直辖市）城市设金融监管办事处，重点加强对辖区内金融业的监督管理。

2003 年 3 月，经十届全国人大一次会议批准，中国银行业监督管理委员会正式成立，银行业监管职能正式从中央银行独立出来。

（二）中国人民银行的职能

中国人民银行的主要职责有：

（1）起草有关法律和行政法规。

（2）完善有关金融机构运行规则。

（3）发布与履行职责有关的命令和规章。

（4）依法制定和执行货币政策。

（5）监督管理银行间同业拆借市场和银行间债券市场、外汇市场、黄金市场。

（6）防范和化解系统性金融风险，维护国家金融稳定，见图5-2。

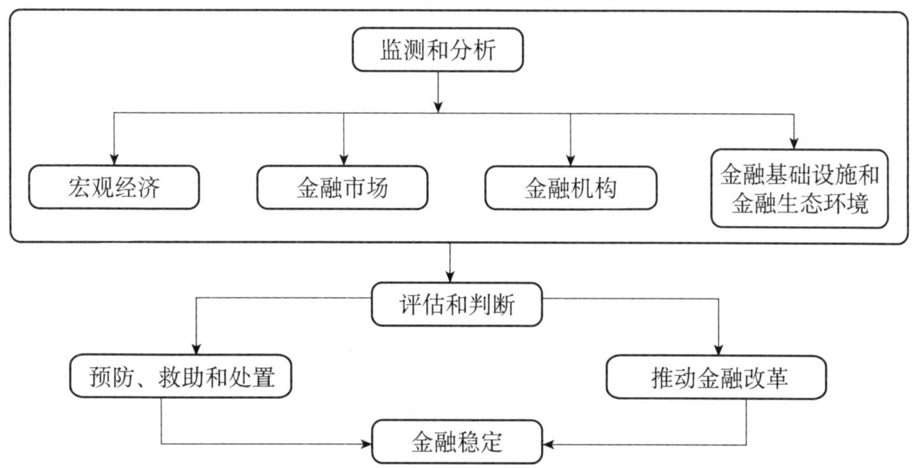

图5-2　中国人民银行维护金融稳定路径图

（7）确定人民币汇率政策。

（8）维护合理的人民币汇率水平。

（9）实施外汇管理。

（10）持有、管理和经营国家外汇储备和黄金储备。

（11）发行人民币，管理人民币流通。

（12）经理国库。

（13）会同有关部门制定支付结算规则，维护支付、清算系统的正常运行。

（14）制定和组织实施金融业综合统计制度，负责数据汇总和宏观经济分析预测。

（15）组织协调国家反洗钱工作，指导、部署金融业反洗钱工作，承担反洗钱的资金监测职责。

（16）管理信贷征信业，推动建立社会信用体系。

（17）作为国家中央银行，从事有关国际金融活动。

（18）按照有关规定从事金融业务活动；承办国务院交办的其他事项。

（三）中国人民银行的业务

根据《中国人民银行法》的规定，我国中央银行法定业务的具体范围包括以下几个方面：

（1）规定和集中存款准备金。

（2）确定中央银行基准利率。

（3）办理再贴现。

（4）向商业银行提供贷款。

（5）在公开市场上买卖国债和其他政府债券及外汇。

（6）经理国库。

（7）清算服务。

任务三　探析商业银行

一、商业银行概述

（一）商业银行的概念

商业银行，是以营利为目的，以多种金融负债筹集资金，多种金融资产为经营对象，具有信用创造功能，全方位经营各类金融业务的综合性、多功能的金融服务企业。

☆ 知识链接5-4 ☆

商业银行的产生和发展

一、银行的起源

“银行”一词来源于意大利语“BANCA”，意思是货币兑换商借以办理业务的板凳。商业银行是由最初的货币兑换业，逐渐演变发展为现代银行业的。其产生分为了以下阶段：

（1）货币兑换业。

（2）货币经营业。

（3）早期银行业。

二、商业银行的发展

随着资本主义生产方式和社会化大生产的出现，这种高利贷性质的银行已经不能适应社会化大生产对货币资本的需要，客观上有必要按照资本主义经营原则组织与资本主义经济相适应的现代商业银行。从历史上看，资本主义银行大致是通过两条途径发展起来的。

（1）由旧的高利贷性质的早期银行逐渐适应新的条件，转变为资本主义性质的商业银行。

（2）根据资本主义原则组织起来的新的股份制银行。

世界上最早形成资本主义银行制度的是英国。1694年，在政府的帮助下，由英国商人集资合股建立了第一家股份制的资本主义银行——英格兰银行。英格兰银行的成立，标志着资本主义现代银行制度开始形成以及商业银行的产生，宣告了高利贷性质的银行业在社会信用领域垄断地位的结束。

（二）商业银行的特征

1. 商业银行是以营利为目的的企业

商业银行是依法成立的法人企业，具有一般企业的基本特征。与一般企业相同，它以追逐利润最大化为目标；它具有从事业务经营所需的自有资本；具有依法经营、照章纳税、自负盈亏等特点。

2. 商业银行是特殊的企业——金融企业

商业银行是不同于一般企业的特殊企业，其特殊性具体表现于经营对象的差异。一般企业经营的是具有一定使用价值的商品，从事商品生产和流通；而商业银行是以金融资产和金融负债为经营对象，经营的是特殊商品——货币和货币资本。经营内容包括货币收付、借贷以及各种与货币运动有关的或者与之相联系的金融服务。

3. 商业银行是特殊的金融企业

商业银行是一种特殊的金融企业，它既有别于国家的中央银行，又有别于专业银行和其他非银行金融机构。首先，在经营性质和经营目标上，商业银行与中央银行和政策性金融机构不同。商业银行以营利为目的，在经营过程中讲求营利性、安全性和流动性原则，不受政府行政干预。其次，商业银行与各类专业银行和非银行金融机构也不同。商业银行的业务范围广泛，功能齐全、综合性强，尤其是商业银行能够经营活期存款业务，它可以借助于支票和转账结算制度创造存款货币，使其具有信用创造的功能。

（三）商业银行的职能

1. 信用中介

信用中介是商业银行最基本、最能反映其经营活动特征的职能。具体而言，商业银行的信用中介职能反映在以下三个方面：

（1）小额资本为大额资本。

（2）闲置资本为职能资本。

（3）短期资金为长期资金。

商业银行将各种闲置资金投放到生产流通部门，成为生产流通部门的货币资本，扩大了社会资本的规模，促进了生产和流通的发展，实现了社会资本内涵的扩大与效率的提高。

2. 支付中介

支付中介职能是指商业银行在活期存款账户的基础上，为客户办理货币结算、货币收付、货币兑换和存款转移等业务活动。支付中介是商业银行的传统功能。

3. 信用创造

商业银行的信用创造职能，是在支付中介和信用中介职能的基础上产生的，是指商业银行通过吸收活期存款、发放贷款以及从事投资业务衍生出更多的存款货币，从而扩大社会货币供给量。

☆ **知识链接5-5** ☆

货币乘数和派生存款

所谓货币乘数，也称为货币扩张系数或货币扩张乘数，是指在基础货币（高能货币）基础上，货币供给量通过商业银行的创造存款货币职能产生派生存款的作用产生的信用扩张倍数，是货币供给扩张的倍数。

货币乘数的大小决定了货币供给扩张能力的大小。中央银行为控制货币供给，而在公开市场上的业务操作来调整基础货币，从而控制货币供给。也可以调整法定存款准备金率来调整货币乘数。

派生存款指银行由发放贷款而创造出的存款，是原始存款的对称，是原始存款的派生和扩大，是指由商业银行发放贷款、办理贴现或投资等业务活动引申而来的存款。派生存款产生的过程，就是商业银行吸收存款、发放贷款，最终使用者又将其存入银行，形成新的存款额，最终导致银行体系存款总量增加的过程。用公式表示为：派生存款＝原始存款×（1÷法定准备率－1）。

派生存款的创造必须具备两大基本条件：部分准备金制度和非现金（转账）结算制度。具体创造过程如下：

假设某人甲存入 A 银行 1 000 元，法定准备金率是 20%，则银行 A 留下 200 元做准备金，将 800 元贷出给乙。

乙将这 800 元存入银行 B，银行 B 将 160 元留做准备金，贷出 640 元给丙。如此循环下去，银行中的存款就多倍的被创造。一共是 1 000×1/20%（等比数列求和 1 000＋800＋640＋…）。

派生存款＝1 000×（1÷20%－1）＝4 000（元）

4. 金融服务

金融服务是指商业银行利用其在充当信用中介和支付中介过程中所获得的大量信息，借助电子计算机等先进手段和工具，为客户提供其他金融服务，这些服务主要有现金管理、财务咨询、代理融通、信托、租赁、计算机服务等。

（四）商业银行的组织形式

按其外部组织形式划分，商业银行的组织形式可分为下述几种。

1. 单一银行制

单一银行制是指银行业务完全由一个银行机构（总行）经营，不设立任何分支机构的制度。目前仅美国银行采用这一体制，各州银行法禁止或限制银行开设分支行。

2. 总分行制

总分行制，是指银行机构除总行外，还在其他地区设立分支机构，主要代表者为英国。英国只有 10 家商业银行，其中规模最大的只有 4 家，即巴克莱银行、米特兰银行、劳合银行、国民西敏士银行，共有分支机构一万余家，总存款额占银行体系的 70%。

3. 银行控股公司制

银行控股公司，也称集团银行制，即由某一集团成立股权公司，再由该公司控制或收购两家以上银行的股票。大银行通过持股公司把许多小银行置于自己的控制之下。银行控股公司制有利于扩大资本总量，增强银行的实力，弥补了单一制的不足。但这种制度容易形成银行业的集中和垄断，不利于银行之间开展竞争。

4. 连锁银行制

连锁银行制是指由个人或集团控制两家以上商业银行的制度。它可以通过股票所有权、共同董事或法律所允许的其他方式实现。

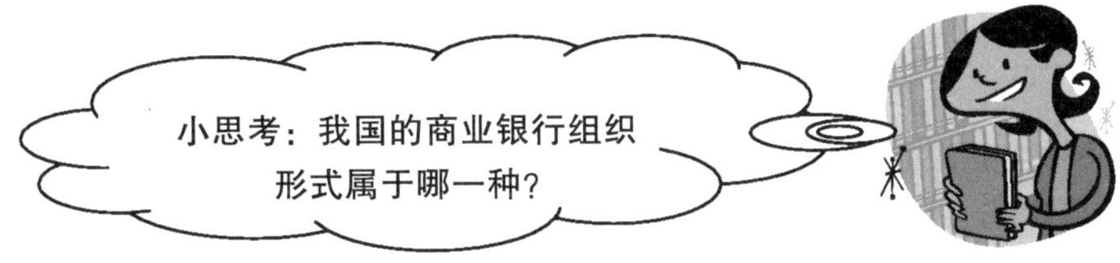

二、商业银行的业务

商业银行的业务按资金的来源和运用分为负债业务、资产业务和中间业务。具体分类见图 5－3。

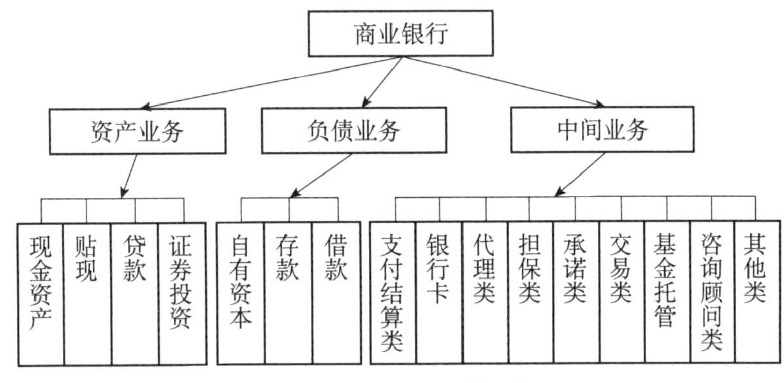

图 5－3　商业银行的业务

（一）负债业务

商业银行负债业务是指形成商业银行资金来源的业务。主要分为自有资本、存款业务和借款业务。

1. 自有资本

自有资本即资本金，国际上通常定义为：银行股东为赚取利润而投入银行的货币和保留在银行中的收益。自有资本一般只占银行负债的小部分，但是这部分自有资本是银行吸收外来资金的基础。

《巴塞尔协议》明确规定商业银行的资本分为核心资本和附属资本。

（1）核心资本。

核心资本也叫一级资本，主要由永久性股东产权组成，具体包括股本和公开储备两种。股本包括普通股和非累积优先股。

☆ 案例链接 5－2 ☆

2016 年全球 1 000 家大银行排行榜　中国工商银行蝉联榜首

英国《银行家》（*The Banker*）杂志公布了 2016 年全球 1 000 家大银行排行榜（Top 1 000 World Banks 2016），中国工商银行以 2 744.32 亿美元的一级资本连续四年蝉联榜首。

2016 年共有 119 家中资银行入围全球 1 000 家大银行排行榜，其中 17 家中资银行跻身前 100 名，比上年增加 1 家。2016 年入围全球一级资本排名前十的银行名单与上年度相比没有变化，仍然是中国和美国各四家银行，英国和日本各一家银行。详见一级资本总额前十名银行排名表。

《银行家》杂志每年 7 月 1 日左右发布的全球银行 1 000 强榜单，是当今国际最主流、最权威的全球银行业排名之一，具有极高的专业性与公信力。榜单完全打破国家和地域的限制，对全球绝大多数国家、地区银行发布的上年度经营数据进行评定。全球银行 1 000 强排名主要考虑《巴塞尔协议》中规定的银行核心资本实力，通过衡量银行资本充足状况反映银行利润增长和抗风险能力。商业银行的一级资本是综合衡量业务发展能力和风险承受能力的重要指标，也是实现可持续发展的重要保障。

一级资本总额前十名银行排名表

排名	银行	国家	一级资本（百万美元）
1	中国工商银行（Industrial and Commercial Bank of China）	中国	274 432
2	中国建设银行（China Construction Bank）	中国	220 007
3	摩根大通银行（JPMorgan Chase）	美国	200 482
4	中国银行（Bank of China）	中国	198 068
5	中国农业银行（Agricultural Bank of China）	中国	185 607
6	美国银行（Bank of America）	美国	180 778
7	花旗（Citigroup）	美国	176 420
8	富国银行（Wells Fargo）	美国	164 584
9	汇丰银行（HSBC）	英国	153 303
10	三菱 UFJ（Mitsubishi UFJ）	日本	131 753

资料来源：今日头条．2016 年全球 1 000 家大银行排行榜　中国工商银行蝉联榜首．（2016－07－03）［2017－05－17］．http：//www.askci.com/news/finance/20160703/14224337098.shtml.

（2）附属资本。

附属资本也叫二级资本，是银行的债务资本，具体包括以下五项：未公开储备、重估储备、普通准备金、混合资本工具、长期附属债务。

按照《巴塞尔协议》的规定，银行的资本充足率（即银行的资本总额/加权风险资产总额）不低于 8%，其中核心资本充足率（核心资本总额/加权风险资产总额）不低于 4%，附属资本总额不得超过核心资本总额的 100%。

☆ 知识链接 5－6 ☆

巴塞尔协议

巴塞尔委员会是 1974 年由十国集团中央银行行长倡议建立的，其成员包括十国集团中央银行和银行监管部门的代表。自成立以来，巴塞尔委员会制定了一系列重要的银行监管规定，如1983年的银行国外机构的监管原则（又称巴塞尔协定，Basel Concordat）和1988年的巴塞尔资本协议（Basel Accord）。这些规定不具法律约束力，但十国集团监管部门一致同意在规定时间内在十国集团实施。经过一段时间的检验，鉴于其合理性、科学性和可操作性，许多非十国集团监管部门也自愿地遵守了巴塞尔协定和资本协议，特别是那些国际金融参与度高的国家。1997年，有效银行监管的核心原则的问世是巴塞尔委员会历史上又一项重大事件。核心原则是由巴塞尔委员会与一些非十国集团国家联合起草，得到世界各国监管机构的普遍赞同，并已构成国际社会普遍认可的银行监管国际标准。至此，虽然巴塞尔委员会不是严格意义上的银行监管国际组织，但事实上已成为银行监管国际标准的制定者。

我国商业银行的资本金，过去主要来源于财政拨付的信贷资金。目前，国有商业银行资金的主要来源于信贷资金、银行积累和未分配利润。股份制商业银行的资本金包括股本、资本盈余和利润等部分。

1993年开始，我国正式建立银行资本金制度。根据《巴塞尔协议》的要求，2004年2月23日起，银监会公布了《商业银行资本充足率管理办法》，宣布从2004年3月1日起，开始在我国商业银行实行新的资本构成定义。该管理办法要求，商业银行资本包括核心资本和附属资本。其中，核心资本包括实收资本、资本公积、盈余公积、未分配利润和少数股权；附属资本包括重估储备、一般准备、优先股、可转换债券混合资本债券和长期次级债务。并且要求附属资本不得超过核心资本的100%，计入附属资本的长期次级债务不得超过核心资本的50%。

2. 存款业务

吸收存款是商业银行负债业务中最重要的业务，是商业银行资金的主要来源，一般占商业银行资金来源的70%以上。

商业银行存款按期限不同，可划分为活期存款和定期存款。按存款者的不同，可划分为单位存款和个人存款。个人存款即居民储蓄存款，是居民个人存入银行的货币。

（1）活期存款。

活期存款是指无须事先通知银行，存款人即可随时存取和转让的一种存款，其形式有支票存款账户、保付支票、本票、旅行支票和信用证等。活期存款是一国货币供应的最大部分，也是商业银行的重要资金来源。鉴于活期存款不仅有货币支付手段和流通手段的职能，同时还具有较强的派生能力，因此，商业银行在任何时候都必须把活期存款作为经营重点。但由于该类存款存取频繁，手续复杂，所费成本较高，因此西方国家商业银行一般都不支付利息，有时甚至还要收取一定的手续费。

（2）定期存款。

定期存款是指银行与存款人双方在存款时事先约定期限、利率，到期后支取本息的存款，具有存期灵活、选择余地大、利息收益较稳定的特点，是商业银行获取资金的重要渠道。定期存款的存期通常为3个月、6个月和1年不等，期限最长可达5年或10年。定期存款的利率根据期限的长短不同而存在差异，但都高于活期存款。定期存款的存单可作为抵押品取得银行贷款。

（3）储蓄存款。

储蓄存款是指为居民个人积蓄货币资产和获取利息而设定的一种存款，基本上也可分为活期和定期两种。储蓄存款通常由银行发给存款人一张存折（存单），以此作为存款和取款的凭证。储蓄存款一般不能签发支票，使用时只能提取现金或先转入存款人的支票存款账户。储蓄存款存折不具有流动性，即存折不能转让和贴现，但可以质押贷款。

3. 借款业务

借款业务是指商业银行向中央银行、同业银行机构等借入资金，以缓解资金周转的困难。借款业务是商业银行负债的又一种形式，主要包括向中央银行借款、同业借款、回购协议、发行金融债券、境外借款等。

（1）向中央银行借款。

向中央银行借款是商业银行融资的一条主渠道。商业银行向中央银行借款的主要形式有两种：一是再贷款，二是再贴现。所谓再贷款，是商业银行从中央银行得到的直接借款。而再贴现则是一种间接借款，是指向此银行持对客户贴现得来的未到期的商业票据向中央银行再次贴现，从而取得现款。

在市场经济发达的国家，由于商业票据和贴现业务的广泛运用，再贴现成为商业银行向中央银行借款的主渠道。而在商业票据信用不发达的国家，则主要采取再贷款的形式。

（2）同业借款。

同业借款是指商业银行向往来银行或通过同业拆借市场向其他金融机构借入短期性资金而形成的银行借款负债。同业借款具有调剂各商业银行储备头寸的作用，目前也被当作商业银行资产负债管理的手段。

同业借款具有期限较短、利率较低、风险较小的特点。银行同业借款的用途主要有两方面：一是填补法定存款准备金的不足，这一类借款一般都属于日拆借行为。二是满足银行季节性资金的需求，一般需要通过同业拆借市场进行。同业借款在方式上比向中央银行借款灵活，手续也比较简便。

（3）回购协议。

回购协议也称再回购协议，是指商业银行在出售证券等金融资产时签订协议，约定在一定期限后按原定价格或约定价格购回所卖证券，以获得即时可用资金。协议期满时，再以即时可用资金做相反交易。

回购协议实质上是商业银行有担保的短期借款，回购协议的期限灵活、安全性较强、流动性较高，能有效增强长期债券的变现性，因此是商业银行推行负债储备管理的有力工具之一。

（4）发行金融债券。

发行金融债券是商业银行为取得比较稳定的资金来源，通过向社会公开发行银行的债务证书而形成的借款负债。以发行债券的方式借入资金与存款负债相比，其特点在于不需提取法定存款准备金，属于主动性负债，对债券购买人，除到期还本付息外，不承担其他责任和义务。发行金融债券也有一些局限，例如金融债券的发行数量、期限等要受到管理机构有关规定的严格限制；利率较同期银行存款要高，还要承担一定的发行费用；债券的流动性受有关因素制约。

（5）境外借款。

境外借款是指商业银行从国际市场筹资来弥补自身资金的不足。境外借款的商业银行需要有较高的资信度。境外借款的形式主要有固定利率的定期存单、固定利率的欧洲美元（是存放在美国以外银行的不受美国政府法令限制的美元存款或是从这些银行借到的美元贷款）存单、浮动利率的欧洲美元存单以及本票等。与境内借款相比，借款用途、利率及法定存款准备金等方面不受国内金融管理机构及规定的约束，当然，风险也较大。

（二）资产业务

商业银行资产业务是指商业银行资金运用业务，主要包括现金资产业务、贴现业务、贷款业务和证券投资业务。

1. 现金资产业务

现金资产是指商业银行随时可以用来应付现金需要的资产，是商业银行流动性最强的资产，但几乎不能为商业银行创造收益，通常包括以下几项：

（1）库存现金。

库存现金指银行金库中的纸币和硬币，用于日常业务支付的需要，这是不产生利润的资产，如果超过了一定的比例，就意味着商业银行应赢利资产的相应减少，对银行的经营不利。

（2）在中央银行的存款。

在中央银行的存款是指商业银行在中央银行的准备金存款，包括两个部分：一是法定准备金，是指按法定比例向中央银行缴存的存款准备金；二是超额准备金，是指在存款准备金账户中，超过了法定存款准备金的那部分存款，主要用于商业银行之间票据交换差额的清算，应付不可预料的现金提存和等待有利的贷款和投资机会。

（3）存放同业存款。

存放同业存款是指商业银行存在其他商业银行的存款，主要用于满足银行之间代理收付业务的需要，属于非营利性资产或低盈利资产。

（4）在途资金。

在途资金也称托收未达款，是指本行通过对方银行向外地付款单位或个人收取的票据。在途资金在收妥前，是一笔占有的资金，由于通常在途时间较短，收妥后即成为存放同业存款，所以，也视为现金资产。

2. 贴现业务

票据贴现是指企业将未到期的商业票据转让给银行，银行在扣除贴现利率计算的贴现利息后，将其差额支付给贴现企业的行为。票据贴现对于持票人来说是出让票据，提前收回垫支于商业银行的资金；对于贴现银行来说，是与商业信用相结合的一种银行授信业务。办理贴现，使商业信用转化为银行信用。

票据贴现从表面上看，是一种票据买卖，但实际上是信用业务，是商业银行一种特殊的贷款。持票人提前从商业银行获得的现款可视为贷款本金，贴现息可视作持票人为获得现款所支付的贷款利息，贴现天数可视作贷款期限，最后银行向承兑人收回票款可视作是承兑人替持票人归还银行贷款。

贴现业务过去主要是以商业票据为对象，现已扩展到政府债券。政府债券可靠、风险较小且易转让出售，商业银行办理贴现既能获利，又能在需要时随时收回资金。

3. 贷款业务

贷款业务又称信贷业务、信贷资产，是指商业银行通过放款收回本金和利息，扣除成本后获得利润，所以贷款是商业银行的主要营利手段。贷款业务是商业银行最重要的资产业务，在资产业务中所占的比重最大。

商业银行的贷款业务可以从不同的角度，按不同标准进行分类：

(1) 按贷款期限，可分为短期（1年以内）、中期（1～5年）和长期贷款（5年以上）。这种分类方法主要作用是有利于银行掌握资产的流动性，便于银行短、中、长期贷款保持适当比例。

(2) 按贷款对象和用途，可分为工业贷款、农业贷款、科技贷款、消费贷款、投资贷款、证券贷款等。这种分类方法，一方面有利于按贷款对象的偿还能力安排贷款秩序，另一方面有利于考察银行信贷资金的流动方向及在国民经济各部门间的分布状况，从而有利于分析银行信贷结构与国民经济情况。

(3) 按贷款的风险度，可分为正常贷款、关注贷款、次级贷款、可疑贷款和损失贷款。正常贷款是指借款人能够履行合同，能够正常还本付息，不存在任何影响贷款本息及时全额偿还的消极因素，银行对借款人按时足额偿还贷款本息有充分把握，贷款损失的概率为0。关注贷款是指尽管借款人目前有能力偿还贷款本息，但存在一些可能对偿还产生不利影响的因素，如这些因素继续下去，借款人的偿还能力受到影响，贷款损失的概率不会超过5%。次级贷款是指借款人的还款能力出现明显问题，完全依靠其正常营业收入无法足额偿还贷款本息，需要通过处分资产或对外融资乃至执行抵押担保来还款付息，贷款损失的概率在30%～50%。可疑贷款是指借款人无法足额偿还贷款本息，即使执行抵押或担保，也肯定要造成一部分损失，只是因为存在借款人重组、兼并、合并、抵押物处理和未决诉讼等待定因素，损失金额的多少还不能确定，贷款损失的概率在50%～75%。损失贷款是指借款人已无偿还本息的可能，无论采取什么措施和履行什么程序，本息都无法收回，或者虽然能收回极少部分，但其价值也是微乎其微，其贷款损失的概率在75%～100%。这种分类方法，可以加强银行贷款质量管理，找出产生贷款风险的原因以及措施和对策。

(4) 按贷款的保障性，可分为信用贷款、担保贷款和票据贴现。信用贷款，是指以借款人的信誉发放的贷款。担保贷款，是指保证贷款、抵押贷款、质押贷款。保证贷款，是指按《中华人民共和国担保法》规定的保证方式以第三人承诺在借款人不能偿还贷款时，按约定承担一般保证责任或者连带责任而发放的贷款。抵押贷款，是指按《中华人民共和国担保法》规定的抵押方式以借款人或第三人的财产作为抵押物发放的贷款。质押贷款，是指按《中华人民共和国担保法》规定的质押方式以借款人或第三人的动产或权利作为质物发放的贷款。票据贴现，是指贷款人以购买借款人未到期商业票据的方式发放的贷款。这种分类方法，有利于商业银行选择合理的贷款方式加强贷款的风险管理，减少贷款风险。

贷款业务的一般程序是指银行贷款过程所必须经历的各个审查阶段，是银行放款原则的具体体现。我国贷款程序一般包括：贷款申请、信用评估、贷款调查、贷款审批、签订贷款合同、贷款发放、贷后检查和贷款收回等阶段。

4. 证券投资业务

证券投资业务是指商业银行购买有价证券的活动。证券投资是商业银行一项重要的资产业务，也是商业银行收入的主要来源之一。商业银行证券投资业务的主要对象是各种债券，包括国库券、中长期国债、政府机构债券、市政债券或地方政府债券以及金融债券等。

商业银行持有各种债券的好处有：灵活运用闲置资金，获取投资收益；加强流动性，发达的二级市场特别是短期国库券市场的安全性和流动性都非常高，通常作为商业银行的二级储备；多样化证券组合可以分散风险。

（三）中间业务

中间业务，是指商业银行代理客户办理收款、付款和其他委托事项而收取手续费的业务；是银行不需动用自己的资金，依托业务、技术、机构、信誉和人才等优势，以中间人的身份代理客户承办收付和其他委托事项，提供各种金融服务并据以收取手续费的业务。

银行经营中间业务无须占用自己的资金，是在银行的资产负债信用业务的基础上产生的，并可以促使银行信用业务的发展和扩大。目前，中间业务占商业银行收入比重逐年加大。

根据2001年7月4日人民银行颁布《商业银行中间业务暂行规定》第三条的规定，我国的中间业务是指不构成商业银行表内资产、表内负债，形成银行非利息收入的业务。

☆ 案例链接5-3 ☆

银行发力中间业务　非息收入占比持续增加

截至2016年10月27日，有包括中国银行、平安银行、宁波银行、南京银行、杭州银行在内的5家银行公布了三季报。

从各家银行的财报数据可以看出，在利率市场化、资产压力增加的背景下，各家银行资产负债结构调整还在继续，非息收入在营业收入中占比稳步提升，中间收入的增加是其增长的主要动力。

中行数据显示，前三季度中行实现利息净收入2 298.05亿元，同比下降6.69%；相比之下，实现非利息收入1 392.65亿元，同比增长26.04%。非利息收入在营业收入中占比为37.73%，同比增加6.76个百分点，其中，手续费及佣金净收入684.86亿元，同比下降4.19%。

与中行相似，非息收入亦是拉动平安银行、宁波银行和南京银行的盈利动力。例如截至9月30日，平安银行实现非利息净收入274.05亿元、同比增幅19.43%，非利息净收入占比为33.43%、同比提升1.18个百分点；宁波银行利息净收入占营业收入约为71.93%，去年同期利息净收入占比约为82.38%；南京银行手续费净收入31.55亿元，同比增长20.11%。但受同业间资产买卖管理手续费支出增加影响，该行三季度单季度手续费净收入仅实现约5.24亿元，去年同期约为8.34亿元。但在南京银行的收入结构中，利息净收入占营业收入比由去年同期的82.58%下降至79.05%。

中间收入持续成为银行盈利的主要动力。就平安银行而言，该行在三季报中坦言，受益于银行卡、理财、资产托管、代理（含黄金租赁）等业务的快速发展，得以实现全行实现非利息净收入的稳步提升。

宁波银行亦坦言，该行的非息收入增长，主要归功于盈利结构的调整。宁波银行大力拓展中间业务，投行、托管、资产管理、信用卡等利润中心盈利能力不断提升，盈利分布更趋多元。报告期内，该行实现手续费及佣金净收入 46.90 亿元，同比增长 61.41%，在营业收入中占比达 26.14%，同比上升 5.57 个百分点。

资料来源：银通智略．银行发力中间业务 非息收入占比持续增加．（2016-10-30）[2017-08-17]．http：//www.sohu.com/a/117690222_481495.

中间业务可分为下述九大类。

1. 支付结算类中间业务

支付结算类中间业务是指由商业银行为客户办理因债权债务关系引起的与货币支付、资金划拨有关的收费业务。

结算业务借助的主要结算工具包括银行汇票、商业汇票、银行本票和支票。结算方式主要包括同城结算方式和异地结算方式。其他支付结算业务，包括利用现代支付系统实现的资金划拨、清算，利用银行内外部网络实现的转账等业务。

2. 银行卡业务

银行卡是由经授权的金融机构（主要指商业银行）向社会发行的具有消费信用、转账结算、存取现金等全部或部分功能的信用支付工具。银行卡业务的分类方式一般包括以下几类：

（1）依据清偿方式，银行卡业务可分为贷记卡业务、准贷记卡业务和借记卡业务。借记卡可进一步分为转账卡、专用卡和储值卡。

（2）依据结算的币种不同，银行卡可分为人民币卡业务和外币卡业务。

（3）按使用对象不同，银行卡可以分为单位卡和个人卡。

（4）按载体材料的不同，银行卡可以分为磁性卡和智能卡（IC 卡）。

（5）按使用对象的信誉等级不同，银行卡可分为金卡和普通卡。

（6）按流通范围，银行卡还可分为国际卡和地区卡。

（7）其他分类方式，包括商业银行与营利性机构/非营利性机构合作发行联名卡/认同卡。

3. 代理类中间业务

代理类中间业务指商业银行接受客户委托、代为办理客户指定的经济事务、提供金融服务并收取一定费用的业务，包括代理政策性银行业务、代理中国人民银行业务、代理商业银行业务、代收代付业务、代理证券业务、代理保险业务、代理其他银行银行卡收单业务等。

4. 担保类中间业务

担保类中间业务指商业银行为客户债务清偿能力提供担保，承担客户违约风险的业务。主要包括银行承兑汇票、备用信用证、各类保函等业务。

5. 承诺类中间业务

承诺类中间业务是指商业银行在未来某一日期按照事前约定的条件向客户提供约定信用的业务，主要指贷款承诺，包括可撤销承诺和不可撤销承诺两种。

6. 交易类中间业务

交易类中间业务指商业银行为满足客户保值或自身风险管理等方面的需要，利用各种金融工具进行的资金交易活动，主要包括金融衍生业务，例如远期外汇合约、金融期货、互换和期权等。

7. 基金托管业务

基金托管业务是指有托管资格的商业银行接受基金管理公司委托，安全保管所托管的基金的全部资产，为所托管的基金办理基金资金清算款项划拨、会计核算、基金估值、监督管理人投资运作。包括封闭式证券投资基金托管业务、开放式证券投资基金托管业务和其他基金的托管业务。

8. 咨询顾问类中间业务

咨询顾问类中间业务指商业银行依靠自身在信息、人才、信誉等方面的优势，收集和整理有关信息，并通过对这些信息以及银行和客户资金运动的记录和分析，并形成系统的资料和方案，提供给客户，以满足其业务经营管理或发展的需要的服务活动。例如信息咨询、财务顾问等。

9. 其他类中间业务

包括保管箱业务以及其他不能归入以上八类的业务。

我国的中间业务等同于广义上的表外业务。表外业务是指那些未列入资产负债表，但同表内资产业务和负债业务关系密切，并在一定条件下会转为表内资产业务和负债业务的经营活动。主要包括担保或类似的或有负债、承诺类业务和金融衍生业务三大类。

三、商业银行的管理

（一）商业银行经营原则

商业银行的“三性原则”，即安全性、流动性和营利性是商业银行的经营原则。

安全性是指商业银行应努力避免各种不确定因素对其影响，保证商业银行的经营与发展。商业银行之所以必须坚持安全性原则，是因为商业银行经营的特殊性，主要表现在三个方面：（1）商业银行自有资本较少，经受不住较大的损失。（2）商业银行经营条件的特殊性，尤其需要强调他的安全性。（3）商业银行在经营过程中会面临各种风险。

流动性是指商业银行能够随时满足客户提现和必要的贷款需求的支付能力，包括资产的流动性和负债的流动性两重含义，资产的流动性是指资产在不发生损失的情况下迅速变现的能力，它既指速动资产，又指在速动资产不足时其他资产在不发生损失的情况下转变为速动资产的能力。

营利性，一切经营性企业都有一个共同的目标——追求盈利。商业银行通过吸收存款，发行债券等负债业务，把企事业单位和个人的闲置资金集中起来，然后再通过发放贷款、经营投资等资产业务，把集中起来的资金应用出去，弥补一部分企事业单位和个人的暂时资金不足。

安全性是商业银行第一经营原则，流动性既是实现安全性的必要手段，又是营利性和安全性之间的平衡杠杆，维持适度的流动性，是商业银行经营的策略手段；安全性是营利性的基础，而盈利反过来又保证了安全性和流动性。因此，稳健经营的商业银行总是在保持安全性、流动性的前提下，追求最大限度的利润。

（二）商业银行资产负债管理

1. 资产管理

资产管理包括准备金管理、贷款管理和证券投资管理。

（1）准备金管理。

按准备金的性质划分，准备金管理有存款准备金管理、资本准备金管理和贷款准备金管理等。

存款准备金管理是商业银行对吸收的存款按法定比例交存中央银行准备金的管理。一般中央银行对交存的法定存款准备金不支付利息，但在我国，中国人民银行对存款类金融机构交存的法定存款准备金支付一定的利息。资本准备金管理是商业银行对从税后利润中提取的准备金进行管理。贷款准备金管理，即坏账准备金管理，是商业银行对从税前利润中提取的准备金进行管理。

（2）贷款管理。

贷款是商业银行资产管理的重点，包括贷款风险管理、贷款长短期结构管理、信用贷款和抵押贷款比例管理等。

贷款风险管理，即商业银行为减少贷款损失，要求对单个客户的贷款不超过银行贷款总额或银行自有资本的一定比例，以达到分散风险的目的。贷款长短期结构管理要求长期贷款不得超过贷款总额的一定比例。信用贷款和抵押贷款比例管理，是指限制信用贷款占全部贷款的比例。

（3）证券投资管理。

这是商业银行对证券买卖活动的管理，主要内容包括：证券投资应面向不同种类的证券，实现证券最佳组合，一般应优先购买风险性小、收益率高、流动性大的证券，如政府债券。

证券投资应保持适当的比例，实现资产的最优化组合，一般规定购买的证券总额不许超过资本总额的一定比例。

2. 负债管理

负债管理包括资本管理、存款管理和借款管理。

（1）资本管理。

2006年起，商业银行采用《巴塞尔新资本协议》。新资本协议作为一个完整的银行业资本充足率监管框架，由三大支柱组成：一是最低资本要求；二是监管当局对资本充足率的监督检查；三是银行业必须满足的信息披露要求。

（2）存款管理。

存款管理是商业银行负债管理的重点，包括对吸收存款方式的管理、存款利率管理和存款保险管理。

对吸收存款方式的管理，如规定不得以抽奖的方式吸收存款，不得使用欺骗引诱手段吸收存款等。存款利率管理，如实行严格的利率管理，浮动利率管理，利率自由政策等。存款保险管理，一般规定商业银行必须参加存款保险，以便在发生意外事故破产时，能够及时清偿债务，以维护存款人的利益。

（3）借款管理。

借款管理主要包括向中央银行借款管理、同业借款管理和发行金融债券管理。其总的管理内容是：严格控制借款的使用，分散借款的偿还期和偿还金额，借款应控制适当的规模和比例等。

3. 资产负债综合管理

资产负债综合管理是将资产负债各科目之间按“对称原则”进行安排和管理，使安全性、流动性和营利性之间达到平衡协调。其基本方法是：将资产与负债各科目按期限对称或利率对称的原则加以安排，规定控制指标，以谋求经营风险最小化和收益最大化。

（三）资产负债比例管理

资产负债比例管理是对银行的资产和负债规定一系列的比例，从而实现对银行资产控制的一种方式。资产负债比例是消除和减少风险的一种银行资产负债管理方法。银行通过资产负债比例管理，使银行资产实现合理增长，达到稳健经营、消除和减少风险的目的。资产负债比例不能狭义地理解为银行资产与其负债的比例，它是综合反映商业银行资产负债管理战略目标和工作策略的比例指标体系；同时，其中一些资产负债指标也是各国政府和中央银行监管商业银行运营的核心内容。资产负债比例管理的核心是控制风险，以提高经济效益。

1. 资产负债比例管理的基本要求

1994 年，中国人民银行根据国际惯例和我国制定的《商业银行资产负债比例管理考核暂行办法》，要求商业银行全面推行资产负债比例管理制度，即以比例加限额控制的方法，对商业银行资产负债实行综合管理。

资产负债比例管理的基本要求：以资金来源控制资金运用，防止超负荷经营，保持资产与负债的期限、数量结构相对应，建立指标监控体系；提高资产的流动性，坚持营利性、安全性、流动性的统一，降低不良资产负债比例，提高经济效益。

资产负债比例管理的重要意义：有利于商业银行转换经营机制，增强自我约束、自我发展的能力；有利于中央银行加强宏观调控；有利于商业银行的公平竞争和保持金融秩序的稳定；有利于我国商业银行与国际接轨，参与国际竞争。

2. 资产负债比例管理的指标体系

我国商业银行资产负债比例管理指标的制定，目的在于进行科学的考核和严格的监控，以利于宏观调控和流动性、安全性和营利性原则的落实。

具体指标分为：资本充足率指标、存贷款比例指标、中长期贷款比例指标、资产流动性比例指标、备付金比例指标、单个贷款比例指标、拆借资金比例指标、贷款质量指标、信用贷款比例指标、资金损失比例指标、负债成本比例指标、资产盈利比例指标、实收利息比例指标。各银行在执行上述中国人民银行规定的统一指标的前提下，可以根据自身资金营运的特点和强化管理的需要，制定一些补充指标，报经中国人民银行同意后组织实施。例如，中国工商银行补充了汇差清算比例、资产利润比例、负债成本比例、应收利息比例；中国农业银行补充了二级存款准备金比例；中国建设银行补充了信用贷款比例、资金损失比例、负债成本比例、资产盈利比例、实收利息比例、资本回报比例；交通银行补充了可购置固定资产指标、投资限额指标、本身回收率指标、经营收益率指标等。

3. 资产负债比例管理的分类管理

资产负债比例管理的分类管理是针对不同类型的商业银行，分别提出不同的比例要求，并根据比例指标的性质，归类划分为总量管理、流动性管理、安全性管理和效益性管理。

(1) 总量管理。

总量管理是资金来源与资金运用的平衡管理，包括存贷款比例、拆借资金比例、汇差清算比例等指标。其作用在于使商业银行认真贯彻资金来源制约资金运用的原则，在业务活动中自求资金平衡，防止超负荷经营。

(2) 流动性管理。

流动性管理是关于支付能力、变现能力的管理，包括备付金比例、资产流动性比例和中长期贷款比例等指标。

(3) 安全性管理。

安全性管理是关于防范风险，保护银行信誉的管理，包括资本充足率、风险权重资产比例、贷款质量比例、单个贷款比例和股东贷款比例等指标。

(4) 效益性管理。

效益性管理指标均由各商业银行自行设置，主要有负债成本比例、资产盈利比例、资产损失比例、应收利息比例、本息回报比例、经营收益率等。对这些指标进行分析，找出产生问题的原因，以便采取措施，提高获利水平。

四、我国的商业银行

我国《中华人民共和国商业银行法（2003 年修正）》指出：商业银行是指依照本法和《中华人民共和国公司法》设立的吸收公众存款、发放贷款、办理结算等业务的企业法人。

商业银行可以经营下列部分或者全部业务：

(1) 吸收公众存款。

(2) 发放短期、中期和长期贷款。

(3) 办理国内外结算。

(4) 办理票据承兑与贴现。

(5) 发行金融债券。

(6) 代理发行、代理兑付、承销政府债券。

(7) 买卖政府债券、金融债券。

(8) 从事同业拆借。

(9) 买卖、代理买卖外汇。

(10) 从事银行卡业务。

(11) 提供信用证服务及担保。

(12) 代理收付款项及代理保险业务。

(13) 提供保管箱服务。

(14) 经国务院银行业监督管理机构批准的其他业务。

设立商业银行，应当经国务院银行业监督管理机构审查批准。未经国务院银行业监督管理机构批准，任何单位和个人不得从事吸收公众存款等商业银行业务，任何单位不得在名称中使用“银行”字样。

设立全国性商业银行的注册资本最低限额为十亿元人民币。设立城市商业银行的注册资本最低限额为一亿元人民币，设立农村商业银行的注册资本最低限额为五千万元人民币。注册资本应当是实缴资本。

商业银行的分立、合并，应当经国务院银行业监督管理机构审查批准。

商业银行的经营范围由商业银行章程规定，报国务院银行业监督管理机构批准。商业银行以安全性、流动性、效益性为经营原则，实行自主经营，自担风险，自负盈亏，自我约束。

☆ 案例链接 5-4 ☆

2016 年银行业运行情况

2016 年，我国银行业改革、发展和监管工作取得新成效，重点领域风险管控得到加强，银行业总体保持稳健运行，实现了“十三五规划”良好开局。

一是资产和负债规模稳步增长。2016 年末，我国银行业金融机构本外币资产总额为 232 万亿元，同比增长 15.8%；本外币负债总额为 215 万亿元，同比增长 16.0%。

二是信贷资产质量总体平稳。2016 年末，商业银行不良贷款余额 15 123 亿元，较上季末增加 183 亿元；商业银行不良贷款率 1.74%，较上季末下降 0.02 个百分点，全年不良贷款率基本保持稳定。

三是风险抵御能力较强。2016 年商业银行实现净利润 16 490 亿元，同比增长 3.54%；平均资产利润率为 0.98%，平均资本利润率 13.38%，盈利能力较强。2016 年末，商业银行贷款损失准备余额为 26 676 亿元，拨备覆盖率为 176.40%，贷款拨备率为 3.08%，资本充足率为 13.28%，处于国际同业良好水平。

四是流动性水平稳健。2016 年末，商业银行流动性比例为 47.55%，较上季末上升 0.62 个百分点；人民币超额备付金率 2.33%，较上季末上升 0.58 个百分点。

资料来源：宣传部．2016 年银行业运行情况快报．(2017-01-25)［2017-08-27］．http：//www.cbrc.gov.cn/chinese/home/docView/5E976810FF264772823F2AEC43F26E0B.html.

任务四 认识国际金融机构

国际金融机构是指从事国际金融管理和国际金融活动的超国家性质的组织机构，能够在重大的国际经济金融事件中协调各国的行动；提供短期资金缓解国际收支逆差和稳定汇率；提供长期资金促进各国经济发展。按范围可分为全球性国际金融机构和区域性国际金融机构。

一、全球性国际金融机构

（一）国际货币基金组织（International Monetary Fund，IMF）

国际货币基金组织是根据 1944 年 7 月在布雷顿森林会议签订的《国际货币基金协

定》，于 1945 年 12 月 27 日在华盛顿与世界银行同时成立、并列为世界两大金融机构之一，其职责是监察货币汇率和各国贸易情况，提供技术和资金协助，确保全球金融制度运作正常，“特别提款权”就是该组织于 1969 年创设的。

该组织宗旨是：

（1）通过一个常设机构来促进国际货币合作，为国际货币问题的磋商和协作提供方法。

（2）通过国际贸易的扩大和平衡发展，把促进和保持成员国的就业、生产资源的发展、实际收入的高低水平，作为经济政策的首要目标。

（3）稳定国际汇率，在成员国之间保持有秩序的汇价安排，避免竞争性的汇价贬值。同时，它还协助成员国建立经常性交易的多边支付制度，消除妨碍世界贸易的外汇管制。

（4）在有适当保证的条件下，基金组织向成员国临时提供普通资金，使其有信心利用此机会纠正国际收支的失调，而不采取危害本国或国际繁荣的措施。

（5）按照以上目的，缩短成员国国际收支不平衡的时间，减轻不平衡的程度等。

1980 年 4 月 17 日，国际货币基金组织正式恢复中国的代表权。中国当时在该组织中的份额为 80.901 亿特别提款权，占总份额的 4%。2016 年 1 月 27 日，国际货币基金组织（IMF）宣布 IMF2010 年份额和治理改革方案已正式生效，这意味着中国正式成为 IMF 第三大股东。中国份额占比将从 3.996%升至 6.394%，排名从第六位跃居第三位，仅次于美国和日本。

（二）世界银行集团（World Bank Group）

世界银行集团（通常简称为世界银行），于 1945 年 12 月 27 日，在布雷顿森林会议后正式宣告成立，1946 年 6 月开始营业。世界银行集团总部设在美国首都华盛顿，有员工 10 000 多人，分布在全世界 120 多个办事处。按惯例，世界银行集团行长由美国人担任，每届任期为 5 年。

世界银行集团由国际复兴开发银行、国际开发协会、国际金融公司、多边投资担保机构和国际投资争端解决中心五个成员机构组成，凡是参加世界银行的国家必须首先是国际货币基金组织的会员国。

世行成立之初，主要是资助西欧国家恢复被战争破坏了的经济，但在 1948 年后，欧洲各国开始主要依赖美国的“马歇尔计划”来恢复战后的经济，世界银行于是主要转向向发展中国家提供中长期贷款与投资，促进发展中国家经济和社会发展，支持发展中国家政府建造学校和医院、供水供电、防病治病和保护环境的各项努力。

1980 年，中国恢复世界银行的成员国地位，次年接受了世行的第一笔贷款。世行和国际货币基金组织（IMF）采用加权投票制。《国际复兴开发银行协定》规定，世行成员国资格面向 IMF 的所有成员国开放。申请加入 IMF 的国家须提供其经济数据以供 IMF 与其他经济规模类似的成员国的数据进行比较，然后获得一个相当于向 IMF 认缴额度的配额，该配额决定该国家在 IMF 的投票权重。2010 年，世界银行发展委员会春季会议 4 月 25 日通过了发达国家向发展中国家转移投票权的改革方案，这次改革使中国在世行的投票权从 2.77%提高到 4.42%，成为世界银行第三大股东国，仅次于美国和日本；韩国则将从1%提高至1.6%。

1. 国际复兴开发银行（IBRD）

国际复兴开发银行，成立于1945年12月27日，1946年6月开始营业。

国际复兴开发银行的宗旨是：

（1）对用于生产目的的投资提供便利，以协助会员国的复兴与开发，并鼓励不发达国家生产与资源的开发。

（2）通过担保或参与私人贷款和私人投资的方式，促进私人对外投资。

（3）用鼓励国际投资和开发会员国生产资源的方法，促进国际贸易长期均衡发展，并维持国际收支平衡。

（4）在提供贷款保证时，应与其他方面的国际贷款相配合。

2. 国际开发协会（IDA）

国际开发协会，成立于1960年9月24日。国际开发协会是专门对较贫穷的发展中国家提供赠款和长期优惠贷款的国际金融机构。国际开发协会的组织机构与世界银行相似，和世界银行共用一套班子，其理事、执行董事、经理和工作人员都由世界银行相应人员兼任。它也是按股份公司方式组织起来的，投票权的分配与成员国认缴的股金挂钩。

国际开发协会的宗旨是：通过向不发达国家提供条件优惠、期限较长，并可部分地用当地货币偿还的贷款，以促进其经济发展和生活水平的提高。

3. 国际金融公司（IFC）

国际金融公司，成立于1956年7月，是世界银行设立的专门对成员国私人企业提供贷款的国际金融机构。申请加入国际金融公司的国家必须是世界银行的会员国。国际金融公司的宗旨是：通过向成员国私人企业提供没有政府担保的风险资本，促进不发达国家私人企业的发展和资本市场的发育。国际金融公司的组织机构与世界银行相似，公司总经理由世界银行行长兼任，主要机构工作人员也由世界银行相应部门人员兼任；同时，它有自己的执行副总经理和自己的一些办事机构。它同样按成员国入股方式组成。

4. 多边投资担保机构（MIGA）

多边投资担保机构是世界银行集团最新的成员，创建于1988年，该机构的任务是通过减少非商业投资障碍鼓励股本投资和其他直接投资流入发展中国家。为执行上述使命，多边投资担保机构向投资者提供非商业风险的担保；为设计和执行与外国投资有关的政策、规划以及程序提出建议；就投资问题在国际商业界与有关国家政府之间发起对话。

5. 国际投资争端解决中心（ICSID）

国际投资争端解决中心，是依据《解决国家与他国国民间投资争端公约》而建立的世界上第一个专门解决国际投资争议的仲裁机构；是一个通过调解和仲裁方式，专为解决政府与外国私人投资者之间争端提供便利而设立的机构。其宗旨是在国家和投资者之间培育一种相互信任的氛围，从而促进国外投资不断增加。国际投资争端提交该中心调解和仲裁完全是出于自愿。

二、区域性国际金融机构

作为全球性金融机构的重要补充，欧洲、亚洲、非洲和拉丁美洲等地区的区域性金融机构在地区经济发展中起着重要作用。

（一）国际清算银行（BIS）

国际清算银行是西方主要国家中央银行和美国银行团于 1930 年 5 月共同出资举办的国际金融机构，最初是为了处理第一次世界大战后德国对协约国的赔款问题而设立的。之后，它主要办理各国之间的清算业务。其宗旨是增进成员国中央银行之间的合作，为政府间的国际金融业务提供便利，充当国际结算的代理人。

（二）亚洲开发银行（ADB）

亚洲开发银行是根据联合国亚洲及远东经济委员会 1963 年达成的协议，于 1966 年 11 月在东京成立，同年 12 月开始营业，总部设在菲律宾的马尼拉。其宗旨是：通过贷款、投资和技术援助，并与联合国有关机构进行合作，协调成员国在经济、贸易和发展方面的政策，促进亚太地区的经济发展。

（三）非洲开发银行（AFDB）

非洲开发银行是在联合国非洲经济委员会帮助下于 1964 年 9 月成立的面向非洲的政府间国际金融机构，1966 年 7 月开始营业，行址设在象牙海岸首都阿比让。其宗旨是为成员国经济和社会发展提供资金，协助非洲大陆制定发展的总体战略和各成员国的发展计划，以达到非洲经济一体化。按建行时的规定，参加该行的只能是非洲独立国家。随着形势的发展，在 1979 年 5 月的总裁理事会年会上通过决定，美、日、德、法等非地区性国家也可成为该行的成员国。

（四）泛美开发银行（IDB）

泛美开发银行是根据美洲国家组织在华盛顿达成的协议于 1958 年 10 月成立的面向美洲的政府间国际金融机构，总部设在华盛顿。其宗旨是动员美洲内外资金，为拉丁美洲成员国的经济和社会发展提供项目贷款和技术援助，以促进拉美经济的发展和泛美体制的实现。

导入案例启示

互联网金融作为现代金融与网络信息技术结合的产物，存在成本低、效率高、服务面广等优点，且其业务和服务不受时间和空间的限制，从这一意义上讲，传统金融的诸多方面不及互联网金融。因此，互联网金融的发展是对传统金融的一种冲击，冲击的结果是推动传统金融业进行金融创新。

金融创新是各种金融要素的重新组合，是金融业在多方面创新的总括。它既包括金融机构与金融市场方面的创新，也包括在金融工具、金融服务、融资方式、管理技术以及支付制度等方面的创新。金融创新的日新月异已成为一股新的浪潮，给商业银行的发展带来了极其深远的影响。

1. 智能银行加速推进

科技创新和智能服务正成为银行产品创新的前沿。智能机器人、智能柜员机、智能终端等已经陆续成为银行服务客户的新载体，在有效提高业务受理效率的同时，也满足了客户对方便快捷服务的要求。

交行在银行网点推广使用的智能机器人采用了全球领先的智能交互技术，交互准确率达95%以上，可通过语言识别、触摸交互、肢体语言等方式提供迎宾、业务引导、业务查询等服务。而交行创新推出的智能柜员机（ITM），是通过整合先进的通信及多媒体技术，以集成化处理和远程视频协同交易功能，实现远程智能柜面服务新模式，能处理多种现金及非现金业务，还能满足出国出境旅游留学人群英镑、美元、欧元等多种货币的购汇需求。

与此同时，工行智能网点的建设也已经全面铺开。工行深圳市分行已实现地区内智能网点的全网覆盖。厦门超过三分之一的工行支行也已经可以提供智能化银行服务。由此，客户可以自助办理包括银行卡申领、挂失、网银开立、大额转账等60多项业务，基本涵盖了目前90%以上的银行非现金业务。

此外，农行自主研发的新一代核心银行系统（BoEing）于2015年10月7日全面上线，这意味着农行不仅可以给客户提供更便捷安全的金融服务，为定制个性服务提供技术支撑；而且还能实时进行交易监控和数据分析，提高风险预警能力和风控反应速度，从技术上提升了业务风险的控制能力。

值得关注的是，近日华夏银行在国内首家推出具备金融服务功能的“手表银行”，通过依托苹果手表（Apple Watch）的应用特性，为客户提供余额查询、网点查询、信息推送等金融服务，有效提高了客户的服务满意度。

2. “互联网＋”瞄准数据挖掘

智能银行持续推进的同时，商业银行的“互联网＋”创新正在逐渐走向深入。而以大数据挖掘为代表的数据应用则成为银行“互联网＋”发力的重点方向。

据了解，工行日前成立的网络融资中心，其定位就是通过运用互联网与大数据技术，实现信贷业务尤其是小微和个人金融业务在风险可控基础上的批量化发展。数据显示，目前，工行的网络融资总规模已达4 500亿元，是国内最大的网络融资银行。

“要借助企业在银行存留的资料进行大数据分析，根据其所处行业的走势和特点，为企业和行业提供精细化的服务才能更好地为实体经济服务。”建行副行长杨文升表示，利用银行的大数据可以实现实时掌握企业的运行状态，进行风险预警。此外，“我们拥有全国300多个城市、近10万个楼盘、6年的数据。包括小区物业费、水电费等的缴费情况均记录在册。在哪建房，给谁建房，什么样的房子会受到什么人欢迎，作为地产商的顾问，这些信息将会成为地产商和购房者‘渴望’得到的数据”。

而谈及兴业银行未来的大数据挖掘布局时，兴业银行副行长陈信健则表示：“2015年10月，我行董事会已决议公告，拟发起设立兴业数字金融信息服务股份有限公司。初期将以科技输出为基础，面向中小银行、非银行金融机构、中小企业提供金融信息云服务。后续将探索开展基于金融云的互联网金融业务，成为面向全社会提供信息服务的数字金融企业。”

实际上，兴业银行已经在融资领域打造了以大数据为基础建立风险管理的新模式，推出了“融资直通车”“兴 e 融”“网络贷”等在线融资平台。数据显示，截至 2015 年 9 月末，“三大直通车”已拓展企业客户 1 232 户、触及终端用户近 41 万户。

项目小结

狭义的金融机构是指金融活动过程中的中介机构，即在间接融资领域中作为资金余缺双方交易的媒介，专门从事货币、信贷活动的机构，主要是指银行和其他从事存、贷款业务的中介机构。

广义的金融机构则是指所有从事金融活动的机构，包括直接融资领域中的金融机构、间接融资领域中的金融机构和各种提供金融服务的机构。

金融机构体系是指金融机构的组织体系，是一个由经营和管理金融业务的各类金融机构所组成的完整系统。在市场经济条件下，各国金融体系大多是以中央银行为核心、商业银行为主体、各类专业银行、非银行金融机构和金融监管机构并存的金融机构体系。

中央银行，是国家最高的货币金融管理组织机构，在各国金融体系中居于主导地位。

商业银行，是以营利为目的，以多种金融负债筹集资金，多种金融资产为经营对象，具有信用创造功能，全方位经营各类金融业务的综合性、多功能的金融服务企业。商业银行是各国金融体系中最重要的组成部分。

专业银行，是指有特定经营范围和提供专门性金融服务的银行。主要有以下几种形式：投资银行、储蓄银行、抵押银行、开发银行、政策性银行等。

非银行金融机构，是指除中央银行、商业银行及专业银行以外的其他经营金融性业务的公司或组织。主要包括保险公司、信托投资公司、信用合作社、金融租赁公司、财务公司等。

金融监管机构是根据法律规定对一国的金融体系进行监督管理的机构。

中央银行的性质：中央银行是国家赋予其制定和执行货币政策，对国民经济进行宏观调控和管理监督的特殊的金融机构。

中央银行职能：发行的银行、银行的银行、政府的银行。

中央银行制度：单一式中央银行制度、复合式中央银行制度、跨国中央银行制度和准中央银行制度。

中央银行资产业务是指中央银行运用其资金来源的业务活动，主要包括贷款业务、再贴现业务、证券买卖业务和金银外汇储备业务等。

中央银行的负债是指社会集团和个人持有的对中央银行的债权。中央银行的负债业务主要包括资本业务、货币发行业务、存款业务等。

中央银行的其他业务是指除资产业务和负债业务外，客观存在既不属于资产业务也不形成自己的负债，而是代理、代办，或者提供服务便利等业务。

中国人民银行是中华人民共和国的中央银行，主要职能为制定和执行货币政策、维护金融稳定、提供金融服务。

商业银行的职能包括：信用中介、支付中介、信用创造和金融服务。

按其外部组织形式划分，商业银行的组织形式可分为：单一银行制、总分行制、银行控股公司制、连锁银行制。

商业银行的业务按资金的来源和运用分为负债业务、资产业务和中间业务。

商业银行负债业务是指形成商业银行资金来源的业务。主要分为自有资本、存款业务和借款业务。

商业银行资产业务是指商业银行资金运用业务，主要包括现金资产业务、贴现业务、贷款业务和证券投资业务。

商业银行中间业务，是指商业银行代理客户办理收款、付款和其他委托事项而收取手续费的业务。中间业务可分为：支付结算类中间业务、银行卡业务、代理类中间业务、担保类中间业务、承诺类中间业务、交易类中间业务、基金托管业务、咨询顾问类中间业务、其他类中间业务。

商业银行的“三性原则”，即安全性、流动性和营利性是商业银行的经营原则。安全性是指商业银行应努力避免各种不确定因素对其影响，保证商业银行的经营与发展。流动性是指商业银行能够随时满足客户提现和必要的贷款需求的支付能力，包括资产的流动性和负债的流动性两重含义。营利性，一切经营性企业都有一个共同的目标——追求盈利。

商业银行资产管理包括准备金管理、贷款管理和证券投资管理。负债管理包括资本管理、存款管理和借款管理。资产负债综合管理是将资产负债各科目之间按“对称原则”进行安排和管理，使安全性、流动性和营利性之间达到平衡协调。

资产负债比例管理是对银行的资产和负债规定一系列的比例，从而实现对银行资产控制的一种方式。资产负债比例管理的核心是控制风险，以提高经济效益。

国际金融机构是指从事国际金融管理和国际金融活动的超国家性质的组织机构，能够在重大的国际经济金融事件中协调各国的行动；提供短期资金缓解国际收支逆差和稳定汇率；提供长期资金促进各国经济发展。

国际金融机构按范围可分为全球性国际金融机构和区域性国际金融机构。全球性国际金融机构包括国际货币基金组织和世界银行集团。区域性国际金融机构包括国际清算银行、亚洲开发银行、非洲开发银行和泛美开发银行等。

国际货币基金组织是根据 1944 年 7 月在布雷顿森林会议签订的《国际货币基金协定》，于 1945 年 12 月 27 日在华盛顿与世界银行同时成立、并列为世界两大金融机构之一，其职责是监察货币汇率和各国贸易情况，提供技术和资金协助，确保全球金融制度运作正常，“特别提款权”就是该组织于 1969 年创设的。

世界银行集团于 1945 年 12 月 27 日，在布雷顿森林会议后正式宣告成立，1946 年 6 月开始营业。由国际复兴开发银行（通称世界银行）、国际开发协会、国际金融公司、多边投资担保机构和国际投资争端解决中心五个成员机构组成，凡是参加世界银行的国家必须首先是国际货币基金组织的会员国。

同步训练

☆知识训练☆

一、总结本项目知识体系，并画出框架图。

二、知识闯关

1. 名词解释

狭义的金融机构、广义的金融机构、金融机构体系、中央银行、商业银行、专业银行、投资银行、储蓄银行、抵押银行、开发银行、政策性银行、非银行金融机构、金融监管机构、最后贷款人、自有资本、核心资本、附属资本、同业借款、回购协议、中间业务、表外业务、资产负债比例管理、国际金融机构

2. 选择题（包括单项选择题和多项选择题）

（1）下列不属于中国人民银行具体职责的是（　　）。

A. 发行人民币　B. 给企业发放贷款　C. 经理国库　D. 审批金融机构

（2）我国商业银行的组织形式是（　　）。

A. 单一银行制　B. 总分行制　C. 银行控股公司制　D. 连锁银行制

（3）商业银行最重要的资产业务是（　　）。

A. 证券投资　B. 贷款　C. 同业存放　D. 贴现

（4）下列属于我国非银行金融机构的有（　　）。

A. 财务公司　B. 保险公司　C. 信托投资公司

D. 信用合作社　E. 金融租赁公司

（5）下列属于我国的政策性银行的有（　　）。

A. 国家开发银行　B. 中国银行　C. 中国进出口银行

D. 中国农业银行　E. 中国农业发展银行

（6）下列业务中，属于商业银行借款业务的有（　　）。

A. 融资性租赁　　B. 再贴现　　C. 转账结算

D. 同业拆借　　E. 发行金融债券

（7）目前，全球性国际金融机构主要有（　　）。

A. 国际清算银行　　B. 亚洲开发银行　　C. 世界银行集团

D. 非洲开发银行　　E. 国际货币基金组织

3. 简答题

（1）简述金融机构体系的一般构成。

（2）如何理解中央银行的职能？

（3）简述商业银行的“三性原则”及其相互关系。

（4）简述商业银行的主要业务活动。

（5）国际性金融机构包括哪些？

三、讨论我国金融机构体系都包括哪些金融机构。

☆技能训练☆

一、组织各小组分别选择某一商业银行，调研该商业银行的主要业务，制作 PPT 并展示。

二、生活中的案例分析

巴林银行倒闭

1995 年 2 月 27 日，英国中央银行突然宣布：巴林银行不得继续从事交易活动并将申请资产清理。这个消息让全球震惊，因为这意味着具有 233 年历史、在全球范围内掌管 270 多亿英镑的英国巴林银行宣告破产。具有悠久历史的巴林银行曾创造了无数令人瞠目的业绩，其雄厚的资产实力使它在世界证券史上具有特殊的地位。可以这样说：巴林银行是金融市场上的一座耀眼辉煌的金字塔。

这个金字塔是怎样顷刻倒塌了呢？究其原因，得从 1995 年说起，当时担任巴林银行新加坡期货公司执行经理的尼克·里森，同时一人身兼首席交易员和清算主管两职。有一次，他手下的一个交易员，因操作失误亏损了 6 万英镑，当里森知道后，却因为害怕事情暴露影响他的前程，便决定动用 88888“错误账户”。而所谓的“错误账户”，是指银行对代理客户交易过程中可能发生的经纪业务错误进行核算的账户（作备用）。以后，他为了私利一再动用“错误账户”，创造银行账户上显示的均是赢利交易。随着时间的推移，备用账户使用后的恶性循环使公司的损失越来越大。此时的里森为了挽回损失，竟不惜最后一搏。由此造成在日本神户大地震中，多头建仓，最后造成损失超过 10 亿美元。这笔数字，可以称是巴林银行全部资本及储备金的 1.2 倍。拥有 233 年历史的银行就这样顷刻瓦解了，最后只得被荷兰某集团以一英镑象征性地收购了。

年仅 28 岁的交易员尼克·里森将已有 233 年历史的英国巴林银行赔了个精光，真是巨石激起滔天浪，一时间各方争相报道巴林事件。尼克·里森也由此成了世界知晓的人物，挤进了各大报纸杂志的头版。当然，无数的假设与理性分析判断亦风起云涌，大量的猜测与结论令人眼花缭乱。

请分析：

1. 巴林银行事件发生的原因是什么?
2. 巴林银行事件对我国银行业的启示是什么?

项目六

金融市场

【名人名言】

金融世界是动荡的、混乱的，无序可循，只有辩明事理，才能无往不利。如果把金融市场的一举一动当作是某个数学公式中的一部分来把握，是不会奏效的。数学不能控制金融市场，而心理因素才是控制市场的关键。

——乔治·索罗斯

【学习目标】

知识目标

◇ 掌握金融市场的概念、功能及构成要素。
◇ 熟悉金融市场的特点和金融市场的分类。
◇ 掌握货币市场的特点及构成。

◇ 掌握资本市场的特点及构成。
◇ 了解外汇市场和黄金市场。

技能目标

◇ 能够正确认识并区分各类金融市场。
◇ 能够进行金融市场运行情况分析。

案例导入

2016 年前三季度中国金融市场运行情况分析

2016 年前三季度，金融市场总体运行平稳。货币市场交易活跃，市场利率基本平稳；债券发行规模快速增长，国债收益率曲线平坦化下行；股票市场筹资额有所扩大，沪深指数基本稳定；保险业资产较快增长；外汇掉期交易增长较快。

一、金融市场运行概况

（一）货币市场交易活跃，市场利率基本平稳

银行间回购交易量增长较快，拆借交易量显著上升。前三季度，银行间市场债券回购累计成交 462.3 万亿元，日均成交 2.5 万亿元，日均成交同比增长 53%，增速比上年同期低 39.3 个百分点；同业拆借累计成交 74.5 万亿元，日均成交 3 961 亿元，日均成交同比增长 75.6%，增速比上年同期高 21.4 个百分点。

利率互换交易较快增长。第三季度，人民币利率互换市场达成交易 19 387 笔，同比增长 18.5%；名义本金总额 25 778 亿元，同比增长 15.2%。

存单市场发展迅速。截至 9 月末，已有 381 家金融机构披露了 2016 年同业存单年度发行计划，其中，347 家机构已在银行间市场完成发行。

货币市场利率水平总体平稳，9 月份略有上升。9 月份同业拆借月加权平均利率为 2.25%，比 6 月高 11 个基点，质押式回购月加权平均利率为 2.28%，比 6 月高 18 个基点。Shibor 短端小幅波动，中长端有所下行。9 月末，隔夜、1 周 Shibor 分别为 2.33% 和 2.48%，分别较 6 月末上升 29 个基点和 9 个基点；3 个月和 1 年期 Shibor 为 2.80%和 3.03%，分别较 6 月末下降 16 个基点和 2 个基点。

（二）债券现券交易活跃，债券发行规模快速增长，发行利率略有下降

前三季度，银行间债券市场现券交易 93.5 万亿元，日均成交 4 976 亿元，日均成交同比增长 61%。银行间债券市场指数小幅上行。中债综合净价指数由 6 月末的 104.17 点上升至 9 月末的 104.92 点，升幅 0.72%；中债综合全价指数由 6 月末的 119.04 点上升至 9 月末的 120.13 点，升幅 0.91%。交易所上证国债指数由 6 月末的 157.67 点上升至 9 月末的 159.73 点，升幅 1.31%。

国债收益率曲线平坦化下行，超长端下行幅度较大。7—8 月份，在宏观经济数据弱于预期、资金配置压力较大的背景下，国债收益率先下行，8 月中旬 10 年期国债收益率下行至 2.64%的 14 年来低位，之后随着宏观经济数据走稳有所反弹，季度内整体呈下行态势，超长端收益率下行明显。9 月末，1 年期国债收益率较 6 月末下行 23 个基点，3 年

期、5 年期、7 年期和 10 年期国债收益率较 6 月末分别下行 14 个、14 个、11 个和 12 个基点，30 年期国债收益率较 6 月末下行 34 个基点，10 年期与 1 年期国债期限利差为 57 个基点，较 6 月末扩大 12 个基点。

债券发行规模快速增长。前三季度，累计发行各类债券 27.6 万亿元，同比增长 75.3%，主要是地方政府债券、公司债和同业存单发行快速增长。9 月末国内各类债券余额 58.4 万亿元，同比增长 30.4%。特别提款权（SDR）计价债券成功发行。第三季度，新开发银行、波兰共和国等 5 家境外机构在银行间债券市场发行 125 亿元人民币债券。截至 9 月末，境外机构累计在银行间债券市场发行 456 亿元人民币债券。

各类债券发行利率略有下降。9 月，10 年期国债发行利率为 2.74%，比 6 月发行的同期限国债利率低 16 个基点；国家开发银行发行的 10 年期金融债利率为 3.02%，比 6 月发行的同期限金融债利率低 13 个基点；主体评级 AAA 的企业发行的一年期短期融资券（债券评级 A—1）平均利率为 3%，比 6 月份低 5 个基点；5 年期中期票据平均发行利率为 3.82%，比 6 月份低 38 个基点。Shibor 对债券产品定价继续发挥重要的基准作用。

（三）票据融资持续增长，利率较为平稳

票据承兑业务小幅下降。前三季度，企业累计签发商业汇票 13.6 万亿元，同比下降 18.1%；期末商业汇票未到期金额 9.5 万亿元，同比下降 10.7%。9 月末，承兑余额较年初下降 9 265 亿元。从行业结构看，企业签发的银行承兑汇票余额集中在制造业、批发和零售业。从企业结构看，由中小型企业签发的银行承兑汇票约占三分之二。

票据融资持续增长，票据市场利率呈下降趋势。前三季度，金融机构累计贴现 70.2 万亿元，同比下降 6.7%；期末贴现余额 5.7 万亿元，同比增长 32.5%。9 月末，票据融资余额比年初增加 11 389 亿元，呈逐月上升趋势；占各项贷款的比重为 5.5%，同比上升 0.8 个百分点。银行体系流动性合理充裕，票据市场供求较为均衡，票据市场利率呈现小幅下降趋势。

（四）股票市场成交额同比下降，筹资额有所增长

股票市场指数总体稳定。9 月末，上证综合指数收于 3 005 点，比 6 月末高 2.6%；深证成分指数收于 10 568 点，比 6 月末高 0.7%；创业板指数收于 2 150 点，比 6 月末低 3.5%。9 月末，沪市 A 股加权平均市盈率从 6 月末的 14.4 倍升至 15.1 倍，深市 A 股加权平均市盈率从 6 月末的 40.7 倍升至 41.7 倍。

股票市场成交量同比下降。前三季度，沪、深股市累计成交 96.2 万亿元，日均成交 5 227 亿元，同比下降 52%；创业板累计成交 16.9 万亿元，同比下降 14.5%。9 月末，沪、深股市流通市值 37.8 万亿元，同比增长 11.4%；创业板流通市值为 3 万亿元，同比增长 33%。

股票市场筹资额有所增长。前三季度各类企业和金融机构在境内外股票市场上通过发行、增发、配股、权证行权等方式累计筹资 9 218 亿元，同比增长 16%，其中 A 股筹资 8 848 亿元，同比增长 41.2%。

（五）保险业资产保持较快增长

前三季度，保险业累计实现保费收入 2.5 万亿元，同比增长 32.2%，增速比上年同期高 12.7 个百分点；累计赔款、给付 7 751 亿元，同比增长 23.8%，其中，财产险赔付同比增长 14.9%，人身险赔付同比增长 26%。

保险业资产保持较快增长。9 月末，保险业总资产 14.6 万亿元，同比增长 26.4%，增速比上年同期高 5.9 个百分点。其中，银行存款同比下降 9.7%，投资类资产同比增

长 34.2%。

（六）外汇掉期交易增长较快

前三季度，人民币外汇即期成交 4 万亿美元，同比增长 10.7%；人民币外汇掉期交易累计成交金额折合 7 万亿美元，同比增长 26.9%，其中隔夜美元掉期成交 4.2 万亿美元，占掉期总成交额的 60.6%；人民币外汇远期市场累计成交 875 亿美元，同比增长 213.2%。前三季度“外币对”累计成交金额折合 962 亿美元，同比增长 17.6%，其中成交最多的产品为欧元对美元，占市场份额比重为 34.4%。

外汇市场交易主体进一步扩展。截至 9 月末，共有即期市场会员 561 家，远期、外汇掉期、货币掉期和期权市场会员各 142 家、142 家、117 家和 78 家，即期市场做市商 30 家，远期市场做市商 26 家。

（七）黄金价格震荡盘整，交易规模总体平稳

黄金价格反弹至阶段高点后震荡盘整，国内外价差扩大。伦敦现货黄金最高 1 366.25 美元/盎司，最低 1 308.35 美元/盎司，9 月末收于 1 322.5 美元/盎司，较 6 月末上涨 1.75 美元/盎司，涨幅为 0.13%。上海黄金交易所 AU9999 最高价为 300.00 元/克，最低价为 280.86 元/克，9 月末收于 284.95 元/克，较 6 月末上涨了 3.45 元/克，涨幅为 1.23%。第三季度国内外价差平均 0.84 元/克，比二季度扩大 0.28 元/克。

上海黄金交易所总体交易规模平稳。前三季度，黄金累计成交 3.66 万吨，同比增长 43.77%；累计成交额 9.76 万亿元，同比增长 61.3%。白银累计成交 77.74 万吨，同比增长 22.02%；累计成交额 3.03 万亿元，同比增长 37.24%。铂金累计成交 39.79 吨，同比下降 13.33%；累计成交额 8.83 亿元，同比下降 17.28%。

资料来源：中国人民银行货币政策分析小组．2016 年第三季度中国货币政策执行报告．（2016-11-08）[2017-05-27]．http：//www.pbc.gov.cn/goutongjiaoliu/113456/113469/3183204/index.html.

小组讨论

什么是金融市场？

金融市场有什么功能？

主要的金融市场有哪些？

任务一　走进金融市场

一、金融市场的概念和特点

（一）金融市场的概念

金融市场是指资金供求双方进行货币资金融通和金融工具交易的场所。金融市场有广义和狭义之分。

广义的金融市场是指金融机构与客户之间、各金融机构之间、客户与客户之间所有以资金商品为交易工具的金融交易，包括存款、贷款、信托、租赁、保险、股票、票据质押与贴现、外汇、债券、期货交易等全部金融活动。

狭义的金融市场是指以票据和有价证券为交易工具的市场。通常所说的金融市场主要是指狭义的金融市场。

（二）金融市场的特点

金融市场的特点可概括为以下内容：

（1）金融市场以货币资金、其他金融工具为交易对象。

（2）金融市场具有价格的一致性，利率在市场机制作用下趋向一致。

（3）金融市场可以是有形市场，也可以是无形市场，且金融交易活动在有形和无形的交易平台集中进行。

（4）金融市场是一个自由竞争市场。

（5）金融市场的非物质化。这种非物质化首先表现为股票等证券的转手并不涉及发行企业相应份额资产的变动；其次，即使在“纸张”上，金融资产的交易也不一定发生实物的转手，它常常表现为结算和保管中心有关双方账户上的证券数量和现金储备额的变动。

（6）金融市场交易之间不是单纯的买卖关系，更主要的是借贷关系，体现了资金所有权和使用权相分离的原则。

（7）现代金融市场是信息市场。由于金融市场的核心内容——金融产品交易可以抽象掉其“硬”的物质方面的限制，所以金融市场的“软”的方面，即信息方面就显得特别重要。

二、金融市场的功能

（一）积累功能（聚敛功能）

金融市场的积累功能是指金融市场引导众多分散的小额资金汇聚成可以投入社会再生产的资金集合的功能。在这里，金融市场起着资金“蓄水池”的作用。

（二）配置功能

金融市场的配置功能表现在三个方面：资源配置、财富再分配和风险再分配。

（1）资源配置。金融市场通过将资源从低效率利用的部门转移到高效率的部门，从而使一个社会的经济资源能最有效地配置在效率最高或效用最大的用途上，实现稀缺资源的合理配置和有效利用。

（2）财富再分配。财富是各经济单位持有的全部资产的总价值。政府、企业及个人通过持有金融资产的方式来持有的财富，在金融市场上的金融资产价格发生波动时，一部分人的财富量随金融资产价格的升高而增加，另一部分人则由于其持有的金融资产价格下跌而减少。这样，社会财富就通过金融市场价格的波动实现了财富的再分配。

（3）风险再分配。利用各种金融工具，厌恶金融风险较高程度的人可以把风险转嫁给厌恶风险程度较低的人，从而实现风险的再分配。

（三）调节功能

调节功能是指金融市场对宏观经济的调节作用。金融市场是中央银行实施宏观金融调控政策的重要场所。金融市场通过其特有的引导资本形成及合理配置的机制首先对微观经济部门产生影响，进而影响宏观经济活动，起到直接调控的作用。

金融市场的存在及发展，也为政府实施宏观经济活动的间接调控创造了条件。例如，法定存款准备金率、利率的调整及公开市场业务的操作等货币政策的运行都要通过金融市场来进行，政府发行国债等财政政策的实施运用同样要通过金融市场来实现。

（四）反映功能

金融市场历来被称为国民经济的“晴雨表”和“气象台”，是公认的国民经济信号系统，这实际上就是金融市场反映功能的写照。金融市场的反映功能表现在如下几个方面：

（1）金融市场首先是反映微观经济运行状况的指示器。由于证券买卖大部分都在证券交易所进行，人们可以随时通过这个有形的市场了解到各种上市证券的交易行情，并据以判断投资机会。

（2）金融市场交易直接和间接地反映国家货币供应量的变动。金融市场所反馈的宏观经济运行方面的信息，有利于政府部门及时制定和调整宏观经济政策。

（3）金融市场有大量专门人员长期从事商情研究和分析，并且他们每日与各类工商业直接接触，能了解企业的发展动态。

（4）金融市场有着广泛而及时地收集和传播信息的通信网络，整个世界的金融市场已联成一体，四通八达，从而使人们可以及时了解世界经济发展变化的情况。

☆ 案例链接 6-1 ☆

中国资本市场成为存量财富的分配市场

“股市整个 26 年，没有发挥晴雨表和资源要素配置的作用，经常跟经济周期相反。市场这几年造就的富翁是最多的，但是贫富也是最悬殊的。股东赚钱现在成了上市第一选择，根本不是为了上市公司募集资金。所以大股东在上市中减持、玩资本运作，这成了上市的第一选择，这也就是我们说的它为什么没有成为要素的配置市场、资源配置场所，而成了存量财富的分配场所，而且是一个至今都不去堵的黑暗场所。”12 月 10 日，中国政法大学资本金融研究院院长、中国企业改革与发展研究会副会长刘纪鹏在“三亚财经国际论坛”上如此表示。

刘纪鹏强调，2015 年大股东减持 4 700 亿～4 800 亿元，IPO 融资不足 2 000 亿元，今年基本上也还是这个比例关系。大股东减持的钱和我们 IPO 增量进入企业融资要素配置的钱比例悬殊。这是中国股市目前最不合理的现象。

中国的上市公司应该是保姆还是主人，是董事会主义、股东主义、新股东主义还是保险，大家在争论这些问题。刘纪鹏表示，“金融创新引领增长，但是现在有时社会分不清金融创新和妖怪兴风作浪的差别，保险和基金在多国（地区）的资本市场是中流砥柱，以我国香港为例，机构投资者背后大多为保险和基金。”

所谓水下的老妖精，指的是一股独大的大股东和内部人控制。什么时候并购重组，什么时候高转送，不是都由家族说了算吗？没有信息对称，没有制约力量。他建议，首先，譬如只有持股比例不超36%，才能申请上市，募集资本后，持股比例维持在30%左右。其次，家族企业一股独大，这种情况下，二级市场能不能预设流通底价，大股东凡是超过30%的，要减持得提前告诉大家，如此大的事不能偷偷干。

今天这个市场缺少一个好制度，而这个制度要从治理结构入手，从存量财富分配入手，首先要有一个公平正义的股市。

资料来源：财经网．中国资本市场成为存量财富的分配市场　刘纪鹏痛斥妖精作怪．(2016-12-10)［2017-06-05］．http：//new. caijing. com. cn/economy/20161210/4209988. shtml.

三、金融市场的构成要素

金融市场的构成要素包括金融市场的主体、客体、媒介、价格及组织方式，见图6-1。

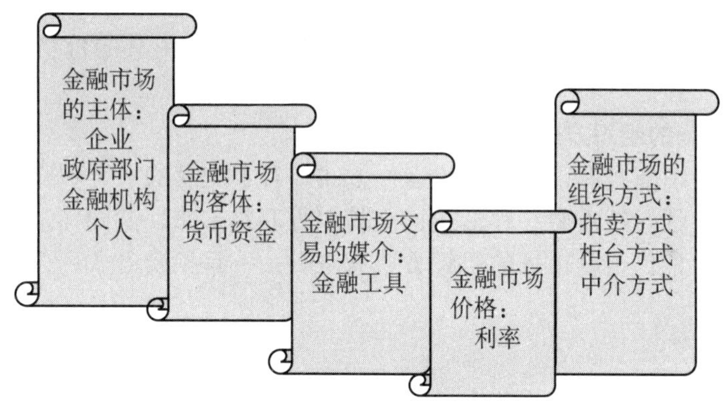

图6-1　金融市场的构成要素

(一) 金融市场的主体

金融市场的主体是指参与金融市场交易的当事人，包括企业、政府部门、金融机构、个人。

1. 企业

企业在金融市场上首先是资金需求者。企业通过金融市场贷款或者通过发行股票或中长期债券等方式筹措资金，用于扩大再生产和经营规模。同时，企业也是金融市场上的资金供给者，企业生产经营过程中暂时闲置的资金可以通过金融市场让渡出去，使资金的运用发挥更大效益。

2. 政府部门

政府部门主要作为资金需求者参与金融市场，为解决财政收支不平衡、财政赤字和经济建设需要，政府利用国内金融市场和国际金融市场发行国债筹集资金。

3. 金融机构

金融机构是金融市场的重要参与者，按其目的不同可分为三类：一是中介人。其目的是盈利，连接资金供给者和资金需求者，起桥梁作用。这类金融机构主要包括商业银行、证券公司、投资银行、信托投资公司、保险公司等。二是金融监管机构。它们是代表政府对资金融通进行监督和管理的金融机构，如银保监会、证监会。三是金融市场的特殊参与者——中央银行。中央银行主要是利用金融市场调节货币供应量，实现宏观调控目标。

4. 个人

个人是金融市场的主要参与者，个人主要通过银行储蓄及购买债券、股票和证券投资基金等多种金融工具向金融市场提供资金。此外，个人也可以通过使用消费信贷成为金融市场的资金需求者。

（二）金融市场的客体

金融市场的客体即货币资金，是金融市场的交易对象。

（三）金融市场交易的媒介

金融市场交易媒介即金融工具，是指各主体凭以交易货币资金的工具。从性质上来看，金融工具包括债权债务凭证（如票据、债券）和所有权凭证（如股票）。它们有很多种类，并各有其特点，能够满足资金交易者的不同要求。

（四）金融市场价格

金融市场的交易活动要受到交易价格的支配。金融市场的交易对象是货币资金，因此利率便成为金融商品的价格。利率通过市场把各种金融工具的价格比较公平地反映出来。

（五）金融市场的组织方式

金融市场的组织方式即市场的具体运作方式。有了交易的双方和交易对象，只是有了形成市场的可能性，还需要一种形式把交易双方联结起来，共同确定交易价格，达到转让交易对象的目的。金融市场的组织方式有三种：一是拍卖方式；二是柜台方式；三是中介方式。

四、金融市场的分类

（一）按金融市场交易标的物划分

按金融市场交易标的物划分，金融市场可分为货币市场、资本市场、外汇市场、金融衍生品市场、保险市场、黄金市场等。

1. 货币市场

货币市场是指期限在1年以内、以短期金融工具为媒介进行资金融通和借贷的市场，是1年期以内的短期融资工具交易所形成的供求关系及其运行机制的总和。货币市场主要包括同业拆借市场、回购市场、票据市场、大额可转让定期存单市场等。

2. 资本市场

资本市场是指以长期金融工具为媒介进行的、期限在1年以上的长期资金融通市场。资本市场包括股票市场、债券市场、基金市场等。

3. 外汇市场

外汇市场是进行外汇买卖的交易场所，它是由外汇需求者、外汇供给者及买卖中介机构组成的外汇买卖场所或网络。目前，我国境内外汇市场按交易主体的不同区分为银行间外汇市场和银行柜台外汇市场。

4. 金融衍生品市场

金融衍生品是指以杠杆或信用交易为特征，在传统金融产品（货币、债券、股票等）的基础上派生出来的，具有新价值的金融工具，如期货、期权、互换及远期等。

5. 保险市场

保险市场是指保险商品交换关系的总和，或是保险商品供给与需求关系的总和。它既可以是固定的交易场所，如保险交易所，也可以是所有实现保险商品让渡的交换关系的总和。

6. 黄金市场

黄金市场是金融市场的重要组成部分，是集中进行黄金买卖的交易场所。

（二）按交易对象是否新发行划分

按交易对象是否新发行划分，金融市场可分为发行市场和流通市场。

1. 发行市场

发行市场也称一级市场、初级市场，是新证券发行的市场。

2. 流通市场

流通市场也称二级市场、次级市场，是已经发行、处在流通中的证券的买卖市场。二级市场的交易可以在场内市场完成，也可以在场外市场完成。

场内交易市场，又称证券交易所市场或集中交易市场，是指由证券交易所组织的集中交易市场。

场外交易市场，又称柜台交易市场、店头交易市场，是指在证券交易所外进行证券买卖的市场。它主要由柜台交易市场、第三市场、第四市场组成。

（三）按融资方式划分

按融资方式划分，金融市场可分为直接融资市场和间接融资市场。

1. 直接融资市场

直接融资，也称直接金融，是指没有金融中介机构介入的资金融通方式。直接融资是以股票、债券为主要金融工具的一种融资机制，这种资金供给者与资金需求者通过股票、债券等金融工具直接融通资金的场所，即为直接融资市场。

2. 间接融资市场

间接融资是直接融资的对称，也称间接金融，是指拥有暂时闲置货币资金的单位通过存款的形式，或者购买银行、信托、保险等金融机构发行的有价证券，将其暂时闲置的资金先行提供给这些金融中介机构，然后再由这些金融机构以贷款、贴现等形式，或通过购买需要资金的单位发行的有价证券，把资金提供给这些单位使用，从而实现资金融通的过程。

这种以银行等金融机构为中介进行的融资活动场所即为间接融资市场。

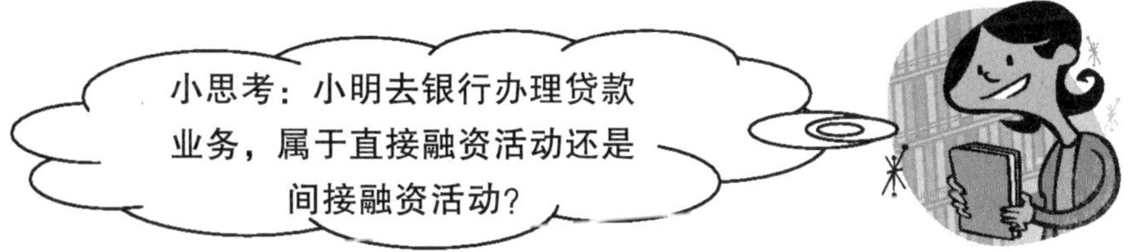

☆ 案例链接6-2 ☆

企业上市为大势所趋　直接融资时代到来

深圳证券交易所华北区副主任高军在第二届“资本力量”高峰论坛上发表讲话指出，企业上市为大势所趋，直接融资时代到来。

1. 国家政策大力支持。

“积极培育公开透明、健康发展的资本市场，提高直接融资比重，降低杠杆率。”——《十三五规划纲要》

“大力发展直接融资。依托多层次资本市场体系，拓宽投资项目融资渠道，支持有真实经济活动支撑的资产证券化，盘活存量资产，优化金融资源配置，更好地服务投资兴业。”——《中共中央国务院关于深化投融资体制改革的意见》(2016.7.5)

“拓宽小微企业融资渠道，支持我省小微企业通过主板、中小板、创业板、全国中小企业股转系统（以下简称新三板）、区域性股权交易市场进行融资。”——《河南省人民政府关于扶持小微企业发展的意见》(2015.11.24)

2. 无论是高收入国家，还是中等收入国家，直接融资比重在过去23年间整体均呈上升趋势，目前大致处在65%～75%的区间内。

中国的直接融资比重在15%左右，低于发达国家甚至一些发展中国家。

3. 2016年银行贷款基准利率按4.6%计算，加上中介费用达到10%到15%，再加上民间借贷、影子银行，实际上中小微和民营企业的外部融资成本有的可能达到20%以上，给企业、给金融体系造成很大的压力。

间接融资靠贷款融资的占比非常大，迫切需要进行金融供给侧结构性改革，实现去产能、去库存、去杠杆、降成本、补短板五大任务。

资料来源：高军．企业上市为大势所趋　直接融资时代到来．(2016-12-16)［2017-04-05］．http：//www. p5w. net/live/lthyzb/zbll/index. htm.

(四) 按地域范围划分

按地域范围划分，金融市场可分为国际金融市场和国内金融市场。

1. 国际金融市场

国际金融市场指从事各种国际金融业务活动的场所。此种活动包括居民与非居民之间或非居民与非居民之间的金融业务活动。

2. 国内金融市场

国内金融市场指本国居民之间发生金融关系的场所，仅限于有居民身份的法人和自然人参加，经营活动一般只涉及本国货币，既包括全国性的以本币（在我国就是人民币）计值的金融交易，也包括地方性金融交易。

(五) 按经营场所划分

按经营场所划分，金融市场可分为有形金融市场和无形金融市场。

1. 有形金融市场

有形金融市场是指有固定场所和操作设施的金融市场。

2. 无形金融市场

无形金融市场是指以营运网络形式存在的市场，通过电子电讯手段达成交易。

（六）按交割期限划分

按交割期限划分，金融市场可分为金融现货市场和金融期货市场。

1. 金融现货市场

金融现货市场是指融资活动成交后立即付款交割的市场。

2. 金融期货市场

金融期货市场是指投融资活动成交后按合约规定在指定日期付款交割的市场。

（七）按交易对象的交割方式划分

按交易对象的交割方式划分，金融市场可分为即期交易市场和远期交易市场。

1. 即期交易市场

即期交易市场是指约定在交易完成两个工作日内办理资产交割的金融市场。

2. 远期交易市场

远期市场是指进行远期合约交易的市场，交易双方按约定条件在未来某一日期交割金融资产的金融市场。

（八）按交易对象是否依赖其他金融工具划分

按交易对象是否依赖其他金融工具划分，金融市场可分为原生金融市场和衍生金融市场。

1. 原生金融市场

原生金融市场是指交易原生金融工具的市场。如股票市场、基金市场、债券市场等。

2. 衍生金融市场

衍生金融市场是指交易衍生金融工具的市场。如期权市场、期货市场、远期市场、互换市场等。

（九）按价格形成机制划分

按价格形成机制划分，金融市场可分为竞价市场和议价市场。

1. 竞价市场

竞价市场又称公开市场，是指金融资产交易价格通过多家买方和卖方公开竞价形成的市场。

2. 议价市场

议价市场是指金融资产交易价格通过买卖双方协商形成的市场。

任务二　探析货币市场

一、货币市场的概念和特点

（一）货币市场的概念

货币市场是指期限在1年以内、以短期金融工具为媒介进行资金融通和借贷的市场，是1年期以内的短期融资工具交易所形成的供求关系及其运行机制的总和。

货币市场是典型的以机构投资者为主体的市场，其活动的主要目的是保持资金的流动性：一方面满足资金需求者的短期资金需要；另一方面为资金充裕者的闲置资金提供盈利机会。就结构而言，货币市场主要包括同业拆借市场、回购市场、票据市场、大额可转让定期存单市场等。

☆ 案例链接 6-3 ☆

2016 年 9 月我国货币市场运行情况

2016 年 9 月份，货币市场成交量共计 59.3 万亿元，同比增长 29.3%，环比下降 19.9%。其中，质押式回购成交 48.5 万亿元，同比增长 24.4%，环比下降 18.9%；买断式回购成交 2.5 万亿元，同比增长 36%，环比下降 28.5%；同业拆借成交 8.3 万亿元，同比增长 64.7%，环比下降 22.9%。

9 月份，同业拆借月加权平均利率为 2.25%，较上月上行 12 个基点；质押式回购月加权平均利率为 2.28%，较上月上行 16 个基点。

资料来源：中国人民银行．2016 年 9 月份金融市场运行情况．（2016－10－21）［2017－05－05］．http：//www.pbc.gov.cn/goutongjiaoliu/113456/113469/3165918/index.html.

（二）货币市场的特点

1. 期限短

货币市场期限最长为 1 年，最短为半天、1 天，以 3～6 个月最多。

2. 流动性强

货币市场的流动性主要是指金融工具的变现能力。货币市场由于交易时间短，变现的速度较快，变现容易实现，故其流动性较强。

3. 参与者以机构为主

货币市场的参与者有机构（包括商业银行、中央银行、非银行金融机构、政府、非金融性企业）、个人及货币市场的专业人员（包括经纪人、交易商和承销商），但以机构参与者为主。

4. 客户数量少，单笔交易金额大，交易频繁

由于货币市场的参与者以机构参与者为主，因此市场呈现三个明显特点：一是客户数量少，交易对手彼此之间有一定的了解；二是每笔交易金额大；三是交易频繁。

5. 货币市场以无形市场为主

由于货币市场的参与者以机构为主所形成的特点，货币市场完全可以借助现代通信手段进行，因此它逐步形成了一个庞大的无形市场。

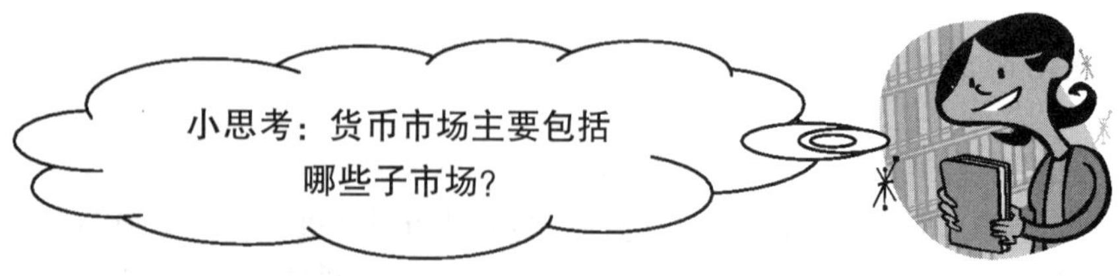

二、同业拆借市场

同业拆借市场，也称同业拆放市场，是金融机构之间以信用方式进行短期货币资金借贷的市场。借入资金称为拆入，贷出资金称为拆出。拆借的利息叫“拆息”，其利率由交易双方自定，通常低于中央银行的再贴现率而高于银行的资金成本。

同业拆借的资金主要用于弥补银行短期资金的不足、票据清算的差额以及解决临时性资金短缺需要，是金融机构之间进行短期、临时性头寸调剂的市场。

头寸是中国传统的商业、金融用语，指款项。如果银行当日全部收入款项大于付出款项，称多头寸；如果付出款项大于收入款项，称缺头寸；对头寸盈余和短缺进行预计，叫轧头寸。

同业拆借市场具有以下特点：

（1）融通资金的期限一般比较短。拆借期限按日计算，有1日、2日、5日、7日不等，一般不超过1个月，更长期限的交易大多采用其他金融工具进行，最短的只有半日。

（2）参与拆借的机构基本上是在中央银行开立存款账户，交易资金主要是该账户上的多余资金。

（3）同业拆借资金主要用于短期、临时性需要。

（4）同业拆借基本上是信用拆借。同业拆借可以使商业银行在不用保持大量超额准备金的前提下，就能满足存款支付的需要。

（5）同业拆借的每笔交易的数额较大，以适应银行经营活动的需要。

☆ 知识链接6-1 ☆

上海银行间同业拆放利率

上海银行间同业拆放利率（Shanghai Interbank Offered Rate，简称Shibor）是由信用等级较高的银行自主报出的人民币同业拆出利率计算确定的算术平均利率，是单利、无担保、批发性利率。目前，对社会公布的Shibor品种包括隔夜、1周、2周、1个月、3个月、6个月、9个月及1年。

Shibor报价银行团现由18家商业银行组成。报价银行是公开市场一级交易商或外汇市场做市商，在中国货币市场上人民币交易相对活跃、信息披露比较充分的银行。中国人民银行成立Shibor工作小组，依据《上海银行间同业拆放利率（Shibor）实施准则》确定和调整报价银行团成员、监督和管理Shibor运行、规范报价行与指定发布人行为。全国银行间同业拆借中心受权Shibor的报价计算和信息发布。每个交易日根据各报价行的报价，剔除最高、最低各4家报价，对其余报价进行算术平均计算后，得出每一期限品种的Shibor，并于上午9:30对外发布。

Shibor是新的市场基准利率，Shibor对宏观管理、对于市场参与者了解市场流动性大小，都会提供很重要的指标，Shibor在金融市场上，为衡量中国流动性大小提供一个很好的晴雨表和指标，因为最能衡量一个市场流动性的指标就是基准利率水平；同时，监管当局也可以根据利率变化制定政策，今后很多其他利率尤其是短期利率都会跟Shibor挂钩。Shibor作为最基本、最市场化的资金价格，对整个宏观基准面、股市、发展金融衍生品、债券价格都具有很重要的意义。

三、回购市场

回购市场指通过回购协议进行短期资金融通交易的市场。回购协议是在出售证券的同时，同证券购买商签订的、约定在一定期限后按约定价格再购回所卖证券的合约。回购协议从本质上说是一种抵押贷款，其抵押品为所出售和回购的证券。

在银行间债券市场上回购业务可以分为质押式回购业务、买断式回购业务和开放式回购业务三种类型。

质押式回购是指持券方有资金需求时将手中的债券出质给资金融出方的一种资金交易行为。

买断式回购是指债券持有人（正回购方）将债券卖给债券购买方（逆回购方）的同时，交易双方约定在未来某一日期，正回购方再以约定价格从逆回购方买回相等数量同种债券的交易行为。

开放式回购与质押式回购的性质是相同的，只是质押式回购业务是通过网上交易办理，而开放式回购业务是针对不能在网上交易但又托管在国债登记公司的一些企业债券开办的一项业务，回购双方通过纸质的合同在网下进行交易。

通常所说的回购市场，实际上是指国债的回购市场，因为无论是在西方国家还是在我国，回购交易的标的物主要是国债，尤其是短期国库券。

国债回购交易的期限，有1个营业日的，即今日卖出证券，明日又买回，相当于日拆借；有30天的；最长可达3个月、6个月。由于回购交易有国债作抵押，所以利率一般低于同业拆借利率。国债回购交易的期限短、成本低、风险小，因而是一种很受投资者和筹资者欢迎的短期融资工具。

四、票据市场

票据市场指的是在商品交易和资金往来过程中产生的以汇票、本票和支票的发行、担保、承兑、贴现、转贴现、再贴现来实现短期资金融通的市场。

票据市场具体包括票据承兑市场、票据贴现市场。

（一）票据承兑市场

票据承兑市场是指授予承兑保证，创造承兑汇票的市场。票据签发与承兑属于发行市场活动。

票据承兑是指票据付款人承诺在票据到期日支付票载金额的行为，是汇票特有的票据行为，汇票只有经过承兑才具有法律效力，才能作为市场上合格的金融工具流通转让。票据承兑的主要目的在于明确汇票付款人的票据责任。

由企业承兑的汇票叫作商业承兑汇票，由银行承兑的汇票叫作银行承兑汇票。经过银行承兑的汇票，具有付款人和承兑银行的双重保证，可随时在市场上转让流通，是银行和客户都乐于接受的金融工具。

（二）票据贴现市场

票据贴现市场是以票据贴现业务为主的短期资金市场，是已发行、承兑的票据转让、流通的主要市场。

票据贴现市场的交易种类大致可分为两类，一类是票据持有人向商业银行或贴现公司要求贴现换取现金的交易，这种交易占贴现市场业务的大部分；另一类是中央银行对商业银行或贴现公司已贴现过的票据再次进行贴现，为银行和贴现公司融通资金。

☆ 案例链接 6-4 ☆

上海票据交易所开业　将提高票据市场透明度和交易效率

2016 年 12 月 8 日，上海票据交易所开业仪式在上海黄浦区锦江小礼堂举行。中国人民银行党委书记、行长周小川在贺信中表示，上海票据交易所作为具备票据交易、登记托管、清算结算、信息服务多功能的全国统一票据交易平台，将大幅提高票据市场透明度和交易效率，激发市场活力，更好地防范票据业务风险。

周小川说，上海票据交易所正式成立，是我国深化金融改革发展的重要举措。近年来，我国票据市场快速发展，对拓宽企业融资渠道、健全多层次金融市场体系发挥了重要推动作用，也有助于完善中央银行金融调控，优化货币政策传导机制，增强金融服务实体经济的能力。上海票据交易所要深刻认识自身使命，积极借鉴国际成熟市场发展经验，以实体经济需求为导向，推动票据产品和交易方式创新，丰富和增强票据市场功能，进一步优化金融资源配置效率。要加强交易系统建设和内部管理，完善业务规则，切实防范风险，加强投资者教育，做好研究监测，提升票据市场专业化水平。

潘功胜副行长讲话指出，中国票据市场经过 30 多年的实践探索，已经成为我国金融市场体系的重要组成部分，为实体经济发展和中央银行金融调控提供了有力基础支撑。上海票据交易所的成立，是我国票据市场的新起点和新的里程碑，有利于促进完善票据市场法规制度，推动票据业务创新，防范票据市场风险，促进货币市场和资本市场协调发展，同时体现了中央银行对建设上海国际金融中心的高度重视和支持。

潘功胜要求，上海票据交易所要全面落实好周小川行长的指示精神，切实发挥好全国统一的票据平台在完善中央银行金融调控、改进货币政策传导机制、防范金融风险、服务实体经济发展等方面的应有作用。要牢固树立大局意识、服务意识和风险意识，积极完善公司治理结构，加强票据人才队伍建设，全面提高规范化、市场化、专业化水平，不断增强票据市场服务实体经济的能力；要立足统一标准、提高效率、创新产品、降低成本、优化系统、防范风险，围绕票据市场深耕细作等方面，全力推进我国票据市场在规范健康发展基础上不断实现新跃升。各参与机构要加强内部制度建设和统筹协调机制，做好业务操作流程的对接，合力推动我国票据市场规范健康发展。

资料来源：中国网．上海票据交易所开业　将提高票据市场透明度和交易效率．(2016-12-08)[2017-03-15]．http：//finance.sina.com.cn/roll/2016-12-08/doc-ifxypcqa9036645.shtml.

票据贴现市场的交易对象主要是商业票据，另外国库券和一些短期债券也可在贴现市场贴现。

票据贴现利息与贴现票据票面金额之比称为贴现率，是贴现机构与贴现人根据市场资金供求状况和市场利率以及票据的信誉程度议定的。贴现市场上商业票据的买卖价格就是实付贴现金额。贴现利息及实付贴现金额的公式表示如下：

贴现利息＝票据到期值×贴现率×贴现天数/360

实付贴现金额＝票据到期值－贴现利息

【例 6-1】某企业持有一张半年后到期的一年期汇票，面额为 2 000 元，到银行请求贴现，银行确定该票据的市场贴现率为 6%，请计算贴现利息及实付贴现金额分别是多少。

答：

贴现利息＝2 000×6%×180/360＝60（元）

实付贴现金额＝2 000－60＝1 940（元）

即贴现利息及实付贴现金额分别是 60 元和 1 940 元。

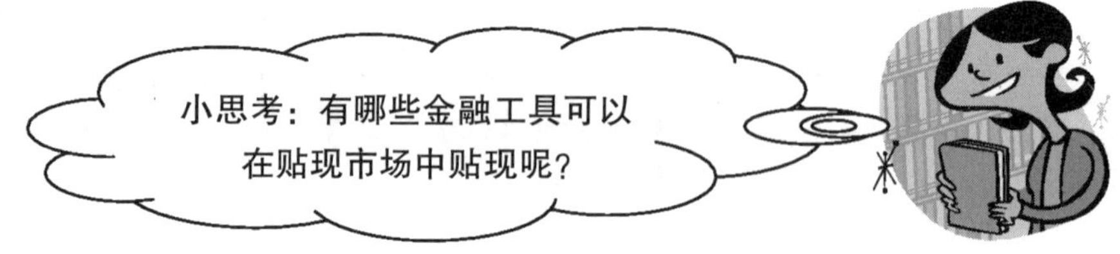

五、大额可转让定期存单市场

大额可转让定期存单市场，简称 CD 市场，是指发行和买卖大额可转让定期存单活动的总称。大额可转让定期存单，是指由银行业存款类金融机构面向非金融机构投资人发行的记账式大额存款凭证，属一般性存款，纳入存款保险范围。

大额可转让定期存单与普通存单相比，具有以下特点：

(1) 不记名，可以自由转让。

(2) 面额大。如在美国，存单面额通常为 10 万美元，最小面额为 2.5 万美元。

(3) 期限短。大多为 3～6 个月，最短 14 天，最长一般在 1 年以内。

(4) 利率比较高。比同期的普通存款利率高，也比同期的国库券利率高。

我国第一张大额可转让存单面世于 1986 年，最初由交通银行和中央银行发行，主要面向个人和企业。固定面额、固定期限、到期还本付息，不得提前支取，但可以作为抵押品或转让流通。后来，由于多种原因，到 1996 年大额可转让存单在市场上基本消失。从国际经验看，不少国家在存款利率市场化的过程中，都曾以发行大额存单作为推进改革的重要手段。我国 2015 年 6 月恢复发行大额可转让存单。

☆ 案例链接 6-5 ☆

大额可转让存单来了，存吗?

大额存单纳入存款保险范围

央行 2015 年 6 月 2 日公布《大额存单管理暂行办法》，允许银行业存款类金融机构向个人、非金融企业、机关团体等发行大额存单。其中，个人认购的大额存单起点金额不低于 30 万元（后央行修订为 20 万元，新标准自 2016 年 6 月 6 日起开始施行），机构投资人认购起点金额为 1 000 万元。

与传统存款相比，大额存单在期限上包括 1 个月、3 个月、6 个月、9 个月、1 年、18 个月、2 年、3 年和 5 年共 9 个品种。比普通存款期限的 7 个品种多了 9 个月和 18 个月两个品种。在老百姓最关心的利率方面，固定利率存单采用票面年化收益率的形式计息，而浮动利率存单以上海银行间同业拆借利率（Shibor）为计息基准。付息方式分为到期一次还本付息和定期付息、到期还本。

9 家银行均采取固定利率模式

6 月 11 日，中国工商银行、中国建设银行、中国农业银行、中国银行、交通银行相继通过官方渠道宣布，将于 15 日推出各自的首期大额存单。同一日，中信银行、浦发银行、招商银行、兴业银行四家股份制商业银行也宣布将于 15 日首批发行大额存单。

从各家银行官方发布的情况来看，9 家银行均采取固定利率模式，已发布产品详情的几家银行其发行利率仅在一年期产品上有略微差异（部分银行一年期利率为 3.06%），其他期限均为 1.4 倍基准利率。此外在产品期限上，工行已确定发行 6 个月期、1 年期两个品种；农业银行发行的产品期限包括 1 个月、3 个月、6 个月和 1 年期；中信银行表示产品期限分为 3 个月、6 个月和 12 个月。

大额存单到底有些什么优势?

“老百姓多了一个靠谱的投资渠道。”这显然是毋庸置疑的。

最值得关注的是，与一般意义上的定期存款相比，大额可转让定期存单具有期限短、面额大、可以转让以及收益性高等优势。首先它目前有 9 个品种，期限最短的只要 1 个月。其次，可转让，流动性强。它可以在二级市场上转让。也就是说，大额存单可以转让、提前支取和赎回。最后，可贷款抵押，可作出国保证金，可开存款证明，这些都是多数银行理财无法比拟的。

中信银行的分析师称，此次推出的大额存单产品具有三大亮点，一是利率比央行同期定存基准上浮 40%，3 个月、6 个月和 12 个月三个期限产品的利率分别为 2.60%、2.90%和 3.15%，购买当日即起息。二是保本保息。大额存单产品纳入存款保险保障范围，因此存款安全无忧。三是支取灵活，大额存单产品可提前支取，客户急需用钱时不用等产品到期。

资料来源：每日商报．大额可转让存单来了，存吗？．（2015 - 06 - 13）［2017 - 05 - 15］．http：//news. hexun. com/2015 - 06 - 13/176711335. html.

任务三　探析资本市场

一、资本市场的定义和特点

（一）资本市场的定义

资本市场是指以长期金融工具为媒介进行的、期限在 1 年以上的长期资金融通市场。在资本市场上，发行主体所筹集的资金大多用于扩大再生产。

资本市场上的交易对象是一年以上的长期证券。因为在长期金融活动中，涉及资金期限长、风险大，具有长期较稳定收入，类似于资本投入，故称之为资本市场。资本市场包括股票市场、债券市场、基金市场等。

（二）资本市场的特点

1. 融资期限长

资本市场的融资期限至少 1 年以上，最长可达数十年，甚至是永久性凭证。

2. 流动性相对较差

在资本市场上所筹集的资金多用于解决中长期融资需求，充实固定资产，故流动性相对较差。

3. 风险大而收益较高

由于资本市场上融资期限较长，金额数量大，发生重大变故的可能性较大，市场价格容易波动，投资者需要承受较大的风险。同时，作为对风险的报酬，其收益也较高。

二、股票市场

股票市场是股票发行和交易的场所，包括股票发行市场和股票流通市场两部分。股票市场既是支撑股份制度的重要构成要素，也是资本市场的一个重要组成部分。

（一）股票发行市场

股票发行市场是指通过发行股票进行筹资活动的市场。股票发行市场是实现资本职能转化的场所，通过发行股票，把社会闲散资金转化为生产资本。由于发行活动是股市一切活动的源头和起始点，故又将发行市场称为一级市场、初级市场。

1. 股票发行市场的主体

股票发行市场的主体是指参与发行股票的机构和个人，包括发行者、投资者和承销商。

股票发行者，即需要筹集资金的股份有限公司。

投资者，就是购买股票交纳资金的人。投资者可以是法人也可以是自然人，我国明文规定投资主体分为国家、法人、个人和外资。

承销商，即联系发行者与投资者的中间人，一般是从事证券业的机构。

股票发行就是上述三个主体之间相互合作、共同实现公司筹资目标的全过程。

2. 股票发行方式

（1）按照发行对象的不同，分为公募和私募。

1）公募，又称公开发行，是指事先没有特定的发行对象，向社会广大投资者公开推销股票的方式。

2）私募，又称不公开发行，是指发行者只向特定的发行对象推销股票的方式。通常在两种情况下采用：一是股东配股，又称股东分摊；二是私人配股，又称第三者（即股东以外的本公司职工、往来客户等与公司有特殊关系的第三者）分摊，目的是调动本企业职工的积极性，搞好公共关系。

（2）按照是否通过中介机构发行，分为直接发行和间接发行。

1）直接发行，又称直接招股，是指股份公司自己承担股票发行的一切事务和发行风险，一般私募采取直接发行方式。

2）间接发行，又称间接招股，是指发行者委托证券发行中介机构出售股票的方式。这些中介机构作为股票的推销者，办理一切发行事务，承担一定的发行风险并从中提取相应的收益。一般公募采取间接发行方式。

（3）按照发行目的不同，分为初次发行和增资发行。

1）初次发行，又称首次公开发行（简称 IPO），是指以募集方式设立股份有限公司时公开募集股份或已设立公司首次公开发行股票，应当向中国证监会递交募股申请，经批准后方可发行。

2）增资发行，是指股份公司上市后为达到增加资本的目的而发行股票的行为。我国《上市公司证券发行管理办法》规定，上市公司增资的方式有：向原股东配售股份、向不特定对象公开募集股份、发行可转换公司债券、非公开发行股票。

我国的股票发行主要采取公开发行并上市方式，同时也允许上市公司在符合相关规定的条件下向特定对象非公开发行股票。我国现行的有关法规规定，我国股份公司首次公开发行股票和上市后向社会公开募集股份（公募增发）采取对公众投资者上网发行及对机构投资者配售相结合的发行方式。根据规定，上市公司向不特定对象公开募集股份（增发）或发行可转换债券，主承销商可以对参与网下配售的机构投资者进行分类，对不同类别的机构投资者设定不同的配售比例进行配售。

☆ 案例链接 6-6 ☆

2016 年新股发行数量已超去年

2016 年 12 月 9 日，证监会核发了今年第 23 批 IPO 批文，核准了 14 家企业的首发申请。2016 年以来，新股发行明显提速，截至 12 月 12 日，证监会已发 256 张 IPO 批文，共有 225 家企业登陆 A 股市场发行，该数量已经超过去年全年（220 家），还有 643 家企业正在排队待审。

据数据库统计显示，截至 12 月 12 日，2016 年以来，沪深两市中共有 225 家企业登陆市场发行，该数量已经超过 2015 年全年，225 只新股首发合计发行 130.09 亿股，合计募资 1 410.57 亿元，平均市盈率为 21.48 倍，募资规模略低于 2015 年全年 1 578.28 亿元，平均市盈率也低于去年 21.88 倍的水平。

尤其是进入 8 月后，新股发行更犹如开上快车道。8 月至 12 月新登陆的上市公司数量分别为 27 家、26 家、21 家、39 家、28 家。其中，11 月发行的新股合计发行 28.28 亿股，合计募资 359.10 亿元，环比增长 155%，发行数量、募资规模均创下去年 6 月以来的新高。

临近年末，IPO 申请的审核越来越快。统计数据显示，11 月份总计有 34 家公司上会，截至 12 月 16 日，将有 10 家企业的首发申请上会，12 月上会的企业总数将达到 36 家，成为今年以来上会企业数量最多的月份。

进入 11 月，证监会核发 IPO 批文节奏突然加速至“一周一期”，随着批文发放速度的加快，新股发行已基本能做到“即审即批”。统计显示，2016 年以来，证监会已经累计下发了 256 家企业的发行批文，筹资总额约在 1 695 亿元。其中，7 月至 11 月证监会核发 IPO 批文的数量分别为 27 家、26 家、26 家、28 家、52 家，最近 5 个月监管层核发的 IPO 批文总数是上半年的两倍多，11 月 IPO 累计批复数量更是创下去年 6 月以来的新高。

资料来源：黄品超．今年新股发行数量已超去年．羊城晚报，2016-12-14 (A18).

3. 股票发行制度

股票发行制度是指发行者在申请发行股票时必须遵循的一系列程序化的规范。具体而言，表现在发行监管制度、发行方式与发行定价等方面。

股票发行制度主要有三种，即审批制、核准制和注册制，每一种发行监管制度都对应一定的市场发展状况。

审批制是一国在股票市场的发展初期，为了维护上市公司的稳定和平衡复杂的社会经济关系，采用行政和计划的办法分配股票发行的指标和额度，由地方政府或行业主管部门根据指标推荐企业发行股票的一种发行制度。

核准制是介于注册制和审批制之间的中间形式。它一方面取消了政府的指标和额度管理，并增加证券中介机构的责任，由证券监管机构判断企业是否达到股票发行的条件；另一方面证券监管机构同时对股票发行的合规性和适销性条件进行实质性审查，并有权否决股票发行的申请。在核准制下，发行者在申请发行股票时，不仅要充分公开企业的真实情况，而且必须符合有关法律和证券监管机构规定的必要条件，证券监管机构有权否决不符合规定条件的股票发行申请。

注册制是在市场化程度较高的成熟股票市场所普遍采用的一种发行制度，证券监管部门公布股票发行的必要条件，只要达到所公布条件要求的企业即可发行股票。发行者申请发行股票时，必须依法将公开的各种资料完全准确地向证券监管机构申报。

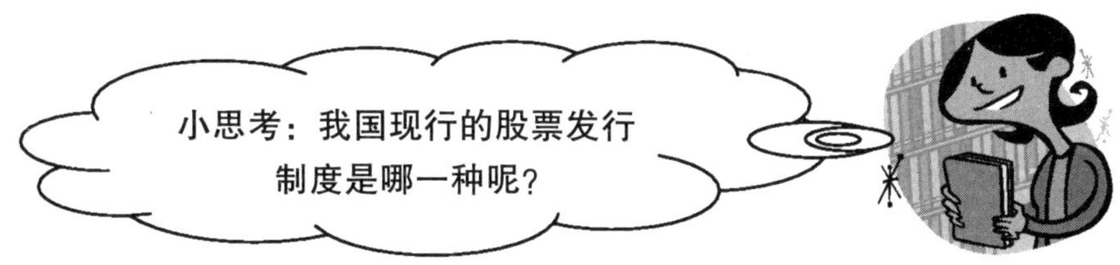

4. 股票发行价格

股票发行价格是指投资者认购新发行的股票时实际支付的价格。股票发行价格主要有平价、溢价和折价三种：平价发行是以股票票面所标明的价格发行；溢价发行就是按超过股票票面金额的价格发行；折价发行就是按照低于股票票面金额的价格发行。

根据我国《公司法》和《证券法》的规定，股票发行价格可以等于票面金额，也可以超过票面金额，但不得低于票面金额。以超过票面金额的价格发行股票所得的溢价款项列入发行公司的资本公积。股票发行采取溢价发行的，发行价格由发行人与承销的证券公司协商确定。

股票发行的定价方式，可以采取协商定价方式，也可以采取询价方式、上网竞价方式等。我国《证券发行与承销管理办法》规定，首次公开发行股票以询价方式确定股票发行价格。

5. 股票的发行运作过程

股票发行市场的整个运作过程通常由咨询与准备、认购与销售两个阶段构成。

(1) 咨询与准备。

咨询与准备是股票发行的前期准备阶段，发行公司须听取投资银行的咨询意见并对一些主要问题做出决策，主要包括发行方式的选择、选定作为承销商的投资银行或证券公司、准备招股说明书、确定发行价格等四个方面。

(2) 认购与销售。

发行公司完成准备工作之后，即可按预定的方案发售股票。对于承销商来说，其销售股票的方式有以下几种：一是全额包销。承销商买下全部股票，再按发行价推销，手续费高，但承销商风险大。二是余额包销。承销商将在规定期内未销售的股票买下。三是代销。在发行期内，承销商尽力销售，期满未销售出去的股票由发行者自行处理。此种方式承销商承担的风险最小，因此收取的佣金最低。

(二) 股票流通市场

股票流通市场是已发行股票进行转让的市场，又称二级市场、次级市场。股票流通市场一方面为股票持有者提供随时变现的机会，另一方面又为新的投资者提供投资机会。与发行市场的一次性行为不同，在流通市场上股票可以不断地进行交易。

1. 股票流通市场的主体

股票流通市场的主体主要有：股票持有人，在此为卖方；投资者，在此为买方；为股票交易提供流通、转让便利条件的信用中介操作机构，如证券公司或证券交易所。

2. 股票流通市场的构成

股票流通市场由场内交易市场和场外交易市场构成。

(1) 场内交易市场。

场内交易市场，又称证券交易所市场或集中交易市场，是指由证券交易所组织的集中交易市场，有固定的交易场所和交易活动时间。在多数国家它还是全国唯一的证券交易场所，因此是全国最重要、最集中的证券交易市场。

证券交易所是指经国家批准，有组织的、专门集中进行有价证券交易的有形场所。证券交易所实行“公平、公开、公正”的原则，交易价格由交易双方公开竞价确定，实行“价格优先、时间优先”的竞价成交原则。

（2）场外交易市场。

场外交易市场，即业界所称的OTC市场，又称柜台交易市场或店头市场，是指在证券交易所外进行证券买卖的市场。它主要由柜台交易市场、第三市场、第四市场组成。

1）柜台交易市场，是通过证券公司、证券经纪人的柜台进行证券交易的市场。

2）第三市场，是指已上市证券的场外交易市场。

3）第四市场，是投资者绕过传统经纪服务，彼此之间利用计算机网络直接进行大宗证券交易而形成的市场。

3. 股票流通市场的交易方式

（1）按照股票买卖价格和形成机制的不同，分为议价买卖和竞价买卖。

1）议价买卖，是指买方和卖方一对一地面谈，通过讨价还价达成买卖交易。它是场外交易中经常使用的方式。一般在股票上不了市、交易量少，需要保密或为了节约佣金等情况下使用。

2）竞价买卖，是指买卖双方都是由若干人组成的群体，双方公开进行双向竞争的交易，即交易不仅在买卖双方之间有出价和要价的竞争，而且在买者群体和卖者群体内部也存在激烈的竞争，最后在买方出价最高者和卖方要价最低者之间成交。竞价买卖是证券交易所中买卖股票的主要方式。

（2）按照达成交易方式的不同，分为直接交易和间接交易。

1）直接交易，是买卖双方直接洽谈，股票也由买卖双方自行清算交割，在整个交易过程中不涉及任何中介的交易方式。场外交易绝大部分是直接交易。

2）间接交易，是指买卖双方不直接见面和联系，而委托中间人进行股票买卖的交易方式。证券交易所中的经纪人制度，就是典型的间接交易。

（3）按照交割期限不同，分为现货交易和期货交易。

1）现货交易，是指股票买卖成交后，立即办理清算交割手续，当场钱货两清。

2）期货交易，是指股票买卖成交后，按合同中规定的价格、数量，一定时期后再办理清算交割的交易方式。

4. 股票流通市场的交易程序

股票流通市场的交易程序，是在证券交易市场买进或卖出证券的具体步骤，主要有开户、委托、竞价成交、清算和交割等，见图6-2。

图6-2　股票流通市场的交易程序

（1）开户。

投资者进行证券交易，首先要开设证券账户和资金账户。证券账户用来记载投资者所持有的证券种类、数量和相应的变动情况，资金账户则用来记载和反映投资者买卖证券的货币收付和结存数额。上交所实行全面指定交易制度，深交所实行托管券商制度。

（2）委托。

在证券交易市场，投资者买卖证券是不能直接进入交易所办理的，而必须通过证券交易所的会员来进行，即投资者需要通过经纪商的代理才能在证券交易所买卖证券。在这种情况下，投资者向经纪商下达买进或卖出证券的指令，称为“委托”。开户后，投资者就可以在证券营业部办理证券委托买卖。

在委托未成交之前，委托人有权变更和撤销委托，冻结的资金或证券及时解冻。而一旦竞价成交，成交部分不得撤单。

（3）竞价成交。

竞价成交按照一定的竞争规则进行，其核心内容是价格优先、时间优先原则。价格优先原则是在买进证券时，较高的买进价格申报优先于较低的买进价格申报；卖出证券时，较低的卖出价格申报优先于较高的卖出价格申报。时间优先原则要求当存在若干相同价格申报时，应当由最早提出该价格申报的一方成交。即同价位申报，按照申报时序决定优先顺序。

我国证券交易所有两种竞价方式，即在每日开盘前采用集合竞价方式，在开盘后的交易时间里采用连续竞价方式。

（4）清算。

清算是为了减少证券和价款的交割数量，由证券登记结算机构对每一营业日成交的证券与价款分别予以轧抵，计算证券和资金的应收或应付净额的处理过程。通过对同一证券经纪商的同一种证券的买与卖进行冲抵清算，确定应当交割的证券数量和价款数额，以便于按照“净额交收”的原则办理证券和价款的交割。

（5）交割。

交割是结算过程中，投资者与证券商之间的资金结算。沪深两市除B股外的上市交易证券（A股、基金、债券），都实行T+1交割制度。T+1制度是指当日买入的股票不能在当日卖出，资金收付与证券交割只能在成交日的下一个营业日进行，不能在当日从账户中提取现金。

三、债券市场

债券市场是发行和买卖债券的场所。债券市场是一国金融体系中不可或缺的部分。一个统一、成熟的债券市场可以为全社会的投资者和筹资者提供低风险的投融资工具；债券的收益率曲线是社会经济中一切金融商品收益水平的基准，因此债券市场也是传递中央银行货币政策的重要载体。可以说，统一、成熟的债券市场构成了一个国家金融市场的基础。

（一）债券发行市场

债券发行市场，又称一级市场、初级市场，是发行单位初次出售新债券的市场。债券发行市场的作用是将政府、金融机构以及工商企业等为筹集资金向社会发行的债券，分散发行到投资者手中。

1. 债券发行市场的主体

债券发行市场的参加者主要包括债券的发行者、投资者、中介机构和管理者。

（1）发行者，即通过发行债券形式筹措资金的企业、政府和金融机构。

（2）投资者，包括个人投资者、企业、机构投资者、政府和中央银行等。

（3）中介机构，包括承购公司、受托人、财务代理人、担保人以及律师等。

（4）管理者，在我国，对债券发行行使管理监督权的是中国人民银行，其对企业、金融机构发行债券实行集中管理和分级审批制度。企业申请发行债券，应当向中国人民银行总行或其分支机构报送各项正式文件，经中国人民银行审查批准后，企业才能发行债券，否则不得发行。

2. 债券的发行方式

（1）定向发行。

定向发行，又称为私募发行、私下发行，即面向特定投资者发行。一般由债券发行者与某些机构投资者，如人寿保险公司、养老基金、退休基金等直接洽谈发行条件和其他具体事务，属直接发行。

（2）承购包销。

承购包销，指发行者与由商业银行、证券公司等金融机构组成的承销团通过协商条件签订承购包销合同，由承销团分销拟发行债券的发行方式。

（3）招标发行。

招标发行，指通过招标方式确定债券承销商和发行条件的发行方式。按照国际惯例，根据标的物不同，招标发行可分为价格招标、收益率招标；根据中标规则不同，可分为荷兰式招标（单一价格中标）和美式招标（多种价格中标）。

3. 债券发行的价格

债券的发行价格，是指投资者认购新发行的债券实际支付的价格。债券的发行价格可以分为：平价发行，即债券的发行价格与面值相等；折价发行，即债券以低于面值的价格发行；溢价发行，即债券以高于面值的价格发行。在面值一定的情况下，调整债券的发行价格可以使投资者的实际收益率接近市场收益率的水平。债券发行的定价方式以公开招标最为典型。

4. 债券的发行运作过程

债券的发行与股票类似，不同之处主要有发行合同书和债券评级两个方面。同时，由于债券是有期限的，因而其一级市场多了一个偿还环节。

（1）发行合同书。

发行合同书也称信托契约，是说明公司债券持有人和发行债券工具公司双方权益的法律文件，由受托管理人代表债券持有人利益监督合同书中各条款的履行。债券发行合同书一般很长，其中各种限制性条款占很大篇幅。对于有限责任公司来说，一旦资不抵债而发生违约，债权人的利益会受到损害，这些限制性条款就是用来保护债权人利益的，它一般可分为否定性条款和肯定性条款。

（2）债券评级。

债券违约风险的大小与投资者的利益密切相关，也直接影响着发行者的筹资能力和成本。为了较客观地估计不同债券的违约风险，通常需要由中介机构进行评级。但评级是否具有权威性则取决于评级机构。目前最著名的两大评估机构是标准普尔公司和穆迪投资公司。

（3）债券的偿还。

债券的偿还一般可分为定期偿还和任意偿还两种方式。

定期偿还，是在经过一定宽限期后，每过半年或一年偿还一定金额的本金，到期时还清余额。这一般适用于发行数量巨大，偿还期限长的债券，但国债和金融债券一般不使用该方法。

任意偿还，是债券发行一段时间（称为保护期）后，发行人可以任意偿还债券的一部分或全部，具体操作可根据早赎或以新偿旧条款，也可在二级市场上买回予以注销。

☆ 案例链接 6-7 ☆

2016 年 9 月中国债券市场的发行和运行情况

一、债券市场发行情况

9 月份，债券市场共发行各类债券 3.0 万亿元。其中，国债发行 3 066 亿元，地方政府债券发行 2 734.6 亿元，金融债券（包括国开行金融债、政策性银行债、普通金融债、二级资本债、资本补充债和证券公司短期融资券，下同）发行 1 862.1 亿元，公司信用类债券发行 8 173.7 亿元，信贷资产支持证券发行 473 亿元，同业存单发行 1.3 万亿元。银行间债券市场共发行各类债券 2.6 万亿元。

截至 9 月末，债券市场托管余额为 60.9 万亿元。其中，国债托管余额为 11.2 万亿元，地方政府债券托管余额为 9.7 万亿元，金融债券托管余额为 15 万亿元，公司信用类债券托管余额为 17.1 万亿元，信贷资产支持证券托管余额为 5 107 亿元，同业存单托管余额为 5.9 万亿元。银行间债券市场托管余额为 54.5 万亿元。

与上年末相比，9 月末银行间债券市场公司信用类债券持有者中，商业银行持有债券占比为 28.09%，下降 6.26 个百分点，非银行金融机构占比为 11.21%，下降 0.89 个百分点，非法人机构投资者和其他类投资者的持有占比共为 60.7%，上升 7.15 个百分点。从银行间债券市场全部债券持有者结构看，9 月末，商业银行、非银行金融机构、非法人机构投资者和其他类投资者的持有占比分别为 57.34%、8.16%和 34.5%。

二、债券市场运行情况

9 月份，银行间债券市场现券成交 11.2 万亿元，日均成交 5 327.1 亿元，同比增长 32%，环比下降 10.8%。交易所债券市场现券成交 4 292.7 亿元，日均成交 186.6 亿元，同比增长 23.9%，环比下降 30.8%。9 月末，银行间债券总指数为 177.01 点，较上月末上涨 0.74 点，涨幅为 0.42%。

资料来源：中国人民银行 . 2016 年 9 月份金融市场运行情况 .（2016－10－21）［2017－03－15］. http：//www. pbc. gov. cn/goutongjiaoliu/113456/113469/3165918/index. html.

（二）债券流通市场

债券流通市场，又称二级市场、次级市场，指已发行债券买卖转让的市场。通过债券流通市场，投资者可以转让债权，把债券变现。

债券流通市场的类型包括：

（1）按照交易品种的不同，分为国债流通市场、企业债流通市场和转换债流通市场等。

1）国债流通市场，又称国债二级市场，是国债交易的第二阶段。一般是国债承销机构与认购者之间的交易，也包括国债持有者与政府或国债认购者之间的交易。它又分证券交易所交易和场外交易两类。证券交易所交易指在指定的交易所营业厅从事交易；不在交易所营业厅从事的交易即为场外交易。

2）企业债流通市场，是企业债承销机构和认购者之间交易的市场。企业债既可以在交易所债市进行交易，也可以进入银行间市场进行现券买卖和回购。

3）转换债流通市场，是可转换债券承销机构和认购者之间交易的市场。可转换债券是可转换公司债券的简称，又简称可转债。它是一种可以在特定时间、按特定条件转换为普通股票的特殊企业债券。可转换债券兼具债权和期权的特征。本质上讲，可转换债券是在发行公司债券的基础上，附加了一份期权，允许购买人在规定的时间范围内将其购买的债券转换成指定公司的股票。

（2）按照交易方式的不同，分为现货交易市场、回购交易市场和期货交易市场。

1）现货交易市场。债券现货交易，又叫现金现货交易，是债券买卖双方对债券的买卖价格均表示满意，在成交后立即办理交割，或在很短的时间内办理交割的一种交易方式。

债券现货交易基本上类似于 A 股，投资者可直接通过证券账户在深交所全国各证券经营网点买卖已经上市的各种债券品种。

2）回购交易市场。债券回购交易，是指债券持有人（正回购方，即资金融入方）在卖出一笔债券、融入资金的同时，与买方（逆回购方，即资金融出方）协议约定于某一到期日再以事先约定的价格将该笔债券购回的交易方式。

所有的国债、绝大部分企业债、公司债和分离债的纯债都可用于债券回购交易。沪深交易所每周都会公布可回购债券的折算率，上面没有但可交易的品种就是不可回购的债券。折算率简单说，就是把债券质押时，交易所按债券面值给出的可质押的比率。投资者参与债券回购交易要到证券营业部签订回购协议。

3）期货交易市场。债券期货交易，是指债券买卖成交后，买卖双方按契约规定的价格在将来的指定日期进行交割清算。进行债券期货交易，主要是为了规避风险、实现保值等，但债券期货交易也包含投机活动，风险较大。

四、基金市场

基金市场是指进行基金交易的场所，是资本市场的一部分。

（一）基金的定义

基金有广义和狭义之分。从广义上说，基金是指为了某种目的而设立的具有一定数量的资金。例如，信托投资基金、公积金、保险基金、退休基金、各种基金会的基金。狭义的基金一般是指证券投资基金，即通过发行基金份额，集中投资者的资金，由基金托管人（一般是信誉卓著的银行）托管，由基金管理人（即基金管理公司）管理和运用资金，是一种利益共存、风险共担的集合证券投资方式。人们平常所说的基金主要是指证券投资基金。

证券投资基金具有集合投资、分散风险、专家理财等特征，基金投资人享受证券投资的收益，也承担因投资亏损而产生的风险。

证券投资基金在美国称为“共同基金”，英国和中国香港特别行政区称为“单位信托基金”，日本和中国台湾地区则称“证券投资信托基金”等。

（二）投资基金的分类

根据不同标准，可以将基金划分为不同的种类。

1. 根据基金单位是否可增加、赎回，分为开放式基金和封闭式基金

开放式基金，是指基金规模不固定，基金发起人可根据市场供求情况发行新份额，基金持有人也可根据市场状况和自身投资决策增加认购份额或赎回基金份额的投资基金。开放式基金也是世界各国基金运作的基本形式之一，已成为国际基金市场的主流品种。

封闭式基金，是指基金规模在发行前已确定，在发行完毕后和规定的期限内，基金规模固定不变的投资基金。

2. 根据组织方式的不同，分为公司型基金和契约型基金

公司型基金，是指证券投资基金通过发行基金股份成立投资基金公司的形式设立。

契约型基金，是指证券投资基金由基金管理人、基金托管人和投资人三方通过基金契约设立。我国的证券投资基金均为契约型基金。

3. 根据投资目标的不同，分为成长型基金、收入型基金、平衡型基金

成长型基金，以资本长期增值为投资目标，其投资对象主要是市场中有较大升值潜力的小公司股票和一些新兴行业的股票。成长型基金通常很少分红，而是经常将投资所得的股息、红利和盈利进行再投资，以实现资本增值。

收入型基金，主要投资于可带来现金收入的有价证券，以获取当期的最大收入为目的，以追求基金当期收入为投资目标的基金，其投资对象主要是那些绩优股、债券、可转让大额存单等收入比较稳定的有价证券。

平衡型基金，是指以既要获得当期收入，又追求基金资产长期增值为投资目标，把资金分散投资于股票和债券，以保证资金的安全性和营利性的基金。通常当基金经理人不看好后市时，会增加抗跌性较强的债券投资比例；反之，当基金经理人看好后市时，则会增加较具资本利得获利机会的股票投资比例。

4. 根据投资对象的不同，分为股票型基金、债券型基金、货币型基金、指数基金、黄金基金、衍生证券基金

股票型基金，也称股票基金，指的是投资于股票市场的基金，80%以上的基金资产投资于股票的基金。

债券型基金，是指以国债、金融债等固定收益类金融工具为主要投资对象的基金，债券投资比例超过80%。

货币型基金，主要投资于债券、央行票据、回购等安全性极高的短期金融品种，又被称为“准储蓄产品”，其主要特征是“本金无忧、活期便利、定期收益、每日记收益、按月分红利”。

指数基金，是指按照某种指数构成的标准购买该指数包含的全部或者一部分证券的基金，其目的在于达到与该指数同样的收益水平，实现与市场同步成长。

黄金基金是黄金投资的衍生工具，是黄金投资共同基金的简称。黄金投资共同基金是由基金发起人组织成立，由投资人出资认购，基金管理公司负责具体的投资操作，专门以黄金或黄金类衍生交易品种作为投资媒体的一种共同基金。

衍生证券基金，是指以衍生证券为投资对象的基金，包括期货基金、期权基金、认股权证基金等。衍生证券投资基金风险大，因为衍生证券一般是高风险的投资品种。

（三）投资基金的发行

《证券投资基金法》对证券投资基金的发行主要规定如下。

1. 发售程序

基金管理人依照《证券投资基金法》发售基金份额，募集基金，应当向国务院证券监督管理机构提交法定的文件，并经国务院证券监督管理机构核准。基金募集申请经核准后，方可发售基金份额。基金管理人应当在基金份额发售的3日前公布招募说明书、基金合同及其他有关文件。

2. 证券投资基金的发售

基金管理人应当自收到核准文件之日起6个月内进行基金募集。超过6个月开始募集，原核准的事项未发生实质性变化的，应当报国务院证券监督管理机构备案；发生实质性变化的，应当向国务院证券监督管理机构重新提交申请。

基金募集不得超过国务院证券监督管理机构核准的基金募集期限。

基金募集期限届满，封闭式基金募集的基金份额总额达到核准规模的80%以上，开放式基金募集的基金份额总额超过核准的最低募集份额总额，并且基金份额持有人人数符合国务院证券监督管理机构规定的，基金管理人应当自募集期限届满之日起10日内聘请法定验资机构验资，自收到验资报告之日起10日内向国务院证券监督管理机构提交验资报告，办理基金备案手续，并予以公告。

投资人缴纳认购的基金份额的款项时，基金合同成立。基金管理人按照上述规定向国务院证券监督管理机构办理基金备案手续，基金合同生效。

（四）投资基金的运作

投资基金运作的流程如下：

（1）投资者资金汇集成基金。

（2）该基金委托投资专家——基金管理人投资运作。

1）投资者、基金管理人、基金托管人通过基金契约方式建立信托协议，确立投资者出资（并享有收益、承担风险）、基金管理人受托负责理财、基金托管人负责保管资金三者之间的信托关系。

2）基金管理人与基金托管人（主要是银行）通过托管协议确立双方的责权。

（3）基金管理人经过专业理财，将投资收益分予投资者。

在我国，基金托管人必须由合格的商业银行担任，基金管理人必须由专业的基金管理人担任。基金投资人享受证券投资基金的收益，也承担亏损的风险。

（五）投资基金的流通

1. 投资基金上市

投资基金上市是指符合证券交易所上市条件的基金，经批准在证券交易所内挂牌交易，以增强基金的流动性。

2. 基金的认购、申购和赎回

基金上市是针对封闭式基金而言的，开放式基金是通过基金单位的认购、申购和赎回来实现流通的。基金认购是指购买发行期内的开放式基金。基金申购是指申请购买发行完毕的开放式基金。基金赎回就是卖出开放式基金，即申请将手中持有的基金单位按公布的价格卖出并收回现金。赎回所得金额，是卖出基金的单位数乘以卖出当日净值。

☆ 案例链接 6-8 ☆

2016 年基金市场

首先，来看 2016 年基金市场的整体走势。2016 年年底最大的变动可能在于基金公司规模扩张的冲动，以及 FOF（基金中的基金）产品开始接受申报、深港通开通带来的基金产品发展布局。

2016 年年底基金公司增加规模的冲动较大，有渠道优势的基金公司可能会通过加快委托定制基金的承揽以及货币基金的充实，来提升行业地位。例如建信基金 11 月凭借 3 只 248 亿的巨无霸产品累计新增募集规模达到 809.98 亿元，新引入保险系股东的太平基金以 119.05 亿元位居第二。

另外，年底监管层开始接收 FOF 产品申报，部分有志于抢夺这块新市场的基金公司应会加快推进进程和市场布局。除此之外，深港通于 12 月 5 日正式启动，对三地资本市场一体化下给基金投资带来收益来源多元化、拓展有效边界、为普通投资者提供国际化配置产品均有重要的意义。

2016 年是一个政策高效推出的年份，整体上是监管趋严、去杠杆、控风险的发展方向。就基金行业而言，影响较大的主要有针对私募基金、基金中基金、分级基金和子公司规范几个方面的监管文件。

资料来源：许亚岚．2016 资本市场大事记．（2016 - 12 - 16）[2017 - 07 - 15]．http：//www.jingji.com.cn/html/news/cjzq/60023.html.

五、我国的多层次资本市场

资本市场是连接投资者与融资者的重要场所。投资者与融资者对投融资金融服务的多样化需求决定了资本市场应该是一个多层次的市场体系。

我国资本市场从 20 世纪 90 年代发展至今，由场内市场和场外市场两部分构成。其中，场内市场的主板（含中小板）、创业板（俗称“二板”）和场外市场的企业股份转让系统（俗称“新三板”）、区域性股权交易市场、证券公司主导的柜台市场共同组成了我国的多层次资本市场体系，见图 6 - 3。

（一）主板市场

主板市场也称为一板市场，指传统意义上的证券市场（通常指股票市场），是一个国家或地区证券发行、上市及交易的主要场所。我国的主板市场一般是指为在沪深交易所上市的公司筹集资金的市场，包括中小企业板。

中小板块即中小企业板，是指流通盘大约在 1 亿元以下的创业板块，是相对于主板市场而言的，有些企业的条件达不到主板市场的要求，所以只能在中小板市场上市。中小板市场是创业板的一种过渡，在中国的中小板市场上，市场代码是以“002”开头的。

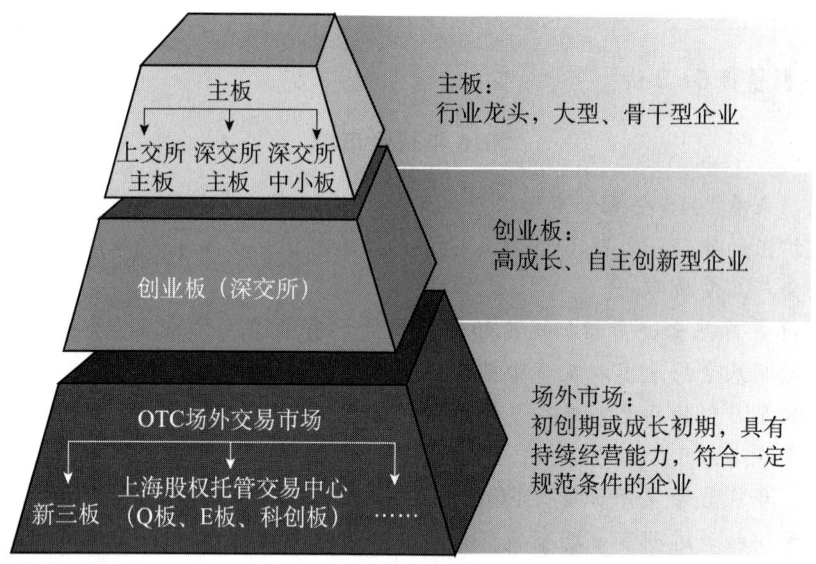

图 6-3　中国多层次资本市场体系图

（二）创业板

创业板又称二板市场，即第二股票交易市场，是与主板市场不同的一类证券市场，专为暂时无法在主板上市的创业型企业、中小企业和高科技产业企业等需要进行融资和发展的企业提供融资途径和成长空间的证券交易市场，是对主板市场的重要补充，在资本市场有着重要的位置。在中国的创业板市场上，市场代码是以“300”开头的。

（三）新三板

全国中小企业股份转让系统俗称“新三板”，是经国务院批准设立的全国性证券交易场所，全国中小企业股份转让系统有限责任公司为其运营管理机构。

全国中小企业股份转让系统挂牌公司，即注册地在境内、股票在全国中小企业股份转让系统挂牌交易的股份有限公司。

目前，全国中小企业股份转让系统挂牌公司的转让类型包括协议、做市两种。

（四）区域性股权交易市场

区域性股权交易市场又称区域股权市场、第四板市场，是为特定区域内的企业提供股权、债券的转让和融资服务的私募市场，是我国多层次资本市场的重要组成部分，亦是中国多层次资本市场建设中必不可少的部分。对于促进企业特别是中小微企业股权交易和融资，鼓励科技创新和激活民间资本，加强对实体经济薄弱环节的支持，具有积极作用。

（五）券商柜台市场

“券商”，即经营证券交易的公司，或称证券公司。柜台市场（OTC）又称场外交易市场、店头交易市场，指在证券交易所以外进行证券交易的广泛市场。

券商柜台市场，即证券公司在证券交易所以外进行证券交易的市场。它没有固定的场所，其交易主要利用电话进行，交易的证券以不在交易所上市的证券为主。券商柜台市场在不同的发展阶段呈现出不同的形式特征。但从本质上看，券商柜台市场是一种由证券交易商组织的、实行买入卖出制的市场组织形式。

任务四　认识外汇市场和黄金市场

一、外汇市场

（一）外汇市场的概念

外汇市场是进行外汇买卖的交易场所，它是由外汇需求者、外汇供给者及买卖中介机构组成的外汇买卖场所或网络。外汇市场有狭义和广义之分。

狭义的外汇市场是指银行间的外汇交易市场，包括同一市场各银行间的外汇交易、不同市场各银行间的外汇交易、中央银行与外汇银行之间以及各国中央银行之间的外汇交易活动。

广义的外汇市场是指由各国中央银行、外汇银行、外汇经纪人及客户组成的外汇买卖、经营活动的总和。

外汇市场的交易包括两种类型：一类是本币与外币之间的相互买卖；另一类是不同币种的外汇之间的相互买卖。

外汇市场上的交易可以分为三个层次，即银行与顾客之间、银行同业之间、银行与中央银行之间的外汇交易。

外汇市场是一个 24 小时不停止的连续不断的交易市场，外汇市场最佳交易的时间在两大外汇交易地区重叠交易时段：如亚洲和欧洲市场重叠（北京时间 15:00—16:00 左右），欧洲和北美洲市场重叠（北京时间 20:00—24:00 左右）的交易时段市场最活跃。

目前，世界上有 30 多个主要的外汇市场，它们遍布于世界各大洲的不同国家和地区。其中，最重要的有伦敦、纽约、东京、新加坡、法兰克福、苏黎世、香港、巴黎、洛杉矶、悉尼等。

（二）外汇市场的构成

外汇市场由主体和客体构成。外汇市场的客体即外汇市场的交易对象，主要是各种可自由交换的外国货币、外币有价证券及支付凭证等。外汇市场的主体即外汇市场的参加者，主要包括外汇银行、中央银行以及外汇交易商、外汇经纪人、参与外汇交易的公司和个人以及外汇投机者等。

（三）外汇市场的交易方式

1. 即期外汇交易

即期外汇交易，又称现货交易、现汇交易，是指外汇买卖成交后，交易双方在两个营业日内办理交割的外汇交易。所谓交割就是买卖双方进行外汇的实际收付以完成外汇交易的行为。即期外汇交易是外汇市场上最常用的一种交易方式。

2. 远期外汇交易

远期外汇交易，又称期汇交易，是指外汇买卖成交后，交易双方根据合同规定的币种、汇率和金额，按约定的期限（一般在成交日后的 3 个营业日后）办理交割的外汇交易。

3. 套汇交易

套汇交易是利用不同外汇市场、某些货币在汇率上的差异，在汇率低的市场买进，在汇率高的市场卖出，从中赚取差价利润的外汇交易。套汇分直接套汇（又称两角套汇或两地套汇）和间接套汇（三地套汇或多角套汇）。

4. 套利业务

套利业务是指利用不同国家或地区市场上短期利率的差异，把资金从利率低的国家转移到利率高的国家以赚取利差收益的外汇交易。

5. 掉期交易

掉期交易是将远期外汇交易与即期外汇交易结合起来的一种交易方式，即在买进（或卖出）现汇的同时，卖出（或买进）远期外汇的交易。其买卖外汇的种类、数量相同，买卖方向相反，其作用是套期保值。适用于有反转的外汇交易活动。

6. 外汇期权交易

外汇期权交易是买者向外汇卖方支付一笔保险费（又称期权费），从而取得按双方约定的时间、汇率、数量，买（卖）某种外汇权利所进行的交易活动，是一种外汇选择权的买卖活动。

7. 套期保值

套期保值是为了对预期的外汇收入（或支出），外汇资产（或负债）保值而进行的远期交易。也就是在有预期外汇收入或外币资产时，卖出一笔金额相等的同一外币的远期业务；或者在有预期外汇支出或外币债务时，买入一笔金额相等的同一外币的远期业务，以回避汇率变动风险，达到外汇保值目的的交易活动。

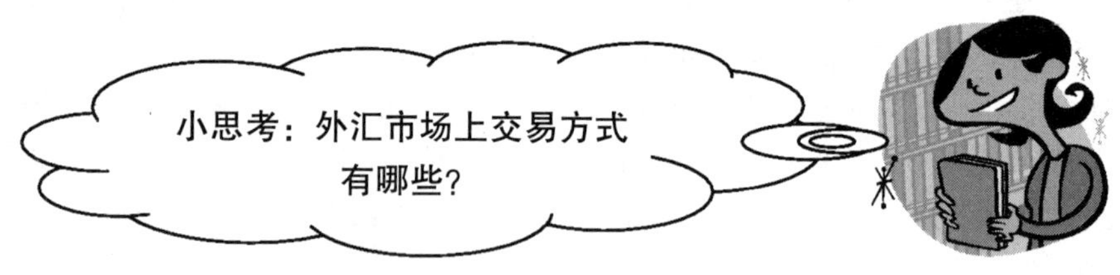

（四）我国外汇市场的分类

目前，我国境内外汇市场按交易主体的不同区分为银行间外汇市场和银行柜台外汇市场。

1. 银行间外汇市场

银行间外汇市场是指经国家外汇管理局批准，可以经营外汇业务的境内金融机构（包括银行、非银行金融机构和外资金融机构）之间，通过中国外汇交易中心进行人民币与外币之间的交易市场。我国银行间外汇市场管理的具体内容，见表 6-1。

表 6-1　　我国银行间外汇市场管理内容一览表

序号	项目	具体内容	
1	管理方式	会员制管理	
2	交易系统	中国外汇交易中心的电子交易系统	
3	交易时间	每个交易日的 9 点 30 分至 16 点 30 分	
4	交易品种	即期外汇市场	境内银行间即期外汇市场是指在成交后第二个营业日交割的外汇市场，是外汇市场中最传统、最基本的交易形式
		外汇衍生品市场	包括外汇远期市场、外汇掉期市场、货币掉期市场和外汇期权市场

续前表

序号	项目	具体内容	
5	交易币种	目前我国银行间外汇市场挂牌交易货币有人民币对美元、欧元、日元、港币、英镑、澳元、加元、林吉特和卢布等9个，其中人民币对美元、林吉特、卢布、日元和澳元5个货币为直接交易	
6	交易方式	外汇即期交易	竞价交易和询价交易方式
		外汇衍生品交易	询价交易方式
7	清算制度	人民币对外汇即期竞价交易	集中净额清算方式（指交易达成后，第三方作为中央清算对手方，对同一清算日的交易按币种进行轧差，根据轧差后的应收或应付资金分别向交易双方独立进行资金清算）
		人民币对外汇即期询价交易	双边清算和集中净额清算方式
		外汇衍生品交易	双边清算方式（指交易达成后，由交易双方按交易要素直接进行资金清算）
8	市场结构	多层次的做市商制度	目前我国银行间外汇市场按交易产品分别核准了各细分市场做市商，即期外汇市场还推出了尝试做市商业务，以完善做市商优胜劣汰考核机制，增强做市商做市积极性

2. 银行柜台外汇市场

银行柜台外汇市场是指经外汇管理部门批准经营结汇、售汇业务的外汇指定银行为客户办理人民币与其他货币之间兑换业务的市场。银行柜台外汇市场对客户挂牌汇率实行浮动区间管理。

银行开展对客户结售汇业务以及银行间外汇交易形成的人民币和外币的头寸应满足外汇管理部门设定的结售汇综合头寸限额要求。

二、黄金市场

（一）黄金市场的概念

黄金市场是金融市场的重要组成部分，是集中进行黄金买卖的交易场所。黄金兼具金融和商品两种属性，发展黄金市场，有利于发挥黄金不同于其他金融资产的独特作用，形成与其他金融市场互补协调发展的局面。

一般来说，黄金市场的建立和发展需要具备一定的条件，如发达的经济条件和完善的信用制度；实行自由外汇制度，允许黄金自由买卖和出入；有健全的法制环境、稳定的政治经济环境；良好的软硬件环境、交通便利、基础设施完善；等等。

从地理位置上来看，世界黄金市场主要分布在欧洲、亚洲和北美三个地区。欧洲以伦敦、苏黎世黄金市场为代表；亚洲以中国香港和东京为代表；北美则以纽约、芝加哥为代表。各大黄金市场在时间上形成东京、中国香港、伦敦、纽约（芝加哥）24小时连续不间断的黄金交易。

我国黄金市场包括上海黄金交易所黄金业务、商业银行黄金业务和上海期货交易所黄金期货业务。

（二）黄金市场的参加者

世界黄金市场作为卖方出现的参加者主要有：产金国生产黄金的企业；拥有黄金需

要出售的集团或个人；为解决外汇短缺和支付困难的各国中央银行；预测金价下跌做“空头”的投机商等。

作为买方出现的参加者主要有：为增加官方储备的各国中央银行；为投机或投资的购买者；预测金价上涨做“多头”的投机商；以黄金作为工业用途的工商企业等。此外，一些国际金融机构，如国际清算银行和国际货币基金组织等也参与黄金市场的买卖活动。

（三）黄金市场交易的品种

国际黄金市场主要的交易品种有下述几种。

1. 实物黄金

在国际黄金市场上买卖的实物黄金形式多种多样，主要有各种成色和重量的金条、金币、金丝和金叶等，其中最重要的是金条。大金条量重价高，是专业金商和中央银行买卖的对象；小金条量轻价低，是私人和企业买卖、收藏的对象。金价按纯金的重量计算，即以金条的重量乘以金条的成色。

2. 标准化的场内衍生产品

（1）黄金期货。就是黄金标准化合约的买卖，购买和销售者都在合同到期日前，出售和购回与先前合同相同数量的合约而平仓，无须真正交割实金。

（2）黄金期权。指在确定的日期或该日期之前，持有人所享有的依照事先约定的价格买入或卖出标的物的权利。

（3）黄金 ETF。交易所交易黄金基金，是以现货黄金为基础资产的衍生投资工具，可以在证券交易所内交易。

3. 非标准化的场外衍生产品

（1）黄金借贷。

（2）黄金凭证。类似我国的“纸黄金”。

（3）黄金投资基金。专门从事黄金实物和相关权益凭证的投资基金。

（4）黄金远期类产品。包括黄金远期、黄金掉期（互换）、远期利率协议等。

（5）伦敦金。伦敦黄金市场一种独特的场外交易模式，是以现货交易为基础，具有杠杆机制的延迟交割产品。

（6）结构化产品。由全球最大的金商和投资银行提供的黄金关联债券和结构化票据。

导入案例启示

从 2016 年 9 月份金融市场运行情况来看，2016 年前三季度，我国金融市场总体运行平稳。

金融市场稳定、经济持续发展是关系世界各国和各国人民福祉的大事，世界各国政府都应承担应尽的责任和义务，实施有利于本国和世界经济金融稳定和发展的宏观经济政策，积极稳定自身和国际金融市场，维护投资者利益。

但是2016年第三季度，国际金融市场风险险恶程度进一步加大，尤其是舆论引导的预期心理期待加大，风向反转较为突出。其中包括石油和黄金商品价格的调转，美元与主要篮子货币的非常波动等，金融心理与技术不良因素扩散性转移态势扰乱未来经济前景预测的艰难与困顿。尤其是美联储加息的时机风险、欧洲大陆的资产风险以及资源配置的取向风险较为显著，并且导致主要价格连接环节的不确定性继续放大。

在世界经济和国际金融市场面临严重挑战之际，我国应和世界各国加强合作，共同努力，为维护国际金融稳定、促进世界经济发展做出应有的贡献。

项目小结

金融市场是指资金供求双方进行货币资金融通和金融工具交易的场所。

广义的金融市场是指金融机构与客户之间、各金融机构之间、客户与客户之间所有以资金商品为交易工具的金融交易，包括存款、贷款、信托、租赁、保险、股票、票据质押与贴现、外汇、债券、期货交易等全部金融活动。

狭义的金融市场是指以票据和有价证券为交易工具的市场。通常所说的金融市场主要是指狭义的金融市场。

金融市场的功能包括积累功能、配置功能、调节功能、反映功能。

金融市场的构成要素包括金融市场的主体、客体、媒介、价格及组织方式。

货币市场是指期限在1年以内、以短期金融工具为媒介进行资金融通和借贷的市场，是1年期以内的短期融资工具交易所形成的供求关系及其运行机制的总和。

货币市场具有期限短；流动性强；参与者以机构为主；客户数量少，单笔交易金额大，交易频繁；以无形市场为主等特点。货币市场主要包括同业拆借市场、回购市场、票据市场、大额可转让定期存单市场等。

资本市场是指以长期金融工具为媒介进行的、期限在1年以上的长期资金融通市场。

资本市场具有融资期限长；流动性相对较差；风险大而收益较高等特点。资本市场主要包括股票市场、债券市场、基金市场等。

我国资本市场由场内市场和场外市场两部分构成。场内市场包括主板（含中小板）、创业板（俗称“二板”）；场外市场由企业股份转让系统（俗称“新三板”）、区域性股权交易市场、证券公司主导的柜台市场共同组成。

外汇市场是进行外汇买卖的交易场所，它是由外汇需求者、外汇供给者及买卖中介机构组成的外汇买卖场所或网络。

狭义的外汇市场是指银行间的外汇交易市场，包括同一市场各银行间的外汇交易、不同市场各银行间的外汇交易、中央银行与外汇银行之间以及各国中央银行之间的外汇交易活动。

广义的外汇市场是指由各国中央银行、外汇银行、外汇经纪人及客户组成的外汇买卖、经营活动的总和。

我国境内外汇市场按交易主体的不同区分为银行间外汇市场和银行柜台外汇市场。

黄金市场是金融市场的重要组成部分，是集中进行黄金买卖的交易场所。我国黄金市场包括上海黄金交易所黄金业务、商业银行黄金业务和上海期货交易所黄金期货业务。

同步训练

☆ 知识训练 ☆

一、总结本项目知识体系，并画出框架图。

二、知识闯关

1. 名词解释

金融市场、货币市场、同业拆借市场、回购市场、票据市场、大额可转让定期存单市场、资本市场、股票市场、债券市场、基金市场、外汇市场、黄金市场

2. 选择题（包括单项选择题和多项选择题）

(1) 金融市场历来被称为国民经济的“晴雨表”和“气象台”，是公认的国民经济信号系统，这是金融市场的（　　）写照。

A. 积累功能　　B. 配置功能　　C. 调节功能　　D. 反映功能

(2) 金融市场按（　　）划分，可分为货币市场、资本市场、外汇市场、金融衍生品市场、保险市场、黄金市场等。

A. 金融工具流通特征　　B. 金融工具发行特征

C. 交易标的物的不同　　D. 金融交易是否存在固定场所

(3) 下列（　　）属于间接融资。

A. 商业信用　　B. 发行股票　　C. 发行债券　　D. 银行贷款

(4) 货币市场包括（　　）。

A. 票据市场　　B. 同业拆借市场　　C. 股票市场　　D. 回购市场

(5) 下面属于资本市场金融工具的有（　　）。

A. 国库券　　B. 股票　　C. 债券　　D. 大额可转让存单

E. 基金

(6) 根据我国《公司法》和《证券法》的规定，股票发行价格可以有（　　）等形式。

A. 平价　　B. 折价　　C. 溢价　　D. 询价　　E. 竞价

(7) 证券投资基金具有（　　）等特征。

A. 集合投资　　B. 投资门槛较高　　C. 分散风险

D. 专家理财　　E. 投资期限固定

3. 简答题

(1) 简述金融市场的功能。

(2) 简述货币市场的特点及构成。

(3) 简述资本市场的特点及构成。

(4) 简述我国多层次资本市场体系的构成。

(5) 外汇市场的交易方式有哪些?

三、讨论：投资债券基金会赔吗?

☆技能训练☆

一、调研我国现行的股票、债券市场情况，收集资料，制作PPT并演示汇报。

二、生活中的案例分析

广州弘亚数控机械股份有限公司将于2016年12月19日首次公开发行不超过3 336万股人民币普通股（A股）的申请已获中国证券监督管理委员会证监许可〔2016〕2753号文核准。本次发行的股票拟在深圳证券交易所（以下简称“深交所”）中小企业板上市。

请分析：

1. 股票市场属于哪类金融市场?

2. 广州弘亚数控机械股份有限公司是在主板上市吗?

3. 我国多层次资本市场体系由哪些市场构成?

项目七

货币政策

【名人名言】

稳定经济的任务，要求我们能够控制住经济，使之不至于偏离持续高就业之路太远。就业率过高将导致通货膨胀，而过低又意味着衰退。灵活审慎的财政政策和货币政策，能够帮助我们在这两条路中间穿过一条“狭窄的通道”。

——约翰·肯尼迪（美国前总统）

【学习目标】

知识目标

◇ 了解货币政策的含义。

◇ 掌握货币政策的最终目标，了解货币政策的中介目标和操作目标。

◇ 掌握货币政策工具的定义及类型。

◇ 熟悉货币政策的传导机制及影响政策效果的因素。

技能目标

◇ 能够识别货币政策工具的类型。

◇ 能够分析解释货币政策工具实施的作用。

货币政策由松紧适度转向灵活适度

中央经济工作会议2015年12月18日至21日在北京举行，会议对2016年的经济工作做出总体部署。会议强调“积极的财政政策要加大力度”和“稳健的货币政策要灵活适度”，如图7-1所示。

图7-1　2015年的财政政策和货币政策

注：图片由新华社记者马研编制。

会议明确，宏观政策要稳，就是要为结构性改革营造稳定的宏观经济环境。积极的财政政策要加大力度，实行减税政策，阶段性提高财政赤字率，在适当增加必要的财政支出和政府投资的同时，主要用于弥补降税带来的财政减收，保障政府应该承担的支出责任。稳健的货币政策要灵活适度，为结构性改革营造适宜的货币金融环境，降低融资成本，保持流动性合理充裕和社会融资总量适度增长，扩大直接融资比重，优化信贷结构，完善汇率形成机制。

清华大学中国与世界经济研究中心研究员冯煦明指出，财政政策延续了去年的定调，即积极的财政政策要加大力度。两条主线：一是“减收”，二是“增支”。

“减收”的主要思路是结构性减税：一是针对中小企业、特殊行业的减税、减费；二是在营改增的过程中减税，取决于金融业、建筑业、房地产业和生活服务业四大行业营改增改革的进展情况。

“增支”就涉及扩大赤字规模。2015 年的预算赤字率是 2.3%，2016 年会提高到 2.5%～2.8%。

除了常规性的财政政策之外，积极更有力度的财政政策还将依赖于“准财政”行为，例如地方政府债务置换、发行专项建设债等。

对于货币政策方面，冯煦明认为，这次中央经济工作会议也基本延续了去年的定调，即稳健的货币政策要灵活适度。在三期（增长速度换挡期；结构调整阵痛期；前期刺激政策消化期）叠加的特殊背景下，货币政策既要通过降准、降息等常规工具保持适度充裕的流动性和社会融资规模，为稳增长创造条件；也要在货币政策传导机制出现障碍的地方及时灵活运用结构性工具因势利导，加强货币政策与财政政策的配合，促进经济结构调整、促进总供给和总需求的再匹配。

资料来源：马常艳．货币政策由松紧适度转向灵活适度．(2015－12－22)［2017－08－11］．http：//www.jjckb.cn/2015－12/22/c_134939641.htm.

小组讨论

什么是货币政策？

货币政策的目标是什么？

货币政策工具有哪些？

任务一　明确货币政策目标

一、货币政策的含义

货币政策是指政府或中央银行运用货币政策工具，调节货币供求以实现宏观经济调控目标的策略和方针的总称。

货币政策要素包括：

（1）货币政策的目标；

（2）为实现货币政策目标而运用的货币政策工具；

（3）货币政策传导机制。

货币政策主要由中央银行执行，它影响货币供给。中央银行通常通过法定存款准备金率、再贴现率、公开市场业务等货币政策工具调控货币供应量，影响利息率及经济中的信贷供应程度来间接影响总需求，从而实现发展经济、稳定货币等政策目标。

中央银行运用货币政策所采取的主要措施包括以下八个方面：

第一，控制货币发行。

第二，控制和调节对政府的贷款。

第三，推行公开市场业务。

第四，改变存款准备金率。

第五，调整再贴现率。

第六，选择性信用管制。

第七，直接信用管制。

第八，常备借贷便利。

货币政策分为扩张性货币政策和紧缩性货币政策两种。

扩张性货币政策是指通过提高货币供应增长速度来刺激总需求，在这种政策下，取得信贷更为容易，利息率会降低。因此，当总需求与经济的生产能力相比很低时，使用扩张性的货币政策最合适。具体做法有：降低法定存款准备金率，降低再贴现率，在公开市场上购进有价证券等。除以上措施外，中央银行也可以通过“道义劝告”等方式来影响商业银行及其他金融机构增加放款，以增加货币供应量。

紧缩性货币政策是指央行通过削减货币供给的增长来降低社会总需求水平。即当总需求大于总供给，经济增长过热，形成通货膨胀的压力时，中央银行通过紧缩银根，减少货币供应量，以抑制总需求的膨胀势头。具体做法有：提高法定存款准备金率，提高再贴现率，在公开市场上抛售政府债券等。

货币政策是政府重要的宏观经济政策，货币政策应与财政政策、投资政策、分配政策和外资政策等政策协调使用，形成合力，共同解决宏观经济运行存在的矛盾和问题。

☆ **知识链接 7－1** ☆

财政政策和货币政策的区别与联系

1. 财政政策与货币政策的区别

两者在调控对象、执行部门等方面是不同的。

（1）含义不同。财政政策是指国家通过财政收入和财政支出调节社会总需求和总供给，以实现社会经济目标的具体措施；货币政策是指一国中央银行（货币当局）为实现一定的宏观经济目标，对货币供应量和信贷量进行调节和控制所采取的指导方针及其相应的政策措施。

（2）内容不同。财政政策包括财政收入和财政支出的政策，如税率、发行国库券、国家规定按较高的保护价收购粮食、政府对公共工程或商品与劳务投资的多少等；货币政策由信贷政策、利率政策和汇率政策等构成。

(3) 政策制定者不同。财政政策是由国家制定的，必须经全国人大或常委会通过；而货币政策则是由中央银行在国务院领导下直接制定的。

2. 财政政策与货币政策的联系

(1) 二者都是国家为实现宏观经济目标而采取的经济政策，都是国家宏观调控的重要的经济手段。

(2) 在一般条件下，财政政策与货币政策总是相互配合着对经济起调节作用的。由于财政政策与货币政策对经济生活的作用各有其特点，在经济严重萧条、货币政策收效不明显的情况下，财政政策则显得比较有力。例如，实行积极的财政政策，增发国债，增加财政支出，扩大财政赤字，支持大规模的公共工程建设，本身可以吸引一部分失业人员就业，又可以带动相关部门的发展；在抑制经济过热方面则相反。因为税法的改变需要时间，如果采取增加税收等财政政策，就会使财政政策不可能具备货币政策所具有的灵活性和及时性。

二、货币政策的最终目标

货币政策的最终目标，指中央银行组织和调节货币流通的出发点和归宿，它反映了社会经济对货币政策的客观要求。

(一) 货币政策的四个最终目标

货币政策的最终目标，一般有四个：稳定物价、充分就业、经济增长和平衡国际收支等。但需指出的是我国的货币政策最终目标不同，《中华人民共和国中国人民银行法》第 3 条规定，中国人民银行的“货币政策目标是保持货币币值的稳定，并以此促进经济增长”。

1. 稳定物价

稳定物价目标是中央银行货币政策的首要目标，而物价稳定的实质是稳定币值。所谓币值，原指单位货币的含金量，在现代信用货币流通条件下，衡量币值稳定与否，已经不再是根据单位货币的含金量，而是根据单位货币的购买力，即在一定条件下单位货币购买商品的能力。它通常以一揽子商品的物价指数，或综合物价指数来表示。目前各国政府和经济学家通常采用综合物价指数来衡量币值是否稳定。物价指数上升，表示货币贬值；物价指数下降，则表示货币升值。

2. 充分就业

充分就业目标是指除了摩擦性失业和自愿性失业以外，所有愿意参加工作的人都能按他们愿意接受的工资找到职业的一种状况。充分就业并不是指百分百就业，一般认为4%～6%的失业率为正常。

摩擦性失业是指因季节性或技术性原因而引起的失业，即由于经济在调整过程中，或者由于资源配置比例失调等原因，使一些人需要在不同的工作中转移，使一些人等待转业而产生的失业现象。

自愿性失业是指工作者所要求得到的实际工资超过了其边际生产率，或在现行的工作条件能够就业、但不愿接受此工作条件而未被雇佣所造成的失业。

失业率的大小，也就代表了社会的充分就业程度。失业率越高，对社会经济增长越不利。因此，各国都力图把失业率降到最低的水平，以实现其经济增长的目标。

3. 经济增长

经济增长目标是指国内生产总值的增长必须保持合理的和较高的速度。中央银行以经济增长为目标，指的是中央银行在接受既定目标的前提下，通过其所能操纵的工具对资源的运用加以组合和协调。一般地说，中央银行可以用增加货币供给或降低实际利率水平的办法来促进投资增加；或者通过控制通货膨胀率，以消除其所产生的不确定性和预期效应对投资的影响。

☆ 案例链接 7-1 ☆

前三季度国内生产总值 529 971 亿元　同比增长 6.7%

中新网 10 月 19 日电：国务院新闻办公室今日举行新闻发布会，国家统计局新闻发言人、国民经济综合统计司司长盛来运介绍 2016 年前三季度国民经济运行情况。初步核算，前三季度国内生产总值 529 971 亿元，按可比价格计算，同比增长 6.7%。

分季度看，一季度同比增长 6.7%，二季度增长 6.7%，三季度增长 6.7%。分产业看，第一产业增加值 40 666 亿元，同比增长 3.5%，第二产业增加值 209 415 亿元，增长 6.1%；第三产业增加值 279 890 亿元，增长 7.6%。从环比看，三季度国内生产总值增长 1.8%。

资料来源：新华网．统计局：前三季度国内生产总值 529 971 亿元　同比增长 6.7%.（2016-10-19）[2017-06-11]．http：//www.xinhuanet.com/live/2016-10/19/c_1119746526.htm.

4. 平衡国际收支

平衡国际收支目标是指采取各种措施纠正国际收支差额，使其趋于平衡。因为一国国际收支出现失衡，无论是顺差还是逆差，都会对本国经济造成不利影响，长时期的巨额逆差会使本国外汇储备急剧下降，并承受沉重的债务和利息负担；而长时期的巨额顺差，又会造成本国资源使用上的浪费，使一部分外汇闲置，特别是如果因大量购进外汇而增发本国货币，则可能引起或加剧国内通货膨胀。相比之下，逆差的危害尤甚，因此各国调节国际收支失衡一般着力于减少以致消除逆差。

小思考：我国货币政策的最终目标是什么？

（二）货币政策最终目标之间的关系

在实际经济运行中，货币政策的四个最终目标之间存在矛盾性，一个目标的实现同时会制约着另一个目标的实现，甚至造成相反的结果。政策目标之间的矛盾性主要表现在以下四个方面。

1. 充分就业与稳定物价之间的矛盾

充分就业与物价稳定之间的矛盾体现在菲利普斯曲线，即充分就业（失业率低）时货币工资率增长超过劳动生产率，引起成本推动的通货膨胀。另外在实际决策中，要维持充分就业就必须采取扩展性财政与货币政策，也必然会引起通货膨胀。由此可见，充分就业以通货膨胀为代价，物价稳定以存在失业为代价，难以两全其美。

2. 经济增长与稳定物价之间的矛盾

经济增长与物价稳定之间也存在矛盾。当资源充分利用时，或某种资源处于整个经济“瓶颈”时，经济增长就会使生产要素价格上升，从而导致通货膨胀。

3. 国际收支平衡与充分就业、稳定物价之间的矛盾

国际收支平衡与充分就业、稳定物价之间也存在矛盾。国内充分就业情况下，工资与收入水平上升，就会引起对商品需求增长和短期资本输出增加，从而使国际收支恶化。国际收支状况改善使外汇增加，国内货币量增加，从而不利于稳定物价。同时，消除失业的扩张性政策和制止通货膨胀的紧缩性政策都会破坏原来的外在均衡，前者，国际收支赤字增加；后者，国际收支盈余增加。

4. 充分就业与经济增长之间的一致性

充分就业与经济增长之间的一致性是较大的，但它们之间也并非没有矛盾。现代社会中，经济增长以技术进步为前提，而技术进步采取资本密集型生产方式，又会引起技术性失业；再者，经济增长率越提高、经济结构的变动越大，造成结构性失业的可能性也越大。

（三）货币政策最终目标的选择

政府在制定经济目标和经济政策时应做整体上的宏观考虑和安排。国家一般以整个社会福利最大化为宗旨。

货币政策的四个最终目标从长期看是统一的，在短期内又存在着冲突，在实际经济运行中，既要达到合理的经济增长率，较低的失业水平，又要稳定物价，保持国际收支平衡，四者兼顾是非常困难的。因此，在制定货币政策时，政府及货币当局所面临的任务是如何权衡各目标对当前形势的轻重，在这些相互冲突的目标中做出最适当的选择，根据不同时期的经济发展状况和发展要求选择一个或几个目标作为货币政策的最终目标。

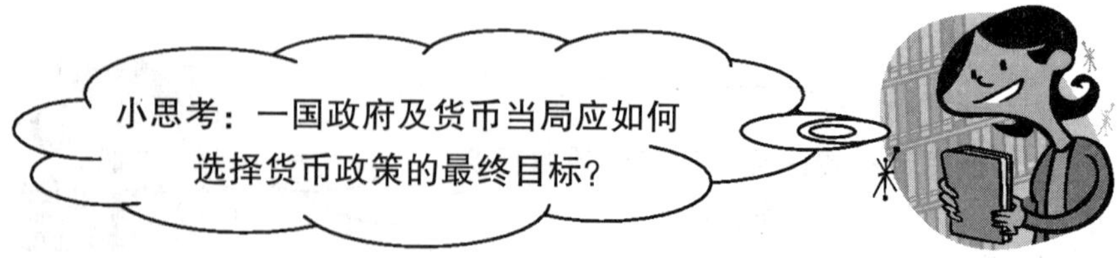

三、货币政策的中介目标和操作目标

(一) 货币政策的中介目标

货币政策的中介目标是指为实现货币政策的最终目标而选定的便于调控，具有传导性的金融变量。由于货币政策的最终目标并不在中央银行的直接控制之下，为了实现最终目标，央行必须选择与最终目标关系密切，可以直接调控，并在短期内可以度量的金融指标作为中介性指标，以实现对最终目标的调节和控制。

货币政策中介目标是连接货币政策最终目标与政策工具操作的中介环节，也是实施货币政策的关键步骤。中介目标的选取必须符合以下三个标准：

(1) 可测性，指中央银行能够迅速获得中介目标相关指标变化状况和准确的数据资料，并能够对这些数据进行有效分析和做出相应判断。

(2) 可控性，指中央银行通过各种货币政策工具的运用，能对中介目标变量进行有效的控制，能在较短时间内（如 1～3 个月）控制中介目标变量的变动状况及变动趋势。

(3) 相关性，指中央银行所选择的中介目标，必须与货币政策最终目标有密切的关系，中央银行运用货币政策工具对中介目标进行调控，能够促使货币政策最终目标的实现。

可以作为中介目标的金融指标主要有：长期利率、货币供应量和贷款量。现阶段我国货币政策的中介目标是货币供应量。

1. 长期利率

长期利率能够作为中央银行货币政策的中介目标，是因为：

(1) 利率不但能够反映货币与信用的供给状态，而且能够表现供给与需求的相对变化。利率水平趋高被认为是银根紧缩，利率水平趋低则被认为是银根松弛。

(2) 利率属于中央银行影响可及的范围，中央银行能够运用政策工具设法提高或降低利率。

(3) 利率资料易于获得并能够经常汇集。

但是，利率目标也存在以下不足：

(1) 中央银行所能控制的是名义利率，而对经济有实质影响的是实际利率。

(2) 利率对经济的作用力度还受货币需求的利率弹性大小的影响。

2. 货币供应量

以弗里德曼为代表的现代货币数量论者认为宜以货币供应量或其变动率为主要中介目标。他们的主要理由是：

(1) 货币供应量的变动能直接影响经济活动。

(2) 货币供应量及其增减变动能够为中央银行所直接控制。

(3) 与货币政策联系最为直接。货币供应量增加，表示货币政策松弛；反之，则表示货币政策紧缩。

(4) 货币供应量作为指标不易将政策性效果与非政策性效果相混淆，因而具有准确性的优点。

☆ 案例链接7-2 ☆

我国货币供应量首次突破100万亿　10年翻6倍

央行2013年4月11日发布的统计数据显示，3月份新增贷款1.06万亿元。同时，3月末，中国货币供应量余额103.61万亿元，同比增长15.7%，首次突破100万亿元大关。据媒体报道，截至2012年底，我国货币供应量余额为97.42万亿元，是美国的1.5倍，美国当时的货币供应量为64.71万亿元。

从2002年初的16万亿元，到如今超过100万亿元，十多年里我国货币供应量增长超过6倍，货币是否超发再引争议。

财经专栏作家余丰慧曾撰文指出，如果货币总量的扩张节奏跟随实体经济同步变化，即M2与GDP之比大致维持在1.5倍的水平，那么目前75万亿元的货币总量就完全足够，但现在货币总量已远远高出。货币超发冲击物价、推高房价，最大的受害者是国内消费者。

作为中国过去十年钱袋子的管家，央行行长周小川近期表示，在通货膨胀处于可控范围的前提下，M2增长速度与名义GDP增长速度相匹配或略高一些。2012年，我国名义GDP是2002年的4.5倍，M2余额是2002年的5倍。这还包括在应对国际金融危机冲击期间，由于实施适度宽松的货币政策而扩大的货币供应量。对于2008年为刺激经济而大量投放货币的情况，周小川表示，宏观经济政策历来有利有弊，货币政策、财政政策都是如此，不能只想在危机时尽快复苏，复苏成功了以后又不愿意承担由其产生的成本，这是不现实的。

资料来源：腾讯财经．我国货币供应量首次突破100万亿　10年翻6倍．(2013-04-13)[2017-09-11]．http://www.zwbk.org/MyLemmaShow.aspx? lid=285916.

以货币供应量作为中介目标是各国最普遍的一种选择，因为它是较为理想的中介指标。但以货币供应量为指标也有以下几个问题需要考虑：

(1) 中央银行对货币供应量的控制能力。货币供应量的变动主要取决于基础货币的改变，但还要受其他种种非政策性因素的影响，如现金漏损率、商业银行超额准备比率、定期存款比率等非中央银行所能完全控制的因素。

(2) 货币供应量传导的时滞问题。中央银行通过变动准备金以期达到一定的货币量变动率，但此间却存在着较长的时滞。

(3) 货币供应量与最终目标的关系。

3. 贷款量

以贷款量作为中介目标，其优点是：

(1) 与最终目标有密切相关性。流通中现金与存款货币均由贷款引起，中央银行控制了贷款规模，也就控制了货币供应量。

(2) 准确性较强，作为内生变数，贷款规模与需求有正值相关；作为政策变数，贷款规模与需求也是正值相关。

(3) 数据容易获得，因而也具有可测性。

以贷款量作为中介目标在具体实施中各国情况也有差异。政府对贷款控制较严的国家，通过颁布一系列关于商业银行贷款的政策及种种限制，自然便于中央银行控制贷款规模；反之则不然。以贷款量的指标，各国采用的计量口径也不一致，有的用贷款余额，有的则用贷款增量。

（二）货币政策的操作目标

货币政策的操作目标是接近中央银行政策工具的金融变量，它直接受政策工具的影响，其特点是中央银行容易对它进行控制，但它与最终目标的因果关系不大稳定。

各国中央银行通常采用的操作目标主要有：短期利率、商业银行的存款准备金、基础货币等。现阶段我国货币政策的操作目标是基础货币。

1. 短期利率

短期利率通常指市场利率，即能够反映市场资金供求状况、变动灵活的利率。它是影响社会的货币需求与货币供给、银行信贷总量的一个重要指标，也是中央银行用以控制货币供应量、调节市场货币供求、实现货币政策目标的一个重要的政策性指标，如西方国家中央银行的贴现率、伦敦同业拆放利率等。

作为操作目标，中央银行通常只能选用其中一种利率。过去美国联储主要采用国库券利率，近年来转为采用联邦基金利率。日本采用的是银行同业拆借利率，英国的情况较特殊，英格兰银行的长、短期利率均以一组利率为标准，其用作操作目标的短期利率有：隔夜拆借利率，三个月期的银行拆借利率，三个月期的国库券利率；用作中间目标的长期利率有：五年公债利率、十年公债利率、二十年公债利率。

2. 商业银行的存款准备金

中央银行以准备金作为货币政策的操作目标，其主要原因是，无论中央银行运用何种政策工具，都会先行改变商业银行的准备金，然后对中间目标和最终目标产生影响，因此可以说变动准备金是货币政策传导的必经之路。由于商业银行准备金越多，银行贷款与投资的能力就越大，从而派生存款和货币供应量也就越多。因此，银行准备金增加被认为是货币市场银根放松，准备金减少则意味着市场银根紧缩。

3. 基础货币

基础货币是中央银行经常使用的一个操作指标，也常被称为“强力货币”或“高能货币”。从基础货币的计量范围来看，它是商业银行准备金和流通中现金的总和，包括商业银行在中央银行的存款、银行库存现金、向中央银行借款、社会公众持有的现金等。现金与准备金之间的转换不改变基础货币总量，基础货币的变化来自那些提高或降低基础货币的因素。

多数学者公认基础货币是较理想的操作目标。因为基础货币是中央银行的负债，中央银行对已发行的现金和它持有的存款准备金都掌握着相当及时的信息，所以中央银行对基础货币是能够直接控制的。基础货币比银行准备金更为有利，因为它考虑到社会公众的通货持有量，而准备金却忽略了这一重要因素。

小思考：现阶段我国货币政策的中介目标和操作目标是什么？

任务二　运用货币政策工具

货币政策工具，指中央银行为实现货币政策目标所运用的策略手段。按其影响的范围不同，中央银行的政策工具主要有一般性货币政策工具、选择性货币政策工具和补充性货币政策工具等。

一、一般性货币政策工具

一般性货币政策工具，又称经常性、常规性货币政策工具，是从总量的角度对货币供应量和信用量进行调节和控制，从而对整个经济体系发生普遍性影响的工具。西方国家中央银行多年来采用三大政策工具，即法定存款准备金率、再贴现政策和公开市场业务，人们习惯上称之为中央银行货币政策的“三大法宝”。

（一）法定存款准备金率

法定存款准备金率是一国中央银行规定的商业银行和金融机构必须缴存中央银行的法定存款准备金占其存款总额的比率。如果中央银行认为需要增加货币供应量，那么就需要降低法定存款准备金率；反之，则需要提高法定存款准备金率。

作为一种重要的货币政策工具，法定存款准备金政策的优点在于对其所有商业银行和金融机构的影响是平等的，对货币供给的影响也是强有力的，并且效果明显、收效迅速。

但是，法定存款准备金率政策存在以下三个缺陷：

（1）当中央银行调整法定存款准备金率时，商业银行和金融机构可以变动其在中央银行的超额存款准备金，从反方向抵消法定存款准备金率政策的作用。

（2）法定存款准备金率对货币乘数的影响很大，作用力度很强，往往被当作一剂“猛药”。

（3）调整法定存款准备金率对货币供应量和信贷量的影响要通过商业银行和金融机构的辗转存、贷，逐级递推而实现，成效较慢、时滞较长。

法定存款准备金率会使货币供应量成倍的变化，不利于货币供给和经济稳定，另外也会干扰商业银行和金融机构的正常信贷业务，所以变动法定存款准备金率是一个强有力但不常用的工具。

（二）再贴现政策

再贴现政策是指中央银行对商业银行持有未到期票据向中央银行申请再贴现所做的政策性规定。再贴现政策包括两方面：一是对再贴现率的决定、调整。这种作用主要着眼于短期，调整货币供给量，由于再贴现率在利率体系中的关键作用，这种调整也具有告示效应。二是对申请再贴现的资格的规定。其作用着眼于长期，主要能改变资金流向。

再贴现率是指商业银行将所持有的票据向中央银行贴现的利率。如果中央银行提高再贴现率，商业银行获得资金的成本提高，货币供应量减少；反之，货币供应量增加。

与法定存款准备金率相比，再贴现率的弹性相对要大一些，作用力度相对要缓和一些。但是，再贴现政策的主动权却操纵在商业银行手中，因为向中央银行请求贴现票据以取得信用支持，仅是商业银行融通资金的途径之一，商业银行还有其他的诸如出售证券、发行存单等融资方式。因此，中央银行的再贴现政策是否能够获得预期效果，还取决于商业银行是否采取主动配合的态度。

（三）公开市场业务

公开市场业务是指在中央银行在金融市场上公开买卖政府债券以控制货币供给和利率的政策行为。当需要增加货币供应量时，中央银行买进政府债券放出货币；反之，则卖出债券，收回货币，减少货币供应量。

中央银行在公开市场开展证券交易活动，其目的在于调控基础货币，进而影响货币供应量和市场利率。公开市场业务是比较灵活的金融调控工具，它是目前中央银行最重要也最常用的货币政策工具。其优点如下：

（1）央行可通过买卖政府债券把银行准备金控制在自己期望的规模内。

（2）具有主动性，央行可根据自己的意愿进行。

（3）具有灵活性，央行可以灵活地改变货币供给变动的方向。

（4）具有可测性，即其对货币供给的影响可以比较准确地预测出来。

但公开市场业务操作较为细微，技术性强，政策意图的告示作用较弱，需要以较为发达的有价证券市场为前提，否则就难以实现上述的优点。

二、选择性货币政策工具

选择性的货币政策工具是指中央银行针对某些特殊的经济领域或特殊用途的信贷而采用的信用调节工具。它对货币政策与国家经济的运行的影响不是全局性的而是局部性的，但也可以作用于货币政策的总体目标。选择性货币政策工具有以下几种。

（一）消费信用控制

消费信用控制是指中央银行对不动产之外的各种耐用消费品的销售融资予以控制。其主要内容包括：

（1）对分期付款方式购买耐用品时的首次付款规定最低比例。

（2）规定消费信贷的最长期限。

（3）规定可用消费信贷购买的耐用品种类，对不同消费品规定不同的信贷条件。

中央银行通过对消费信用进行控制可以起到刺激或抑制消费需求，调节消费结构的作用。

（二）证券市场信用控制

证券市场信用控制是指中央银行对有关证券交易的各种贷款进行限制，目的在于限制对证券市场的信贷数量，稳定证券市场的价格。其主要内容包括：

（1）规定以贷款方式购买证券时必须以现金支付的最低限额。

（2）规定用于购买证券的最高贷款限额等。中央银行有权根据金融市场及经济形势，随时对限额进行调整。

（三）不动产信用控制

不动产信用控制是指中央银行对金融机构在房地产放款方面的限制措施，目的是抑制房地产投机。其主要内容包括：

（1）规定金融机构房地产贷款的最高限额。

（2）规定金融机构房地产贷款的最长期限。

（3）规定金融机构房地产贷款的首次付款比例等。

（四）优惠利率

优惠利率是指中央银行对国家拟重点发展的某些经济部门、行业或产品制定较低的利率，目的在于刺激这些部门的生产，调动它们的积极性，实现产业结构和产品结构的调整。

（五）预缴进口保证金

预缴进口保证金是指中央银行要求进口商预缴相当于进口商品总值一定比例的保证金，以抑制进口的过快增长。该方式多为国际收支出现赤字的国家采用。

三、补充性货币政策工具

除以上一般性、选择性货币政策工具外，中央银行有时还运用一些补充性货币政策工具，对信用进行直接控制和间接指导。

（一）直接信用控制

直接信用控制是指中央银行以行政命令或其他方式，从质和量两个方面，直接对金融机构尤其是存款货币银行的信用活动进行控制。其手段包括利率最高限、信用配额、流动比率和直接干预等。其中，规定存贷款最高和最低利率限制，是最常使用的直接信用管制工具。

（二）间接信用指导

间接信用指导是指中央银行通过道义劝告、窗口指导等办法间接影响存款货币银行的信用创造。

道义劝告是指中央银行利用其在金融体系的特殊地位和声望，对存款货币银行及其他金融机构施加影响，说服、劝告它们自动根据中央银行政策意向采取相应措施，从而达到控制与调节信用的目的。道义劝告的方式，可以由中央银行向存款货币银行及其他金融机构发出通告或指示的形式，也可以采取与各金融机构负责人面谈的形式来表明中央银行的意向、立场等。

窗口指导是指中央银行根据产业行情、物价趋势和金融市场动向等经济运行中出现的新情况和新问题，对存款货币银行提出信贷的增减建议。若存款货币银行不接受，中央银行将采取必要的措施，如可以减少其贷款的额度，甚至采取停止提供信用等制裁措施。窗口指导虽然没有法律约束力，但影响力往往比较大。

间接信用指导的优点是较为灵活，但是要起作用，必须是中央银行在金融体系中有较高的地位，并拥有控制信用的足够的法律权利和手段。

☆ 案例链接 7-3 ☆

中国央行的 5 个货币政策工具

2013 年 11 月 6 日，中国人民银行网站新增“常备借贷便利（SLF）”栏目，数据显示，6 月、7 月、8 月及 9 月 SLF 余额分别为 4 160 亿、3 960 亿、4 100 亿和 3 860 亿元。这也是中国央行首次披露 SLF 余额数据。

据了解，2013 年 6 月流动性紧张时，中国央行曾表示，要根据市场流动性的实际状况，积极运用公开市场操作、再贷款、再贴现及短期流动性调节工具（SLO）、常备借贷便利（SLF）等创新工具组合，适时调节银行体系流动性，平抑短期异常波动，稳定市场预期，保持货币市场稳定，为金融市场平稳运行和经济结构调整、转型升级创造良好货币条件。

业内分析认为，此次增加 SLF 栏目，是央行对于近年来银行体系短期流动性波动加大的应对措施之一，帮助央行对于流动性总量进行适时调节，防范系统性风险。

常备借贷便利是中国人民银行正常的流动性供给渠道，主要功能是满足金融机构期限较长的大额流动性需求。对象主要为政策性银行和全国性商业银行，期限为 1～3 个月，利率水平根据货币政策调控、引导市场利率的需要等综合确定。常备借贷便利以抵押方式发放，合格抵押品包括高信用评级的债券类资产及优质信贷资产等。

任务三　了解货币政策传导机制

一、货币政策传导机制

货币政策传导机制是指中央银行运用货币政策工具影响中介指标，进而最终实现既定政策目标的传导途径与作用机理。

货币政策传导机制一般表示为：中央银行运用货币政策工具—操作目标—中介目标—最终目标。也就是中央银行通过货币政策工具的运作，影响商业银行等金融机构的活动，进而影响货币供应量，最终影响国民经济宏观经济指标。

货币政策一般通过以下机制来传导：

（1）资产组合调整效应：因为货币政策工具的实施会引起货币供应量的变化，从而引起资产价格和收益率的变化，需要调整资产结构，引起资源的重新配置，这会使货币政策最终目标发生变化。

（2）财富效应：因为货币供应量的变化，会引起财富的变化，以至于影响消费行为的变化，最终影响经济增长。

（3）授信限制效应：某种（扩张或紧缩）货币政策的实施，会改变授信条件，以至影响信贷规模，从而影响经济增长。

（4）预期效应：是指人们根据货币政策工具的变化对未来的经济形势进行预测，调整自己的行为，结果导致货币政策最终目标的变化。

（5）国际贸易效应：是指由于本国的货币供应量变化，导致本国利率的改变，从而影响到汇率，进而影响到净出口，使总需求发生变化。

二、货币政策传导机制的途径

货币政策传导途径一般有三个基本环节，其顺序是：

（1）从中央银行到商业银行等金融机构和金融市场。中央银行的货币政策工具操作，首先影响的是商业银行等金融机构的准备金、融资成本、信用能力和行为，以及金融市场上货币供给与需求的状况。

（2）从商业银行等金融机构和金融市场到企业、居民等非金融部门的各类经济行为主体。商业银行等金融机构根据中央银行的政策操作调整自己的行为，从而对各类经济行为主体的消费、储蓄、投资等经济活动产生影响。

（3）从非金融部门经济行为主体到社会各经济变量，包括总支出量、总产出量、物价、就业等。

金融市场在整个货币的传导过程中发挥着极其重要的作用。

（1）中央银行主要通过市场实施货币政策工具，商业银行等金融机构通过市场了解中央银行货币政策的调控意向。

（2）企业、居民等非金融部门经济行为主体通过市场利率的变化，接受金融机构对资金供应的调节，进而影响投资与消费行为。

（3）社会各经济变量的变化也通过市场反馈信息，影响中央银行、各金融机构的行为。

☆ 案例链接 7－4 ☆

我国货币政策传导机制有了重要变化

经济下行压力、产业结构调整逐步深化，迫切需要宏观政策灵活调控。央行推广信贷资产质押再贷款试点，就是基于当前经济走势而着手政策创新的重要体现。可以认为，信贷质押再贷款相当于质押式模式调节流动性的“升级版”。由此，我国货币政策传导机制正在发生重要变化：政策传导渠道被缩短，这不仅会改变流动性总量结构，也会改变市场流动性结构，进而影响市场利率结构，使央行货币政策能更好地发挥定向调控功能，减少对总量货币调控的依赖。

央行 2015 年 10 月 10 日发布消息称，在前期山东、广东开展信贷资产质押再贷款试点形成可复制经验的基础上，决定在上海、天津、辽宁、江苏、湖北、四川、陕西、北京、重庆 9 省市推广试点。本质上，信贷资产质押再贷款与抵押补充贷款（PSL）类似，PSL 向商业银行全面拓展，抵押品进一步扩容也就可期。央行此举将成为除信贷资产证券化之外的又一盘活信贷存量的渠道。

央行这一创新之所以令市场关注，主要因为这次试点首次将信贷资产纳入合格抵押品范围，有助于盘活沉淀在银行体系内的存量信贷资产。在此之前，央行频频探索针对结构性调节的货币政策工具，也采取质押的方式为银行体系注入基础货币，但在抵押品选择上，基于保障央行债权安全考虑，仍只局限于优质信贷资产。随着试点规模的扩大，不排除央行将更多信贷资产纳入合格抵押品框架的可能性。可以认为，信贷质押再贷款相当于质押式模式调节流动性的“升级版”。

从某种意义上说，央行推广信贷质押再贷款试点，意在通过优惠利率降低“三农”和“小微”领域的融资成本，对冲经济下行压力。正如中国社会科学院金融研究所货币理论与货币政策研究室主任彭兴韵所言，随着再贷款工具的创新、抵押品范围的扩大和功能的扩展，我国货币政策传导机制正在发生一些重要的变化：政策传导渠道被缩短，不仅会改变流动性的总量结构，也会改变市场的流动性结构，从而影响市场利率结构，使得央行的货币政策可以更好地发挥定向调控功能，减少对总量货币调控的依赖。

资料来源：周子勋．我国货币政策传导机制有了重要变化．上海证券报，2015-10-12 (8).

三、影响货币政策效果的因素

(一) 货币政策时滞

货币政策时滞是指货币政策从制定到获得主要的或全部的效果，必须经过一段时间，这段时间即称为时滞，是影响货币政策效果的重要因素。

货币政策时滞由两部分组成：内部时滞和外部时滞。

内部时滞，是指作为货币政策操作主体的中央银行制定和实施货币政策的全过程，其长短取决于货币当局对经济形势发展的预见能力、制定政策的效率和行动的决心。内部时滞包括认识时滞和行动时滞。认识时滞，指经济金融情况变化需要中央银行采取行动到中央银行（货币当局）认识到这种变化并承认需要调整货币政策间的时间间隔。行动时滞，指中央银行认识到需要调整货币政策到实际采取行动之间的时间间隔。

外部时滞，指从中央银行采取行动直到对政策目标产生影响为止这段过程，主要由客观经济和金融条件决定。当中央银行实施新的货币政策时，会有金融部门对新政策的认识、金融部门对政策措施所做的反应、企业对金融形势变化的认识、企业部门决策、新政策发生作用等阶段，其中每一步都需要耗费一定的时间。

外部时滞包括操作时滞和市场时滞。操作时滞，指从调整货币政策工具到其对中介目标发生作用所需耗费的时间。市场时滞，指从中介变量发生反应到其对目标变量产生作用所需耗费的时间。

外部时滞的长短，主要取决于政策的操作力度和金融部门、企业部门对政策工具的弹性大小。外部时滞较为客观，它不像内部时滞那样可由中央银行掌握，是一个由社会经济结构与产业结构、金融部门和企业部门的行为等多种因素综合决定的复杂变量。因此，中央银行对这段时滞很难进行实质性的控制。

(二) 货币流通速度

货币政策有效性的另一影响因素是货币流通速度。中央银行在确定当期适当的货币供给增长率时，首先预测国内生产总值增长率，并综合考虑货币流通速度的变化及物价变动，然后根据预测结果采取货币政策工具。若对国内生产总值及物价变动预测准确，而对货币流通速度变化的预测存在微小偏差，则可能使货币政策结果受到很大影响。例如，实际货币流通速度加快，中央银行仍按原来货币流通速度供给货币，就会多供给货币，造成货币供给过多，可能出现纸币贬值，产生通货膨胀；反之，如果货币流通速度变慢，中央银行仍按原来的货币流通速度供给货币，就会产生货币供给过少，可能产生通货紧缩，给生产流通带来不利影响。在实践中，货币流通速度受多种因素影响，对它很难准确预测，且极易影响货币政策的效果。

（三）微观主体的预期

微观主体的预期也会影响货币政策的有效性。当中央银行变动货币政策工具时，各微观主体就会对其效果产生预期，并迅速研究对策，使中央银行的货币政策效果被抵消。例如，中央银行拟提高再贴现率或法定存款准备金率，发行央行票据，实施紧缩货币政策，以控制社会总需求，企业就会预测到即将发生的信贷紧缩后果，会提前投融资，居民个人会预测到通货膨胀的来临，会提前消费和加快消费，这都刺激了社会总需求的提前释放，使中央银行的货币政策目标不能实现。鉴于微观主体的预期，中央银行要综合运用各种货币政策工具，以降低微观主体预期对货币政策的抵消作用。

（四）其他政治经济因素

政府的工作目标对货币政策会产生一定的影响，其影响程度取决于中央银行的独立性。如果政府致力于高经济增长和低失业率，而中央银行的独立性比较小，可能就迫使中央银行实施扩张性的货币政策，增加货币供应量，实施低利率政策。同时，实施货币政策可能会影响某些阶层、集团、部门或地方的利益，如果它们反应强烈，会对中央银行产生政治压力，迫使中央银行对货币政策做出调整，影响政策效果。

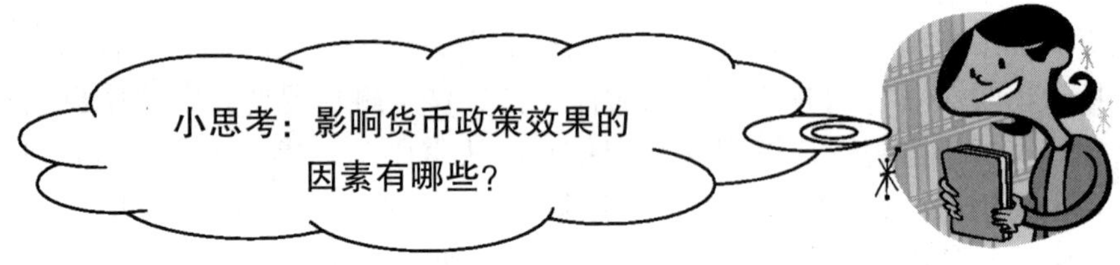

一国中央银行制定及实施货币政策时，应考虑到上述因素对货币政策有效性的影响，加强对货币供应量与实际经济变量的研究，超前于经济波动来把握货币政策的实施时机和取向，及时地疏通货币政策传导机制，避免政策效果和预期之间出现较大的偏差，促进货币政策发挥更大的效用。

导入案例启示

中央经济工作会议是中共中央、国务院召开的规格最高的经济会议，自 1994 年以来每年举行一次，一般在每年年尾 11 月到 12 月举行。它的任务是总结当年的经济工作成绩，分析研判当前国际国内经济情况形式，制定来年宏观经济发展规划。它是判断当前经济形势和定调第二年宏观经济政策最权威的风向标。

2015 年末的中央经济工作会议对 2016 年的财政政策和货币政策定调为："积极的财政政策要加大力度"和"稳健的货币政策要灵活适度"。

积极的财政政策，是指当出现经济衰退，总需求非常低时，政府应通过削减税收、增发公债和增加支出的措施以刺激总需求。

稳健的货币政策，是指根据经济变化的征兆来调整政策取向，当经济出现衰退迹象时，货币政策偏向扩张；当经济出现过热时，货币政策偏向紧缩。最终反映到物价上，就是保持物价的基本稳定。

货币政策与财政政策都是从总需求角度来影响总供给和总需求，进而影响社会生产、就业、价格稳定，两者都对宏观经济产生重大影响。货币政策与财政政策之间的相互搭配，其主要目的在于维持经济的平稳运行，即一方面要防止通货膨胀的加剧，另一方面要保持适度的经济增长速度。

项目小结

货币政策是指政府或中央银行运用货币政策工具，调节货币供求以实现宏观经济调控目标的策略和方针的总称。货币政策分为扩张性货币政策和紧缩性货币政策两种。

货币政策的最终目标，指中央银行组织和调节货币流通的出发点和归宿，它反映了社会经济对货币政策的客观要求。一般有四个：稳定物价、充分就业、经济增长和平衡国际收支等。我国货币政策最终目标是保持货币币值稳定，并以此促进经济增长。

货币政策的中介目标是指为实现货币政策的最终目标而选定的便于调控，具有传导性的金融变量。选取它的三个标准是可测性、可控性和相关性。可以作为中介目标的金融指标主要有：长期利率、货币供应量和贷款量。现阶段我国货币政策的中介目标是货币供应量。

货币政策的操作目标是接近中央银行政策工具的金融变量，它直接受政策工具的影响，其特点是中央银行容易对它进行控制，但它与最终目标的因果关系不大稳定。货币政策的操作目标主要有：短期利率、商业银行的存款准备金、基础货币等。现阶段我国货币政策的操作目标是基础货币。

货币政策工具，指中央银行为实现货币政策目标所运用的策略手段。按其影响的范围不同，中央银行的政策工具主要有一般性货币政策工具、选择性货币政策工具和补充性货币政策工具等。

一般性货币政策工具，又称经常性、常规性货币政策工具，是从总量的角度对货币供应量和信用量进行调节和控制，从而对整个经济体系发生普遍性影响的工具。西方国家中央银行多年来采用三大政策工具，即法定存款准备金率、再贴现政策和公开市场业务，人们习惯上称之为中央银行货币政策的"三大法宝"。

选择性货币政策工具是指中央银行针对某些特殊的经济领域或特殊用途的信贷而采用的信用调节工具。主要有以下几种：消费信用控制、证券市场信用控制、不动产信用控制、优惠利率、预缴进口保证金。

除以上一般性、选择性货币政策工具外，中央银行有时还运用一些补充性货币政策工具，对信用进行直接控制和间接指导。

货币政策传导机制是指中央银行运用货币政策工具影响中介指标，进而最终实现既定政策目标的传导途径与作用机理。

货币政策传导途径一般有三个基本环节，其顺序是：（1）从中央银行到商业银行等金融机构和金融市场；（2）从商业银行等金融机构和金融市场到企业、居民等非金融部门的各类经济行为主体；（3）从非金融部门经济行为主体到社会各经济变量。

影响货币政策效果的因素包括：货币政策时滞、货币流通速度、微观主体的预期、其他政治经济因素。

一国中央银行制定及实施货币政策时，应考虑到上述因素对货币政策有效性的影响，加强对货币供应量与实际经济变量的研究，超前于经济波动来把握货币政策的实施时机和取向，及时地疏通货币政策传导机制，避免政策效果和预期之间出现较大的偏差，促进货币政策发挥更大的效用。

同步训练

☆ 知识训练 ☆

一、总结本项目知识体系，并画出框架图。

二、知识闯关

1. 名词解释

货币政策、扩张性货币政策、紧缩性货币政策、货币政策工具、一般性货币政策工具、选择性货币政策工具、法定存款准备金率、再贴现率、公开市场业务、货币政策传导机制、货币政策时滞

2. 选择题（包括单项选择题和多项选择题）

（1）《中华人民共和国中国人民银行法》第 3 条规定，中国人民银行的“货币政策目标是（　　），并以此促进经济增长”。

A. 抑制通货膨胀　B. 充分就业　C. 平衡国际收支　D. 保持货币币值稳定

(2) 现阶段我国货币政策的操作目标是（　　）。

A. 短期利率　B. 长期利率

C. 商业银行的存款准备金　D. 基础货币

(3) 下列选项中，（　　）是一个强有力但不常用的货币政策工具。

A. 法定存款准备金率　B. 再贴现

C. 公开市场业务　D. 优惠利率

(4) 如果中央银行提高再贴现率，商业银行获得资金的成本提高，货币供应量（　　）。

A. 增加　B. 减少　C. 不变　D. 不确定

(5) 当宏观经济处于萧条阶段时，可以采取的扩张性的货币政策包括（　　）。

A. 降低法定准备金率　B. 提高法定准备金率

C. 公开市场买入国债　D 公开市场卖出国债

E. 提高存贷款利率

(6) 货币政策中介目标是连接货币政策最终目标与政策工具操作的中介环节，也是实施货币政策的关键步骤。它具备以下（　　）特点。

A. 可测性　B. 可控性　C. 灵活性

D. 相关性　E. 主动性

(7) 公开市场业务的优点有（　　）。

A. 中央银行可通过买卖政府债券把银行准备金控制在自己愿望的规模内

B. 具有不可更改性，中央银行一旦出现政策失误难以进行纠正

C. 具有可测性，即这一业务对货币供给的影响可以比较准确地预测出来

D. 具有灵活性

E. 具有主动性，中央银行可根据自己的意愿进行

3. 简答题

(1) 中央银行运用货币政策所采取的主要措施有哪些？

(2) 简述货币政策最终目标之间的关系。

(3) 什么是货币政策中介目标？中介目标选取的标准是什么？

(4) 一般性货币政策工具有哪些？它们的作用和特点是什么？

(5) 简述货币政策传导途径。

三、讨论货币政策和财政政策的区别与联系。

☆技能训练☆

一、以“我国法定存款准备金政策的运用”为主题，小组调查收集我国法定存款准备金率历次调整的相关背景资料，阐述我国法定存款准备金政策的使用情况及效果，制作 PPT 并演示汇报。

二、生活中的案例分析

短期资金面仍显偏紧

2016 年 12 月 6 日，央行在公开市场进行了 300 亿元 7 天期、200 亿元 14 天期和 100 亿元 28 天期逆回购操作，中标利率依然维持在 2.25%、2.40%和 2.55%不变，单日净回笼 600 亿元，终结了此前连续三日的净投放操作。鉴于 12 月 5 日到期资金量为 1 800 亿元，故 12 月 5 日公开市场实现资金净回笼 1 200 亿元，净回笼量较前日加大。新湖期货分析师李明玉认为，央行净回笼显示，现在市场难有丝毫宽松氛围，市场对于未来的资金面预期比较悲观。

受近期资金面趋紧的影响，国债期货不但尚未企稳，昨日更是再度暴跌。早盘国债期货十年期主力合约 T1703 跌幅度超 0.6%。

华创证券研报分析称，资金面仍是本周关注的核心。从总量来看，本周公开市场到期量与上周较为类似，在月初央行保持稳定或小幅净回笼的可能性仍大，超储率料将维持在 1.8%左右。从下周进入 12 月中旬开始，随着年末效应等因素的出现，资金面有可能再次步入紧张，从整体来看，12 月总量流动性仍将维持 10—11 月以来的水平。

中信证券分析认为，从资金面来看，虽然央行有意温和“去杠杆”，但短期内资金面仍显偏紧格局。在央行连续数日净回笼以及相关部门出台表外业务风险管理新政显示限制广义信贷扩张的用意后，上周资金价格一度飙升。

请分析：

1. 结合本案例，分析央行是怎样进行公开市场业务操作的。

2. 央行公开市场的逆回购业务为什么会导致资金紧张？

项目八

通货膨胀和通货紧缩

【名人名言】

要推翻现有的社会基础，最巧妙、最有效的方式，莫过于扰乱通货。这一过程使得经济法则中所有内含的力量都趋向于毁灭！而且百万人之中也不会有一个能对症下药。

——凯恩斯（英国经济学家）

【学习目标】

知识目标

◇ 了解通货膨胀和通货紧缩的定义。

◇ 掌握通货膨胀的衡量指标。

◇ 掌握通货膨胀和通货紧缩的主要类型。

◇ 掌握通货膨胀和通货紧缩的主要成因及治理政策。

技能目标

◇ 能够判断通货膨胀和通货紧缩的类型。

◇ 能够提出通货膨胀和通货紧缩的治理对策。

◇ 能够正确应对通货膨胀和通货紧缩。

案例导入

面值最大的货币是多少？

在10年以前，100津巴布韦币相当于18元人民币左右；但从前几年开始，津巴布韦币一路下滑，我同事刚去津巴布韦时，一下飞机就换了100美元的津巴布韦币，也就是25 000津巴布韦币；但到月底25 000津巴布韦币贬值为1美元，所以他们现在换津巴布韦币是5美元换一次。

津巴布韦也许是世界上唯一一个亿万富翁与香车、美女、洋房联系不起来的国家。现在一张一千亿的钞票仅仅等价于一美元，这场经济危机开始于1980年，自从这个国家获得独立以来通货膨胀率已经到达了2 200 000%。2008年年初，政府已经开始发行1百万、5百万、1千万、5亿元、到后来的50亿、250亿、500亿的钞票。为了应对完全失控的通货膨胀，津巴布韦2008年07月21日发行面额1 000亿津元的钞票，不过这样一张钞票，仍不足以购买一条面包。2009年1月的消息，津巴布韦将于近日发行一套世界上最大面额的新钞，这套面额在万亿以上的新钞包括10万亿、20万亿、50万亿和100万亿津元四种。最高峰时期100万亿津巴布韦币＝30美元＝210元人民币。

在这两年，部分富有的津巴布韦人已经换了大量的美金来保值，黑市的兑换比例涨到政府的100倍；商店里的商品价格标签上，甚至来不及更换标签，以至于一件衣服上有10来张标签，标签的价格从300万“津巴布韦币”一直涨到几万个亿“津巴布韦币”；所以，人们用“津巴布韦币”买东西不是论张，而是按堆和论斤来衡量货币的数量，让人听了匪夷所思，但绝对是真实的。

资料来源：金投外汇网．面值最大的货币是多少？．(2012-09-14) [2017-07-11]．http：//forex.cngold.org/c/2012-09-14/c1309105.html.

小组讨论

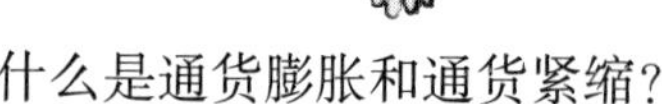

什么是通货膨胀和通货紧缩？

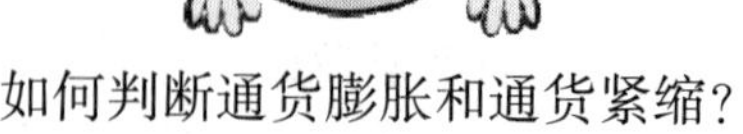

如何判断通货膨胀和通货紧缩？

我们应如何应对？

任务一　通货膨胀治理

一、通货膨胀的定义和类型

（一）通货膨胀的定义

通货膨胀是指在纸币流通条件下，因货币供给大于货币实际需求，即现实购买力大于产出供给，导致货币贬值，而引起的一段时间内物价持续而普遍的上涨现象。通货膨胀是货币供给和货币需求失衡的一个重要表现，其实质是社会总需求大于社会总供给（供远小于求）。

在学习通货膨胀定义时，我们还应注意以下几个问题：

第一，通货膨胀是一种货币现象。它是纸币流通量相对纸币必要量明显过多。纸币只是一种价值符号，发行过多的直接结果必然是纸币贬值和以同名纸币所表示的商品价格的上涨。

第二，通货膨胀所指的物价上涨是物价总水平或平均水平的上涨。通货膨胀并不是指所有商品和劳务价格全部上涨，而是指总水平或平均物价水平的上涨。但通货膨胀必须包括范围广泛的商品和劳务价格，个别或局部的商品和劳务价格的上涨不能视为通货膨胀。

第三，通货膨胀是物价水平持续长期上涨。对于季节性、暂时性或偶然性原因引起的价格上涨，不能视为通货膨胀。

（二）通货膨胀的类型

1. 按物价上升幅度不同划分

按物价上升幅度不同划分，可分为爬行的通货膨胀、飞奔的通货膨胀和恶性的通货膨胀。

（1）爬行的通货膨胀，又称温和的通货膨胀，是指通货膨胀维持在可容忍的幅度内，一般物价水平年均上涨幅度缓慢，短期内不易察觉，但持续的时间很长。

（2）飞奔的通货膨胀，是指物价水平年均上涨幅度较高，一般在两位数以上，而且还在加剧。人们普遍感到物价上涨的压力，不愿意保存货币，开始大量购买商品实物或寻找其他保值方式。

（3）恶性的通货膨胀，是指一般物价水平年平均上涨幅度非常高，通常认为每月通货膨胀率达到50%以上，并且持续一段时间，就意味着发生了恶性通货膨胀。恶性通货膨胀下物价水平完全失去控制，人们的生活秩序紊乱，对本国货币完全失去了信心，最终会导致货币制度的崩溃。

☆ 案例链接8-1 ☆

我国1947年通货膨胀下的经济恐慌奇景

抗日战争结束时，各地物价和黄金、外汇价格普遍猛烈下跌。国民政府为解决庞大的军费开支，变本加厉地继续实行恶性通货膨胀政策。国民政府承认“自 1945 年起，发行膨胀，速度比抗战时快”。1947 年的时候情况已经非常严重了，物价飞涨、币值日跌，货币逐渐丧失了价值储藏和交换媒介的职能，如图 8－1、图 8－2 所示。经常听说“拿着一口袋钱买不到一口袋米”。人们拿到纸币后，就像拿了烫手的山芋尽可能马上扔掉。“大街过三道，物价跳三跳。”人们在核算成本、利润时，纷纷改用米、金、银、外汇等为单位，支付工资采用米、金银或者外汇。上海市场大宗交易，如买卖房屋、地产、机器，都以黄金计价，商品交易甚至退化到以物易物的原始交易方式。

图 8－1　钞票堆积如山

图 8－2　上海市民抢购黄金

资料来源：就爱阅读．老照片：1947 年，通货膨胀下的上海（图）．（2010－11－24）[2017－05－11]．http：//www.92to.com/wenhua/2010/11－24/2266548.html.

2. 按形成原因或发生机制划分

按形成原因或发生机制划分，可分为需求拉动型通货膨胀、成本推动型通货膨胀、需求和成本混合推动型通货膨胀和结构型通货膨胀。

（1）需求拉动型通货膨胀，是指商品和劳务总需求超过商品和劳务总供给量所造成的过剩需求拉动了物价水平的普遍上升。

需求拉动型通货膨胀是一种最常见的通货膨胀，是由于货币供应过度增加导致需求过剩而产生的，即“太多的货币追逐太少的商品”的结果。

（2）成本推动型通货膨胀，又称为供给型通货膨胀，是指在总需求不变的情况下，由于生产要素价格（包括工资、租金、利润以及利息）上涨，致使生产成本增加而引起的物价水平的持续上涨。成本推动型通货膨胀又可以分为工资成本推动型、利润推动型和进口成本推动型三种类型。

在我国成本推动型通货膨胀可能有三个原因：一是内生的成本上升，如企业工资增长率超过劳动生产率，从而使内生成本提高；二是外生成本提高，具体反映在国外进口的设备材料等价格上涨上；三是需求拉动型通货膨胀导致各种基础产品涨价，反过来导致企业生产成本提高，而生产成本提高进一步推动物价上涨。

（3）需求和成本混合推动型通货膨胀，是将供求两个方面的因素综合起来，通货膨胀是由需求拉动和成本推动共同作用导致的。

许多经济学家认为，任何实际的通货膨胀过程极少可能或者只是由需求拉动，或者只是由成本推动，而总是包含成本和需求两方面因素的共同作用。例如，通货膨胀可能从过度需求开始，但由于需求过度所引起的物价上涨会促使工会要求提高工资，因而转化为成本（工资）推动的因素；或者通货膨胀也可能从成本方面开始，如迫于工会的压力提高工资等，但如果不存在需求和货币收入的增加，这种通货膨胀过程不能持续下去。

（4）结构型通货膨胀，是指在总需求和总供给大体处于平衡状态时，由于经济结构因素而引起的物价水平的持续上涨。

结构型通货膨胀通常由部门结构之间的某些特点引起的，一些部门在需求方面或成本方面的变动，往往通过部门之间的传递过程而影响到其他部门，从而导致一般物价水平的上升。也就是说，即使在总需求与总供给平衡条件下，某些结构性因素也可能导致通货膨胀，产生结构型通货膨胀。

3. 按表现形式划分

按表现形式划分，可分为公开型通货膨胀和隐蔽型通货膨胀。

（1）公开型通货膨胀，又称为开放型通货膨胀，是指在自由价格制度下，货币供给过多完全通过一般物价水平上涨的形式反映出来的通货膨胀。政府对物价的上涨并未加以抑制，或虽然加以抑制，但抑制的政策措施无法达到预期的效果。

这类通货膨胀的特点是商品价格是开放性的，随着市场供求的变化自由涨落，只要出现通货膨胀，物价水平就明显上升。因此，物价指数的变化能够完全反映出通货膨胀的程度。

（2）隐蔽型通货膨胀，又称压制型通货膨胀，是指经济中存在着通货膨胀的压力（货币供给超过货币需求），由于政府实施了严格的价格管制与配给制，物价并没有上涨，但一旦解除价格管制并取消配给制，就会发生较严重的物价上涨的通货膨胀。

这类通货膨胀并不表现为物价水平的上涨，而是表现为商品数量短缺和限量、货币供应的增多。过多的货币不是通过涨价来吸收，而是通过货币持有系数的上升和货币流通速度的被迫延缓来吸收。

二、通货膨胀的衡量指标

通货膨胀的程度通常是通过物价上涨幅度表现出来的，而物价上涨幅度是通过物价指数反映的，因此，物价指数就成为衡量通货膨胀的尺度。

从世界各国的实际做法看，主要采取四个指标衡量通货膨胀：生产者价格指数（PPI）、消费者价格指数（CPI）、零售物价指数（RPI）、国民生产总值平减指数，见图 8－3。我国主要依据 CPI 的变化来衡量通货膨胀。

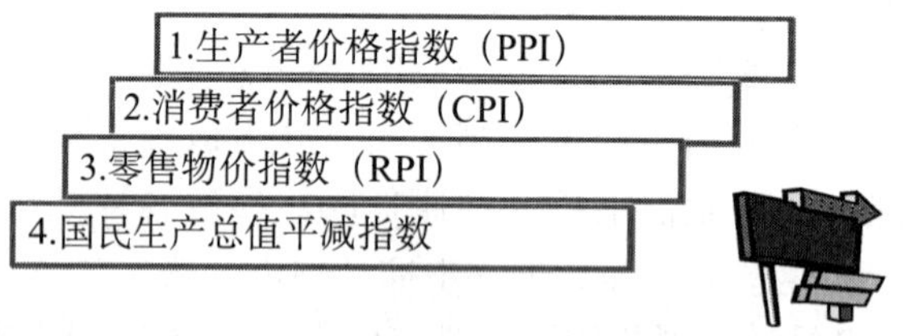

图 8－3　通货膨胀的衡量指标

（一）生产者价格指数（Producer Price Index，PPI）

生产者价格指数，又称批发价格指数，是衡量生产者向商业部门出售商品的价格指数。它是根据批发价格编制的指数，主要反映生产资料的价格变化状况，用于衡量各种商品在不同生产阶段的成本价格变化情况。一般是统计部门通过向各大生产商收集各种产品的报价资料，再加权换算成百进位形式以方便比较。

生产者价格指数是一个通货膨胀的先行指数，当生产原料及半制成品价格上升，数月后，便会反映到消费产品的价格上，进而引起整体物价水平的上升，导致通货膨胀加剧。相反，当该指数下降，即生产资料价格在生产过程中有下降的趋势，也会影响到整体价格水平下降，减弱通货膨胀的压力。但是，该数据由于未能包括一些商业折扣，故无法完全反映真正的物价上升速度，以致有时出现夸大的效果。另外，由于农产品是随季节变化的，而且能源价格也会周期性变动，对该价格指标影响很大，所以使用该指标时须加整理或剔除农产品和能源价格后才宜做分析。

（二）消费者价格指数（Consumer Price Index，CPI）

消费者价格指数，又称生活费用价格指数，是度量居民生活消费品和服务价格水平随着时间变动的相对数，综合反映居民购买的生活消费品和服务价格水平的变动情况。它是对一个固定的消费品价格的衡量，美国构成该指标的主要商品共分七大类，其中包括：食品、酒和饮品；住宅；衣着；交通；医药健康；娱乐；其他商品及服务。美国的消费物价指数由劳工统计局每月公布，有两种不同的消费物价指数：一是工人和职员的消费物价指数，简称 CPW；二是城市消费者的消费物价指数，简称 CPIU。

消费者价格指数表明消费者的购买能力，也反映经济的景气状况，如果该指数下跌，反映经济衰退，必然对货币汇率走势不利。消费物价指数上升时，如果该指数升幅温和，则表示经济稳定向上，对该国货币有利；但如果该指数升幅过大，则会有不良影响，因为物价指数与购买能力成反比，物价越贵，货币的购买能力越低，必然对该国货币不利。

（三）零售物价指数（Retail Price Index，RPI）

零售物价指数，是指以现金或信用卡形式支付的零售商品的价格指数。美国商务部每个月对全国范围的零售商品抽样调查，包括家具、电器、超级市场售卖品、医药等，不过各种服务业消费则不包括在内。汽车销售额构成了零售额中最大的单一构成要素，约占总额的25%。社会经济发展迅速，个人消费增加，便会导致零售物价上升，零售物价指数持续地上升，将可能带来通货膨胀上升的压力，令政府收紧货币供应，利率趋升为该国货币带来利好的支持。因此，零售物价指数向好，理论上亦利好于该国货币。

（四）国民生产总值平减指数（GNP Deflator）

国民生产总值平减指数，是按当年价格计算的国民生产总值与按不变价格计算的国民生产总值的比率。其优点是范围广。它可以反映全部生产资料，消费品和劳务费用的价格的变动。它既包括有形商品，也包括无形商品（劳务），能准确反映物价总体水平的变动情况。缺点是：资料难收集，多数国家每年只统计一次，不能迅速反映通货膨胀的程度和动向；国民生产总值包括与居民生活无直接联系的生产资料和出口产品，它不能准确反映对居民生活的影响。

☆ 知识链接8-1 ☆

我国的消费者价格指数（CPI）

2015年9月—2016年9月全国居民消费价格涨跌幅如图8-4所示。

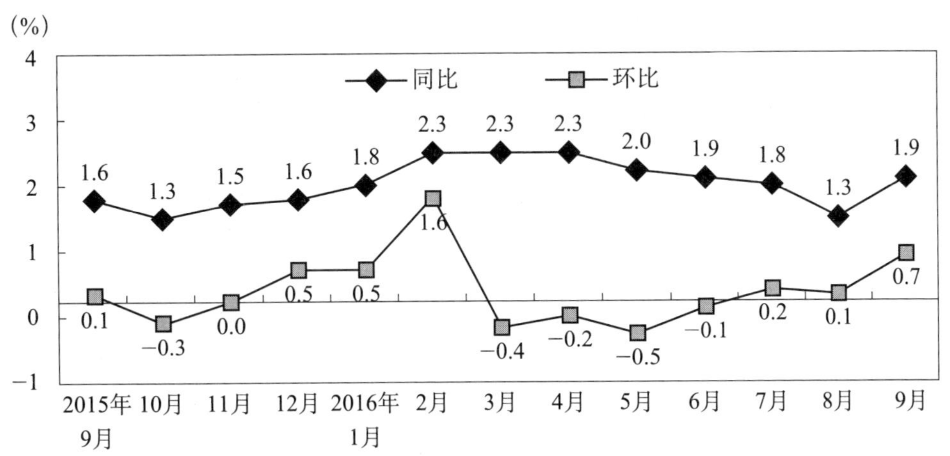

图8-4 全国居民消费价格涨跌幅

1. 统计范围

我国的消费者价格指数全称为全国居民消费价格指数（CPI），它涵盖全国城乡居民生活消费的食品烟酒、衣着、居住、生活用品及服务、交通和通信、教育文化和娱乐、医疗保健、其他用品和服务8大类、262个基本分类的商品与服务价格。

2. 调查方法

采用抽样调查方法抽选确定调查网点，按照“定人、定点、定时”的原则，直接派人到调查网点采集原始价格。数据来源于全国31个省（区、市）500个市县、8.3万余家价格调查点，包括商场（店）、超市、农贸市场、服务网点和互联网电商等。

3. 指数计算

国家统计局公布的CPI数据有同比价格指数和环比价格指数。同比价格指数一般是指当年某月与上年同月相比较计算的价格指数，环比价格指数一般是指当年某月与上月相比较计算的价格指数。

4. 基期轮换

按照统计制度要求，我国CPI每五年进行一次基期轮换，2016年1月开始使用2015年作为新一轮的对比基期。参考联合国制定的《按目的划分的个人消费分类》(COICOP)和国家统计局发布的《居民消费支出分类（2013)》，我们对CPI调查目录进行了调整，新基期调查目录和规格品与国际标准更为接近，一些新产品新服务纳入其中，能进一步反映居民消费和经济结构的变化。

三、通货膨胀对经济的危害

（一）对生产领域的危害

通货膨胀对生产领域的危害主要表现在以下三个方面：

一是由于物价普遍上涨，生产者难于区分物价上涨的真正原因，常常做出错误的投资决策，使大量资源流入价格较高的生产部门，造成资源的不合理配置，导致产业结构失调。

二是在通货膨胀期间，由于商品价格不稳定、生产成本不容易核算、利润难于预期等因素导致企业生产经营难度增大，而将资金投资于商业流转部门，则资金周转相对较快、风险小、获利容易，由此导致生产者将生产资金从生产部门抽出调到商业流转部门。因此，通货膨胀使大量资金从生产领域流向流通领域，造成生产资金短缺而导致生产萎缩。

三是通货膨胀导致企业技术革新，成本上升，使企业不愿意或不能进行技术改造，其结果必然影响技术进步，降低劳动生产率，影响产品的升级换代。

（二）对流通领域的危害

在通货膨胀时期，物价上涨分布不均衡，使得商品流向价格上涨较快的地区，扰乱了正常的商品流通秩序；物价持续上涨，货币失去了贮藏手段职能，存在提前消费、增加消费的倾向。投机者趁机哄抬物价、囤积居奇，使本来供需不平衡的市场更加不平衡，加剧市场供需矛盾，导致流通领域更加混乱。

（三）对分配领域的危害

在通货膨胀时期，虽然居民的名义货币收入可能有所提高，但如果提高幅度低于通货膨胀率，将导致居民实际收入下降。由于各阶层收入来源不同，通货膨胀的影响也各不相同。

通常在通货膨胀时期，最大受害者往往是固定收入者和低收入者。例如，依靠固定的工资、固定的退休金和福利救济金生活的人，由于物价上涨、货币贬值，原来同等数量的货币买不到与原来同等数量的生活资料，他们的实际收入水平下降，消费能力下降。一些浮动收入者可能是受益者，这种不公正的国民收入再分配，会引起社会不稳定。

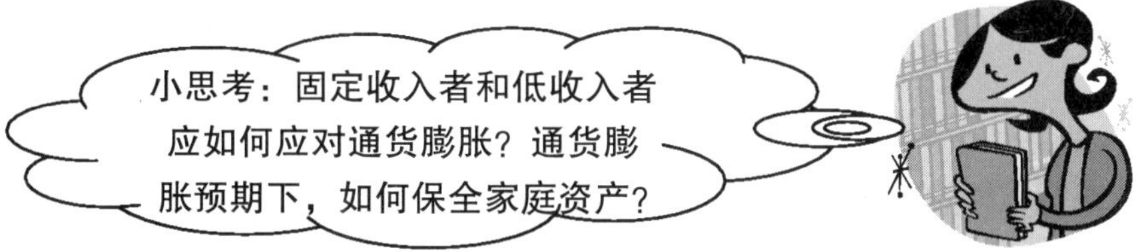

☆ 知识链接8-2 ☆

通货膨胀与家庭资产

一个家庭的资产由两部分构成：实物资产和金融资产。

在通货膨胀的条件下，实物资产的货币值大体上是随着通货膨胀率的变动而相应升降的（可以高一点、低一点）。

金融资产则比较复杂。例如，股票的行情是可变的，一般在通货膨胀下，会呈上升的趋势，但是由于影响股票价格的因素有很多，所以股票绝不是通胀中稳妥的保值资产的形式，尽管有些股票在通货膨胀之中令其持有者获得大大超出保值的收益。一般情况下，表明货币债权债务的各种金融资产，都有一个共同的特征，就是有确定的货币金额，这样的名义货币金额并不会随着通货膨胀发生与否而变化。显然，物价上涨，实际的货币额就会减少；物价下跌，实际的货币额就会增多。在这一领域中，防止通货膨胀损失的办法通常是提高利息率或采用浮动利率。但是，在严重的通货膨胀条件下，这样的措施往往难于弥补损失。一般来说，通货膨胀有利于债务人资产的增加，而易于导致债权人资产的减少。

由此可见，通胀预期下，受害最大的是签订了长期合约的人寿保险受益人、年金领取者、靠养老金过活的退休人员、签下长期租约的以及拿了钱只顾存银行的人，无论你是存了几十万元的养老金，还是以万亿美元计的外汇储备，你的财富都无一例外地缩水。而最大的赢家是动用杠杆、在价格较低时拥有资产的负债人。

四、通货膨胀的治理

各国的历史基础、经济和社会环境存在差异，通货膨胀的状况和引发的原因也不同，所以各国实行的政策和采取的措施就会不同。具体治理措施如下，见图8-5。

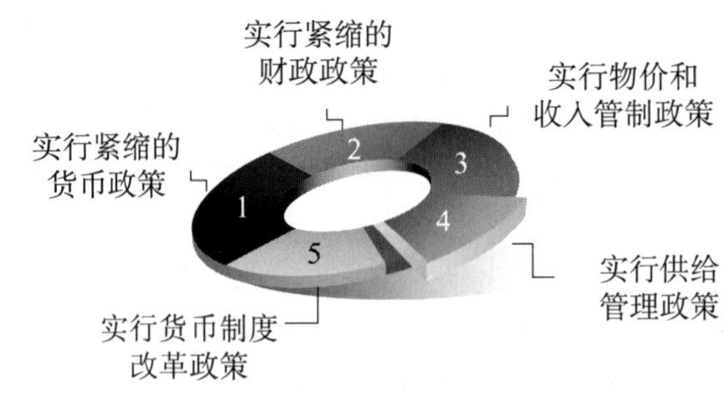

图 8-5　通货膨胀的治理措施

（一）实行紧缩的货币政策

当通货膨胀起因于需求拉动，并且一国经济处于充分就业状态时，通货膨胀的发生或恶化主要是由于货币供给量无节制扩张所引起的，应采取紧缩的货币政策来减少社会总需求，促使总需求与总供给趋于一致，稳定物价。

具体举措有：

（1）提高法定存款准备金率，以使货币乘数变小，降低商业银行创造货币的能力，达到紧缩信贷规模、减少投资、减少货币供应量的目的。

（2）提高再贴现率，以提高信贷成本。同时，由于再贴现率的提高，商业银行的存贷利率相应提高，一方面减少了企业的贷款需求，另一方面又增加了居民储蓄，将消费基金转化为生产基金，减少通货膨胀压力。

（3）中央银行在公开市场上出售有价证券，减少基础货币供应，通过货币乘数的作用，减少货币供应量。

☆ 案例链接 8-2 ☆

历史上通货膨胀治理良策

美国

美国历来就很重视通货膨胀，货币政策是美国政府抑制通货膨胀的主要策略。20 世纪 70 年代后半期以来，美国主要以货币供应增长率为货币政策的控制目标，按经济发展长期规律确定货币供应量增长率，并对不同货币即 M1、M2、M3 的增长率规定不同的比率和范围。

1993 年 7 月 22 日美联储主席格林斯潘宣布，美联储决定放弃以控制货币供应量为中心的货币政策，转而实施以调整实际利率为核心和关键的货币政策，这是由于美国人投资方式的改变，政府很难把社会上大量流动的资金都包括在货币供应量之内而加以控制。同时，由于美国经济开始复苏和强劲回升，因此格林斯潘于 1994 年 2 月 2 日宣布，美联储将以“中性”的新货币政策取代前几年以刺激经济为目标的货币政策，通过调整利率，使年经济增长率基本稳定在 2.5%（其中劳动力的年均增长率约为 1.5%，生产率的年均增长率约为 1%）左右，即提前采取措施，“防患于未然”，以解未来通胀之忧。

德国

德国是战后西方国家中控制通货膨胀最有成就的国家之一，多年来联邦德国的物价上涨率都基本控制在5%以下。

德国抑制通胀的最大特点是，把货币政策置于首位，由联邦银行（中央银行）担任“首席执行官”。它具有高度的独立性，肩负“货币监护者”的使命，不受政府对稳定货币的干预。联邦银行以它拥有垄断纸币发行，驾驭所有银行和为国家理财的特殊功能，采取一系列货币政策手段，包括实行贴现政策和抵押贷款政策，调整最低储备金率，频繁进行“债券回购协议”式交易等公开市场业务，规定联邦和州政府将流动资金存入联邦银行而不计利息，以及通过外汇买卖控制流动资金数量等。德国抑制通货膨胀的另一个显著特点是，联邦银行与政府、政府与议会、政府与资方和工会、劳资双方，以及其他各社会经济集团之间协调行动，得到了比较好的成效。

（二）实行紧缩的财政政策

抑制需求拉动型通货膨胀，重视货币政策的同时，也不可忽视财政政策的作用。在财政政策方面，国家可以通过调整财政收支总额，主要是减少财政支出，增加财政收入，调整财政收支项目（如压缩公共开支、开征新税种、提高税率等），控制和减少社会总需求。

采取财政政策来治理通货膨胀时，要注意与货币政策的搭配使用。因为财政政策决策时滞长，并需要立法机关的核准，比货币政策的实施需要更多的时间。

☆ **案例链接8-3** ☆

韩国治理通货膨胀的对策

韩国政府为了抑制和扭转20世纪70年代通货膨胀上涨而加剧对经济增长的损害局面，首先于1979年4月颁布“稳定化”计划，提出“稳定、均衡、增长”方针，即把快速增长政策调整为稳定增长政策，并相应地把扩张的财政信贷政策调整为紧缩的财政信贷政策。之后，韩国进一步把保持低通货膨胀作为一项主要政策目标，坚持稳定化计划，继续进行一系列的政策调整。

韩国政府在治理通货膨胀时，考虑本国资源缺乏、能源主要依赖进口、国内市场小、粮食等供给不足的实际情况，尤其是针对“资源型”通货膨胀等，采取相应的对策，既要抑制通货膨胀，又要使经济保持一定的增长，并提高效益。

为此，政府采取措施鼓励储蓄、增加生产和稳定物价，特别是保证重点消费品的生产。同时，韩国政府把系统的有力的政府指导或干预，与维护和加强有效竞争的市场机制结合起来。韩国政府还制定和实施反垄断法，降低企业和个人所得税，放松对进口和直接投资的控制等，以维护、扩大和促使市场竞争。

正由于韩国政府对通货膨胀实行既治标又治本，既“抑制需求”又“促进供给”

的综合治理，因此通货膨胀得到有效控制。1982 年维持多年的两位数物价上涨率首次降为一位数，并在 1983—1987 年 5 年间，消费物价上涨率持续稳定在 3%左右。进入 20 世纪 90 年代，虽然受“经济过热”的威胁，但仍把通胀控制在较低的水平，1992 年为 6.2%，1993 年为 4.8%。同时，经济实现了较高增长，1992 年为 4.8%，1993 年为 5.6%。所以韩国抑制通货膨胀的功效可见一斑。

（三）实行物价和收入管制政策

紧缩的货币政策和财政政策只适用于治理需求拉动型通货膨胀，对于成本推动型或结构型或需求拉动和成本推动混合型通货膨胀的治理则无能为力，这时行之有效的方法是采取物价和收入管制政策。

管制物价和收入政策的主要内容有：

（1）限制各种生产要素的收入增长率，尤其是限制工资增长率，避免由于工资的增加而导致生产成本的增加。

（2）制止垄断企业哄抬物价。

（3）政府配合对外贸易政策，降低关税，以使进口商品价格降低，从而降低物价上涨压力。

（四）实行供给管理政策

通货膨胀既然是货币供给量超过了货币需求的弹性限度所引发的一般物价水平持续上涨，那么对它进行治理既可以从货币供给方面入手减少社会总需求，也可以从商品和劳务供给方面入手增加社会总供给，增加货币需求量，从而使供求达到均衡。

从长期发展来看，发展生产，增加经济中有效供给是抑制物价水平上涨和控制通货膨胀的根本措施。具体办法是改善投资结构，优化产业结构、商品市场结构和劳动力市场结构；集中资金优先发展占用资金不多、投产期短、市场紧缺商品；鼓励企业技术创新，提高生产技术水平，提高资源利用效率。这样，可以较快地增加有效供给，减缓市场需求压力，改善产业结构。由此可见，供给管理政策是治理结构型通货膨胀和需求拉动型通货膨胀的有效措施。

（五）实行货币制度改革政策

当一国发生了恶性通货膨胀时，意味着该国的货币制度已经处于或接近于崩溃的边缘，该国政府应运用其权力，进行货币制度改革。

采取货币制度改革政策的目的是增强社会公众的信任，使货币恢复其原有职能。但需注意，如果发行新币后，通货膨胀依然得不到抑制，并且继续恶化，则新发行的货币的信誉会迅速失去，最后会以失败告终。因此，货币制度改革政策是在无计可施的情况下的一种选择。

☆ 案例链接 8-4 ☆

阿根廷 1990 年通货膨胀的治理

阿根廷是发展中国家中抑制通货膨胀比较成功的。阿根廷的通货膨胀 1990 年达到 1 344%。1991 年 4 月，梅内姆政府开始实施稳定经济的“秋季计划”，颁布了《兑换法》，将本国货币奥斯特拉尔与美元的比价固定为 10 000∶1（采用新币后为 1 比索比 1 美元）。中央银行以外汇储蓄保证货币自由兑换，同时实行严格的紧缩货币政策和财政政策，严格控制货币开发量，逐步恢复本国货币的支付能力。具体措施包括裁减政府冗员，以减少行政开支；加强税收管理，以增加财政收入；降低关税、吸引外资和官方银行向企业低息贷款，以促进生产和增加供给。这些措施作用的结果是，通胀得到有效抑制，年通胀率 1991 年降为 85%，1992 年降为 17.5%，1993 年为 7.4%，1994 年为 4.3%。实属难能可贵。

任务二　通货紧缩治理

一、通货紧缩的定义和类型

（一）通货紧缩的定义

通货紧缩是与通货膨胀相对应的一个概念，它是指当市场上流通的货币减少，人们的货币所得减少，购买力下降，影响物价之下跌，造成通货紧缩。长期的货币紧缩会抑制投资与生产，导致失业率升高及经济衰退。

经济学者普遍认为，当消费者物价指数（CPI）连跌半年以上，即表示已出现为通货紧缩。通货紧缩就是物价、工资、利率、粮食、能源等价格持续下跌，而且全部处于供过于求的状况。

通货紧缩一般具有以下两个特征：

第一，商品和劳务价格持续下跌。这是通货紧缩最基本的特征。通货紧缩是一个持续的、长期的物价下跌过程，而不是物价偶然的、短暂的下跌；是一般物价水平的下降，而不是局部性和结构性的物价下跌。

第二，通货紧缩通常伴随着生产下降、经济衰退。在通货紧缩时期，消费需求下降、投资意愿低迷、企业开工不足。随着市场的萎缩，商品价格下降，企业订单减少，利润降低，企业扩大再生产的意愿不强，从而失业人数增加，工资收入降低，而这反过来又进一步制约了有效需求，使总需求更加小于总供给。

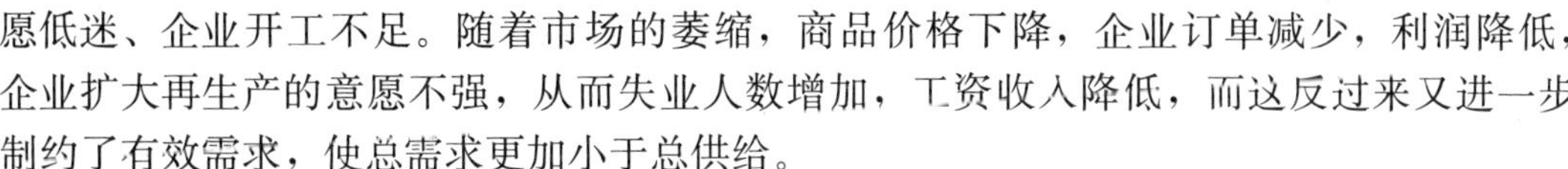

一般来说，适度的通货紧缩，通过加剧市场竞争，有助于调整经济结构和挤去经济

中的“泡沫”，也会促进企业加强技术投入和技术创新，改进产品和服务质量，对经济发展有积极作用的一面。但过度的通货紧缩，会导致物价总水平长时间、大范围下降，市场银根趋紧，货币流通速度减慢，市场销售不振，影响企业生产和投资的积极性，强化了居民“买涨不买落”心理，左右了企业的“惜投”和居民的“惜购”，大量的资金闲置，限制了社会需求的有效增长，最终导致经济增长乏力，经济增长率下降，对经济的长远发展和人民群众的长远利益不利。

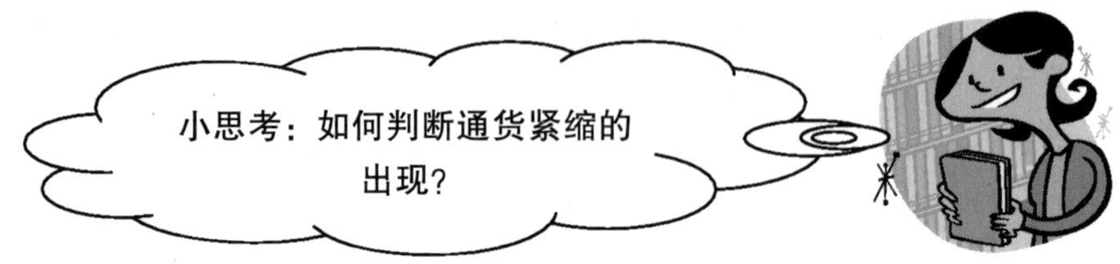

（二）通货紧缩的类型

1. 按通货紧缩的发生程度划分

按通货紧缩的发生程度不同划分，可分为相对通货紧缩和绝对通货紧缩。

相对通货紧缩是指物价水平在零值以上，但在适合一国经济发展和充分就业的物价水平区间以下，通货处于相对不足的状态。这种情形已经开始损害经济的正常发展，虽然是轻微的，但如果不加重视，可能会有量变到质变，对经济发展的损害会加重。

绝对通货紧缩是指物价水平在零值以下，即物价出现负增长，这种状态说明一国通货处于绝对不足状态。这种状态的出现，极易造成经济衰退和萧条。

2. 按通货紧缩对经济的影响程度划分

按通货紧缩对经济的影响程度划分，可分为轻度通货紧缩、中度通货紧缩和严重通货紧缩。

这三者的划分标准主要是物价绝对下降的幅度和持续的时间长度。一般来说，物价出现负增长，但幅度不大（比如－5%），时间不超过两年的称为轻度通货紧缩。物价下降幅度较大（比如在－5%～10%），时间超过两年的称为中度通货紧缩。物价下降幅度超过两位数，持续时间超过两年甚至更长的情况称为严重通货紧缩，20 世纪 30 年代世界性的经济大萧条所对应的通货紧缩，就属此类。

☆ 案例链接 8-5 ☆

“大萧条”：历史上最严重的通货紧缩

1929—1933 年，全世界范围内爆发了历史上最严重的通货紧缩，史称“大萧条”。在这场漫长的危机中，物价下跌，生产严重萎缩，失业剧增，人民的生活陷入极度贫困：失业工人们排着长队领取面包，数百万中学生辍学，大批无家可归的人露宿街头……而农业资本家和农场主们却在烧毁“过剩”的小麦和玉米，牛奶也被洒上农药后倒入密西西比河……历史学家施莱辛格悲叹道：“资本主义已经到了尽头！”胡佛总统黯然下台，他对继任者罗斯福说：“我们已经山穷水尽，无能为力！”

造成那次经济大萧条的原因，经济学家们至今仍在争论。一般认为，由于20世纪20年代近十年的经济高涨，生产能力急剧扩张，而劳动人民收入的赶不上供给的膨胀扩张。在经济过热的“泡沫”破裂后，产能过剩、需求不足的矛盾就爆发出来，物价持续下跌，大批企业破产倒闭，工人大量失业；与此同时，大批银行倒闭……

3. 按通货紧缩产生的原因划分

按通货紧缩产生的原因不同划分，可分为需求不足型通货紧缩和供给过剩型通货紧缩。

需求不足型通货紧缩，是指由于总需求不足，使得正常的供给显得相对过剩而出现的通货紧缩。由于引起总需求不足的原因可能是消费需求不足，投资需求不足，也可能是国外需求减少或者几种因素共同造成的不足，因此，需求不足型的通货紧缩可以细分为消费抑制型通货紧缩、投资抑制型通货紧缩和国外需求减少型通货紧缩。

供给过剩型通货紧缩，是指由于技术进步和生产效率的提高，在一定时期产品数量的绝对过剩而引起的通货紧缩。这种产品的绝对过剩只可能发生在经济发展的某一阶段，如一些传统的生产、生活用品（如钢铁、落后的家电等），在市场机制调节不太灵敏，产业结构调整严重滞后的情况下，可能会出现绝对的过剩。这种状态从某个角度来看，它并不是一个坏事，因为它说明人类的进步，是前进过程中的现象。但这种通货紧缩如果严重的话，则说明该国市场机制存在较大缺陷，同样会对经济的正常发展产生不利影响。

二、通货紧缩产生的原因

（一）紧缩性的货币财政政策

如果一国采取紧缩性的货币财政政策，降低货币供应量，削减公共开支，减少转移支付，就会使商品市场和货币市场出现失衡，出现“过多的商品追求过少的货币”，从而引起政策紧缩性的通货紧缩。

（二）经济周期的变化

当经济到达繁荣的高峰阶段，会由于生产能力大量过剩，商品供过于求，出现物价的持续下降，引发周期性的通货紧缩。

（三）投资和消费的有效需求不足

当人们预期实际利率进一步下降，经济形势继续不佳时，投资和消费需求都会减少，而总需求的减少会使物价下跌，形成需求拉下性的通货紧缩。

（四）新技术的采用和劳动生产率的提高

由于技术进步以及新技术在生产上的广泛应用，会大幅度地提高劳动生产率，降低生产成本，导致商品价格的下降，从而出现成本压低性的通货紧缩。

（五）金融体系效率的降低

如果在经济过热时，银行信贷盲目扩张，造成大量坏账，形成大量不良资产，金融机构自然会“惜贷”和“慎贷”，加上企业和居民不良预期形成的不想贷、不愿贷行为，必然导致信贷萎缩，同样减少社会总需求，导致通货紧缩。

（六）体制和制度因素

体制变化（如企业体制、保障体制等）一般会打乱人们的稳定预期，如果人们预期将来收入会减少，支出将增加，那么人们就会“少花钱，多储蓄”，引起有效需求不足，物价下降，从而出现体制变化性的通货紧缩。

（七）汇率制度的缺陷

如果一国实行钉住强势货币的联系汇率制度，本国货币又被高估，那么会导致出口下降，国内商品过剩，企业经营困难，社会需求减少，物价就会持续下跌，从而形成外部冲击性的通货紧缩。

三、通货紧缩的危害

（一）加速经济衰退

通货紧缩导致的经济衰退表现在三方面：一是物价的持续、普遍下跌使得企业产品价格下跌，企业利润减少甚至亏损，这将严重打击生产者的积极性，使生产者减少生产甚至停产，结果社会的经济增长受到抑制。二是物价的持续、普遍下跌使实际利率升高，这将有利于债权人而损害债务人的利益。而社会上的债务人大多是生产者和投资者，债务负担的加重无疑会影响他们的生产与投资活动，从而对经济增长造成负面影响。三是物价下跌引起的企业利润减少和生产积极性降低，使失业率上升，实际就业率低于充分就业率，实际经济增长低于自然增长。

（二）导致社会财富缩水

通货紧缩发生时，全社会总物价水平下降，企业的产品价格自然也跟着下降，企业的利润随之减少。企业盈利能力的下降使得企业资产的市场价格也相应降低。而且产品价格水平的下降使得单个企业的产品难以卖出，企业为了维持生产周转不得不增加负债，负债率的提高进一步使企业资产的价格下降。企业资产价格的下降意味着企业净值的下降和财富的减少，通货紧缩的条件下，供给的相对过剩必然会使众多劳动者失业，此时劳动力市场供过于求的状况将使工人的工资降低，个人财富减少。即使工资不降低，失业人数的增多也使社会居民总体的收入减少，导致社会个体的财富缩水。

（三）分配负面效应显现

通货紧缩的分配效应可以分为两个方面来考察，即社会财富在债务人和债权人之间的分配以及社会财富在政府与企业、居民之间的分配。从总体而言，经济中的债务人一般为企业，而债权人一般为居民。因此，社会财富在债务人与债权人之间的分配也就是在居民和企业之间的分配。

企业在通货紧缩的情况下，由于产品价格的降低，使企业利润减少，而实际利率升高，使作为债务人的企业的收入又进一步向债权人转移，这又加重了企业的困难。为维持生计，企业只有选择筹集更多的债务来进行周转，这样企业的债务总量势必增加，其债务负担更加沉重，由此企业在财富再分配的过程中将处于更加恶劣的位置。如此循环往复，这种财富的分配负面效应不断得到加强。

（四）可能引发银行危机

与通货膨胀相反，通货紧缩有利于债权人而有损于债务人。通货紧缩使货币越来越昂贵。这实际上加重了借款人的债务负担，使借款人无力偿还贷款，从而导致银行形成大量不良资产，甚至使银行倒闭，金融体系崩溃。因此，许多经济学家指出："货币升值是引起一个国家所有经济问题的共同原因"。

☆ 案例链接 8-6 ☆

通货紧缩困扰日本

早在 20 世纪 90 年代初经济泡沫破灭后不久，在日本经济运行与发展中就开始显现出一系列通货紧缩性征象。对此，日本政府始终都未承认日本经济已经处于通货紧缩状态。直到 2001 年 3 月 16 日讨论 2001 年 3 月《月例经济报告》的阁僚会议上，前森喜朗政府才公开认定"现在的日本经济正处在缓慢的通货紧缩之中"。

根据日本官方观点，目前日本经济出现的通货紧缩状态在战后还是第一次。以往物价下跌大多具有局部性和短暂性的特点，而目前日本的物价下跌却具有全面性和持续性的特点。即一方面表现为几乎全部或绝大部分商品的价格都同时呈现下跌态势，如在 1999 年和 2000 年，不仅综合批发物价指数分别比上年下跌了 3.3 个和 0.1 个百分点，而且综合消费者物价指数也分别比上年下跌了 0.3 个和 0.7 个百分点；另一方面还表现为物价下跌已成为日本经济运行与发展中的一种长期态势。如在 1991 年至 2000 年的 10 年间，日本综合批发物价指数有 8 年呈下跌态势。尤其是综合消费者物价指数在 1999 年和 2000 年也出现了战后从未有过的连续两年下降的情况。进入 2001 年，日本物价总水平的下降趋势更加强烈，前 6 个月无论是批发物价还是消费者物价，月月都是负增长，其中消费者物价在 5 月份还创了单月下跌的最高纪录。

当前日本通货紧缩的一个突出特点，就是它是在日本政府长期推行扩张性财政金融政策的背景下形成的；物价总水平的持续下降与巨额财政赤字和超低利率水平等正常情况下不应同时出现的现象目前却纠缠在一起。

愈演愈烈的通货紧缩，已经并仍将对日本经济的运行与发展造成多层面的消极影响。一是恶化了企业经营环境，二是加剧消费需求低迷，三是加重财政赤字危机。从 1997 年到 2000 年，日本的国税收入由 539 415 亿日元减少为 456 780 亿日元，3 年间减少了 15.2%。在导致税收减少的因素中，除政府为刺激经济回升而主动采取的减税政策外，物价下跌导致企业利润和个人收入的减少也是其重要原因。

资料来源：江瑞平．通货紧缩困扰日本．人民日报，2001-08-06 (2).

四、通货紧缩的治理

由于通货紧缩形成的原因比较复杂，并非由单一的某个方面的原因引起，而是由多种因素共同作用形成的，因此治理的难度甚至比通货膨胀还要大，必须根据不同国家不同时期的具体情况进行认真研究，才能找到有针对性的治理措施。治理通货紧缩的一般措施包括以下三个方面，见图 8-6。

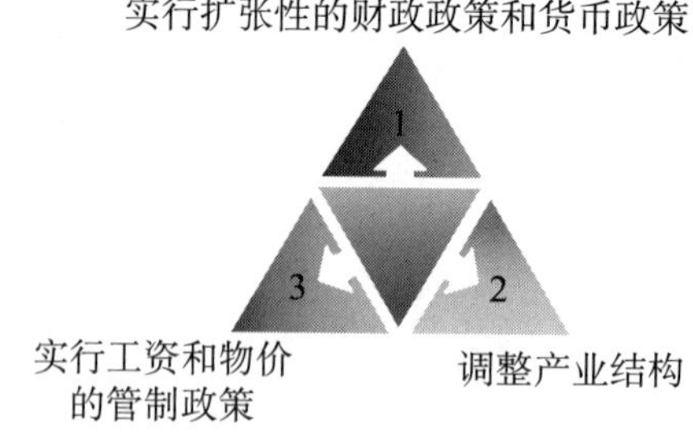

图 8-6　通货紧缩的治理措施

（一）实行扩张性的财政政策和货币政策

根据通货紧缩的形成原因之一是社会总需求小于社会总供给，治理通货紧缩的重要措施之一就是采取多种方式扩大总需求。实行扩张性的财政政策，增加政府公共支出，调整政府收支结构，可以在居民消费需求不足和企业投资需求不足的情况下，通过扩大政府需求来增加总需求。具体举措包括：对具有极大增长潜力的高新技术产业，实行税收优惠；尽可能地减少对企业的亏损，增加各种形式的价格补贴；利用财政贴息的方式启动民间投资，大力发展民营经济，引导其资金投向社会急需发展的基础设施领域等。

因为通货紧缩是一种货币现象，那么治理通货紧缩，也就必须采取扩张性的货币政策。实行扩张型的货币政策，通过增加货币供应量，以刺激增加企业和消费者的有效需求。增加货币供应量可以从基础货币和货币乘数两个方面着手。作为中央银行可以充分利用自己掌握的货币政策工具，影响和引导商业银行及社会公众的预期和行为。在通货紧缩时期，一般要降低中央银行的再贴现率和法定存款准备金率，从社会主体手中买进政府债券，同时采用一切可能的方法，鼓励商业银行扩张信用，从而增加货币供给。具体操作要根据造成货币供给不足的原因，灵活掌握。

财政政策与货币政策的配合运用，是治理通货紧缩和通货膨胀的主要政策措施，但由于货币政策具有滞后性的特点，而且在通货紧缩时期，利率弹性较小，因此财政政策的效果一般比货币政策更直接有效。

（二）调整产业结构

对于因生产能力过剩等结构因素导致的通货紧缩，必须进行产业结构调整。产业结构调整主要是推进产业结构的升级，培育新的经济增长点，形成新的消费热点。除此之外，产业结构调整也包括同一产业中不同企业的兼并与重组，即产业组织结构的调整。如果一个行业生产能力过剩，会经常出现恶性的市场竞争，打价格战，使整个行业的价格水平越来越低、利润越来越少。进行产业结构的组织调整，一些企业退出市场，另一些企业并购重组形成新的具有优势的企业，就会防止过度竞争，从而避免价格的不断下降。

（三）实行工资和物价的管制政策

对工资和物价进行管制也是治理通货紧缩的手段之一。例如，在通货紧缩时期进行工资制度改革，提高工资水平，限制价格的下降。这与通货膨胀时期的限制工资增加与物价上涨的措施作用方向相反，但原理相同。

此外，还可以采取各种措施，如制定更完善的社会保障体系，增加社会福利开支，努力促进就业水平提高等，以增强人们对未来的信心，形成对未来美好的预期，刺激人们的消费意愿，提高人们的消费水平。

导入案例启示

世界上面值最大的货币——100万亿津巴布韦币的出现是津巴布韦政府为了应对完全失控的恶性通货膨胀而发行的。

显而易见，恶性通货膨胀给津巴布韦政府和民众带来许多恶劣影响。恶性通货膨胀的主要经济危害是价格失灵，迅速上涨的商品价格已经不能成为市场生产的指导原则，导致生产体系出现混乱，产生生产的浪费。恶性通货膨胀会导致人们对货币失去信心，导致人们较少储备货币，及时地把货币开销出去。这会导致人们囤积物质，购买那些可能并不需要的商品，产生消费领域的浪费。

恶性通货膨胀发生会严重影响一国汇率水平，打乱进出口秩序和金融秩序，大幅削弱财政政策和货币政策作用。同时，人民收入和生活水平受到严重影响，国家竞争力也就会减弱，国际地位、声誉受损等。

制止恶性通货膨胀需要一系列的特别的政策组合，涉及汇率、公共预算、货币供给以及某些情况下对工资和物价的直接措施。在恶性通货膨胀的经济中，经常采用一种对物价的直接措施。在恶性通货膨胀的经济中，经常采用一种新货币被引入以取代旧货币，税制也会改革。

项目小结

通货膨胀是指在纸币流通条件下，因货币供给大于货币实际需求，即现实购买力大于产出供给，导致货币贬值，而引起的一段时间内物价持续而普遍的上涨现象。

通货膨胀的分类主要有：（1）按物价上升幅度不同划分为爬行的通货膨胀、飞奔的通货膨胀和恶性的通货膨胀；（2）按形成原因或发生机制划分为需求拉动型通货膨胀、成本推动型通货膨胀、需求和成本混合推动型通货膨胀和结构型通货膨胀；（3）按表现形式划分为公开型通货膨胀和隐蔽型通货膨胀。

物价指数是衡量通货膨胀的尺度，从世界各国的实际做法看，主要采取四个衡量指标：生产者价格指数（PPI）、消费者价格指数（CPI）、零售物价指数（RPI）、国民生产总值平减指数。我国主要依据CPI的变化来衡量通货膨胀。

通货膨胀对经济的危害主要体现在生产领域、流通领域和分配领域。

各国政府根据本国的历史基础、经济和社会环境，还有通货膨胀的状况和引发的原因，采取不同的治理措施抑制通货膨胀。具体措施有：实行紧缩的货币政策；实行紧缩的财政政策；实行物价和收入管制政策；实行供给管理政策；实行货币制度改革政策。

通货紧缩是与通货膨胀相对应的一个概念，它是指当市场上流通的货币减少，人们的货币所得减少，购买力下降，影响物价之下跌，造成通货紧缩。经济学者普遍认为，当消费者物价指数（CPI）连跌半年以上，即表示已出现为通货紧缩。

通货紧缩的分类主要有：（1）按照发生的程度不同划分为相对通货紧缩和绝对通货紧缩；（2）按照对经济的影响程度划分为轻度通货紧缩、中度通货紧缩和严重通货紧缩；（3）按产生的原因不同，通货紧缩可划分为需求不足型通货紧缩和供给过剩型通货紧缩。

引起通货紧缩的一般原因包括：紧缩性的货币财政政策；经济周期的变化；投资和消费的有效需求不足；新技术的采用和劳动生产率的提高；金融体系效率的降低；体制和制度因素；汇率制度的缺陷。通货紧缩的危害主要体现在：加速经济衰退；导致社会财富缩水；分配负面效应显现；可能引发银行危机。

治理通货紧缩的一般措施，包括三个方面：一是实行扩张性的财政政策和货币政策；二是调整产业结构；三是实行工资和物价的管制政策。

同步训练

☆ 知识训练 ☆

一、总结本项目知识体系，并画出框架图。

二、知识闯关

1. 名词解释

通货膨胀、需求拉动型通货膨胀、成本推动型通货膨胀、需求和成本混合推动型通货膨胀、结构型通货膨胀、生产者价格指数、消费者价格指数、零售物价指数、国民生产总值平减指数、通货紧缩

2. 选择题（包括单项选择题和多项选择题）

（1）通货膨胀和通货紧缩都是一种（　　）。

A. 消费现象　　B. 投资现象　　C. 货币现象　　D. 成本现象

（2）形成通货膨胀的直接原因是（　　）。

A. 货币需求不足　　B. 货币供给不足　　C. 货币需求过度　　D. 货币供给过度

（3）当一国的通货膨胀率达到（　　）以上时，意味着该国的货币制度已经处于或接近于崩溃的边缘，我们认为该国发生了恶性通货膨胀。

A. 5%　　B. 10%　　C. 20%　　D. 50%

（4）治理通货膨胀的对策中，开征新税种、提高税率属于（　　）。

A. 紧缩的货币政策　　B. 紧缩的财政政策

C. 物价和收入管制政策　　D. 供给管理政策

（5）治理通货紧缩的政策是（　　）。

A. 紧缩的货币政策　　B. 紧缩的财政政策

C. 扩张的财政货币政策　　D. 提高法定存款准备金政策

（6）通货膨胀的成因包括（　　）。

A. 政策因素　　B. 需求拉动因素　　C. 成本推动因素

D. 需求拉动和成本推动混合作用因素　　E. 结构性因素

（7）通货紧缩的危害有（　　）。

A. 加速经济衰退　　B. 造成物价上涨

C. 导致社会财富缩水　　D. 分配负面效应显现

E. 可能引发银行危机

3. 简答题

（1）什么是通货膨胀？如何衡量通货膨胀？

（2）简述通货膨胀的分类。

（3）通货膨胀对经济有什么危害？如何治理通货膨胀？

（4）简述通货紧缩产生的一般原因。

（5）通货紧缩对经济有什么危害？如何治理通货紧缩？

三、讨论：中国会陷入日本式通货紧缩吗？

☆技能训练☆

一、登录国家统计局网站，查询最新的物价指数，分析是否存在通货膨胀或通货紧缩的迹象。

二、以小组为单位调研“津巴布韦通货膨胀的案例”，分析其形成原因、具体表现、对津巴布韦经济的影响以及津巴布韦政府治理通货膨胀的具体措施，制作 PPT 并演示汇报。

项目九

金融危机与金融监管

【名人名言】

美国经历了这次金融危机，其实我觉得对美国及对中国都是好事情，市场有一只无形的手，能把出轨的经济拉回来。

——格林斯潘（美联储前主席）

【学习目标】

知识目标

◇ 熟悉货币危机、债务危机、银行业危机、泡沫危机的概念。

◇ 了解金融监管的主体、客体、目标、手段。

◇ 掌握金融监管体制。

技能目标

◇ 能够分析不同类型的金融危机，并提出防范措施。

◇ 能够对金融监管进行解释。

“穿透式”监管将夯实互联网金融发展基础

2016年10月13日，国务院办公厅正式发布《互联网金融风险专项整治工作实施方案》（以下简称《实施方案》），对互联网金融风险专项整治工作进行了全面部署安排。同时央行、银监会、保监会、证监会、工商总局等多部门相继发布了各自领域的整治方案，最终将形成中国总体互联网金融整治报告，目标是建立健全互联网金融监管长效机制。

此轮金融风险专项整治，剑指P2P网贷、股权众筹、互联网保险、房地产金融、第三方支付等多个互联网金融问题频出的领域，将全方位、全维度对行业进行整治。《实施方案》首次提出“穿透式”监管办法，要求透过表面判定业务本质属性、监管职责和应遵循的行为规则与监管要求。这将对整个互联网金融未来的发展起到重要作用，为行业发展立规立标。

随着今年以来监管加速收紧，一些平台“改名潮”涌现，将业务包装为“智能投顾”“科技金融”“互联网金融超市”，期望与负面新闻缠身的P2P划清界限，规避监管。此次“穿透式”监管的提出，可谓直击改名乱象，将根据平台实际业务模式进行监管。

《实施方案》明确了互联网企业未取得相关金融业务资质不得依托互联网开展相应业务，开展业务的实质应符合取得的业务资质；同一集团内取得多项金融业务资质的，不得违反关联交易等相关业务规范，按照与传统金融企业一致的监管规则，要求集团建立“防火墙”制度，遵循关联交易等方面的监管规定，切实防范风险交叉传染；金融机构不得依托互联网通过各类资产管理产品，嵌套开展资产管理业务、规避监管要求，应综合资金来源、中间环节与最终投向等全流程信息，进行“穿透式”监管。

从具体手段分析，“穿透式”监管将更注重功能监管，让监管落实到平台核心业务，不以表象论企业是否合法合规，从业务本质入手，将资金来源、中间环节和资金最终流向穿透联结起来，依平台实际业务逻辑进行监管，从而彻底打破企业为自己贴标签、逃避监管的企图。

随着监管细则逐步出台，互联网金融平台也势必会意识到靠包装概念来规避监管毫无意义，必须根据具体监管规定，对产品、业务进行合规改造。只有严格遵守监管提到的不设资金池、不自融自保、实施银行存管等规定，才能健康合规发展。

截至2016年9月30日，全国网贷平台数量达4 279家。网贷行业整体收益率在2016年持续显著下滑，9月网贷行业综合收益率首次跌破10%，为9.83%。除了监管的全面收紧带来网贷平台的收缩外，此前监管缺失带来的全行业“劣币驱逐良币”、P2P平台跑路事件频发等问题对互联网金融行业发展起到了致命的负面作用。

对互联网金融的监管在过去一度被认为是阻碍互联网金融发展的“洪水猛兽”，而实际上，随着互联网金融的进一步发展，人们清楚地意识到，即使是新事物，也应该遵循依法合规底线。

在服务实体经济的大前提下，互联网金融行业需要踩得更实、挖掘得更深。应该看到，互联网金融将被纳入依法依规发展体系。在保证投资人资金安全、行业整体诚信的前提下发展，互联网金融行业长远前景看好。

资料来源：赵丽．“穿透式”监管将夯实互联网金融发展基础．经济参考报，2016-10-18（1）.

小组讨论

生活中存在哪些金融风险？　会不会形成金融危机？　金融监管将起到哪些作用？

任务一　金融危机管理

一、什么是金融危机

金融危机指的是金融资产、金融机构或金融市场的危机，具体表现为金融资产价格大幅下跌或金融机构倒闭、濒临倒闭或某个金融市场暴跌等。

由于金融资产的流动性非常强，因此金融危机的国际性非常强。金融危机的导火索可以是任何国家的金融产品、金融市场或金融机构等。自17世纪以来，全球范围内发生了数次波及范围巨大，影响深远的金融危机，这些危机发生时都给社会经济运行造成了巨大混乱，并对后世产生了深远影响。

金融危机的特征包括：

（1）人们预期经济未来将更加悲观。

（2）整个区域内货币币值出现较大幅度贬值。

（3）经济总量与经济规模出现较大幅度的缩减，经济增长受到打击。

（4）企业大量倒闭，失业率提高，社会经济萧条。

（5）有时候甚至伴随着社会动荡或国家政治层面的动荡。

金融危机可以分为货币危机、债务危机、银行业危机、泡沫危机等类型，见图9-1。近年来的金融危机越来越呈现出某种混合形式的危机。

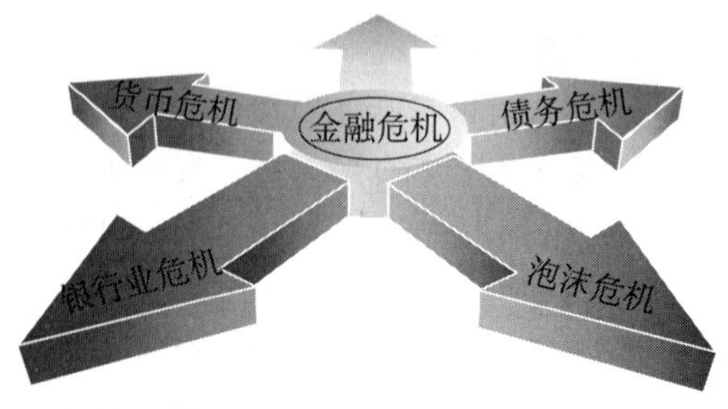

图9-1　金融危机的分类

二、货币危机

（一）货币危机的概念

货币危机的概念有狭义、广义之分。

狭义的货币危机与特定的汇率制度（通常是固定汇率制）相对应，其含义是实行固定汇率制的国家，在非常被动的情况下（如在经济基本面恶化的情况下，或者在遭遇强大的投机攻击情况下），对本国的汇率制度进行调整，转而实行浮动汇率制，而由市场决定的汇率水平远远高于原先所刻意维护的水平（即官方汇率），这种汇率变动的影响难以控制、难以容忍，这一现象就是货币危机。

广义的货币危机泛指汇率的变动幅度超出了一国可承受的范围这一现象。

☆ 案例链接 9-1 ☆

1997 年亚洲金融危机

1997 年 7 月 2 日，泰国宣布放弃固定汇率制，实行浮动汇率制，引发一场遍及东南亚的金融风暴。当天，泰铢兑换美元的汇率下降了 17%，外汇及其他金融市场一片混乱。

在泰铢波动的影响下，菲律宾比索、印度尼西亚盾、马来西亚林吉特相继成为国际炒家的攻击对象。

8 月，马来西亚放弃保卫林吉特的努力。一向坚挺的新加坡元也受到冲击。印尼虽是受“传染”最晚的国家，但受到的冲击最为严重。

10 月下旬，国际炒家移师国际金融中心香港，矛头直指香港联系汇率制。台湾当局突然弃守新台币汇率，一天贬值 3.46%，加大了对港币和香港股市的压力。

10 月 23 日，香港恒生指数大跌 1 211.47 点；28 日，下跌 1 621.80 点，跌破 9 000 点大关。面对国际金融炒家的猛烈进攻，香港特区政府重申不会改变现行汇率制度，恒生指数上扬，再上万点大关。

接着，11 月中旬，东亚的韩国也爆发金融风暴。17 日，韩元对美元的汇率跌至创纪录的 1 008∶1。21 日，韩国政府不得不向国际货币基金组织求援，暂时控制了危机。但到了 12 月 13 日，韩元对美元的汇率又降至 1 737.60∶1。

韩元危机也冲击了在韩国有大量投资的日本金融业。1997 年下半年日本的一系列银行和证券公司相继破产。东南亚金融风暴演变为亚洲金融危机。

东南亚金融危机使得与之关系密切的日本经济陷入困境。日元汇率从 1997 年 6 月底的 115 日元兑 1 美元跌至 1998 年 4 月初的 133 日元兑 1 美元；5、6 月间，日元汇率一路下跌，一度接近 150 日元兑 1 美元的关口。随着日元的大幅贬值，国际金融形势更加不明朗，亚洲金融危机继续深化。这场危机一直持续到 1999 年才结束。

资料来源：新华网．财·发现：历史上的金融危机都是怎么发生的．(2015-08-25)［2017-08-11］．http：//money.hexun.com/2015-08-25/178587939_7.html.

国际金融危机主要表现为货币危机，具体表现为市场流动性不足，信用紧缩，市场停滞，交易大量减少，市场恐慌性抛售，信心崩溃。

其特征是人们基于经济未来将更加悲观的预期，整个区域内货币币值出现幅度较大的贬值，经济总量与经济规模出现较大的损失，经济增长受到打击。经济危机往往伴随着企业大量倒闭，失业率提高，社会普遍的经济萧条，甚至有些时候伴随着社会动荡或国家政治层面的动荡。

（二）货币危机的防范

就历史经验来看，货币危机的爆发，通常都经过相当长一段时间的能量积蓄，最后由某一个或几个因素引爆。综合国外的经验教训，应对货币危机的防范措施主要有以下几种。

1. 适时调整汇率

一国政府应建立与本国经济发展状况相适应的汇率制度。经济学家们越来越倾向：发展中国家应确立起相对稳定、适时调整的汇率制度；相对稳定便于贸易与投资，减少相关汇率风险；适时调整是要避免币值高估或低估，以免给货币投机留下可乘之机。有条件的经济大国应当使汇率更加灵活，以减少国际金融市场的动荡对国内金融市场与货币政策的影响。

2. 适度储备规模

就货币危机国家（地区）来看，货币危机的最终生成与当局外汇储备不足紧密相关，而在 1997 年的东南亚金融危机中，新加坡、香港等国家（地区）能成功击退投机者的攻击，最后主要依靠的是雄厚的外汇储备。但是，外汇储备并非越多越好。外汇储备迅速增加，会改变该国基础货币的投放结构，削弱央行对货币供应量的控制，增加本币的升值压力；同时，在国际储备货币币值剧烈变动之下，随着外汇储备的增加，维护外汇储备安全的成本就越来越大。因此，应根据一国的进口、外债以及干预市场等支付需要，确定适度的外汇储备规模。

3. 健全金融体制

健全的金融体制要依靠：企业具备充分的财务管理能力，良好的财务结构，资产与负债的比率保持合理的水平；具有足够的风险管理能力和竞争能力的金融机构；符合国际标准的会计制度、信息公开制度；建立在市场竞争机制基础上的银企关系；有效监督机构尤其是独立的中央银行，以避免因为政治需要而影响央行的正确决策。金融体系是构筑在信用基础之上的，信用的丧失会动摇金融稳定的基础。

4. 谨慎开放市场

根据国际经验，实现资本项目可兑换，需要较长的准备时间，即便如法国、意大利、日本等发达国家，也是在实现经常项目可兑换的 20 多年之后，才完全取消资本项目的管制。放宽对资本账户的限制应当有序实施，首先放宽对长期资本流入的限制，然后随着银行和其他金融机构管理能力的增强，再逐步放宽对短期资本流入的限制。

5. 有效控制短期资本流入

有效控制短期资本流入也是有效措施之一。在新兴市场中，智利对控制短期资本流入堪称典范，主要措施有：外资的投资期限不得少于一年；对数额超过 10 万美元时，要求缴存 10%的无偿准备金；外资在智利的投资，需将引入资金的 30%存入央行一年，且不计利息；对国内公司在海外发行债券，要求平均期限不得短于 4 年；国内银行的外汇敞口不大于银行资本与准备金的 20%等。智利的上述措施较好地控制了通过资本账户流入境内的资金净额与流入结构，特别是短期投机资金的流入，使流入资金中直接投资占较大比重，因此多次成功抵御金融危机的“传染效应”。对于引进的外资，应导向生产而不是消费领域，形成多样化的、有效的出口生产能力。

6. 控制举借外债

在全球化时代，积极地举借外债已成为发展中国家决策者的一个明智选择。然而，过度依赖外资是引发新兴市场货币危机的重要原因。因此外资在国内总投资所占比重要适度，利用外资要与国家的对外支付手段和融资能力相适应。

7. 稳健财政体制

阿根廷、俄罗斯等国的货币危机表明，庞大的财政赤字同样具有极大的危害性，这是因为：其一，由于央行缺乏独立性，政府通过行政力量直接向银行举债，这不仅影响了银行的稳健经营，而且易于引发通货膨胀；其二，由于政府的巨额资金需求，导致市场利率上扬，私人部门筹措资金的成本居高不下；其三，政府为增加财政收入而向企业征收五花八门的税收，增加企业负担。欧盟的《稳定与增长公约》规定，凡是准备或业已加入欧元的国家，其年度财政赤字不得超过其 GDP 的 3%。欧盟的这一硬性标准被经济学家们普遍用来衡量一国经济与金融安全的警戒线。

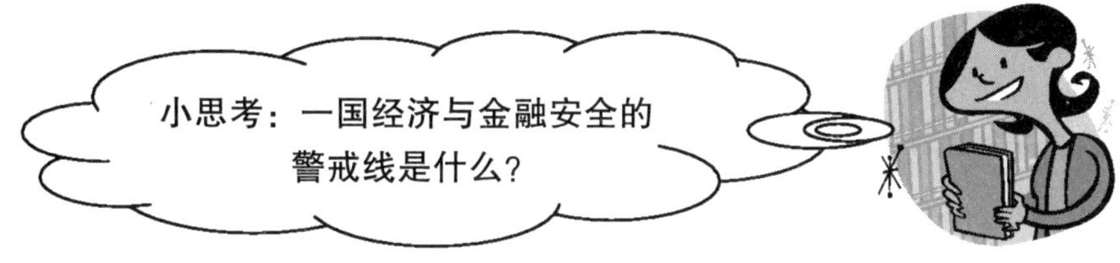

8. 保持区域金融稳定

全球化下金融危机爆发的一个重要特征是区域性，一国发生货币危机，邻近国家非常容易遭受池鱼之殃。欧洲货币危机、东南亚金融危机以及新近的“南方共同市场”发生的危机等都是如此。相反，欧洲货币危机、墨西哥比索危机之所以能够很快得以平息，是因为德国与美国这两大经济强国起着重要的稳定作用。

9. 建立风险转移机制

其一，建立存款保险制度。西方国家普遍建立的存款保险制度，为稳定金融体系提供了一道安全屏障。泡沫经济破灭后本是十分虚弱的日本金融机构，经过东南亚金融危机的冲击已是岌岌可危。日本政府通过向存款保险公司提供特别融资，有效遏制了危机在国内的蔓延和肆虐，避免了对社会和经济造成更大的冲击。其二，建立不良债权的担保抵押机构，降低金融机构坏账。为应对 20 世纪 80 年代发生的金融危机，美国建立不良债权担保抵押机构，实现应收账款债券化。储蓄贷款协会通过将应收账款以适当的贴现率兑付给应收账款购买机构，或者以此为抵押发行定期可流通债券，进而置换出资金，转移了风险。

10. 夯实经济政治基础

货币是一个国家综合国力的象征，无严重政党纷争、廉洁高效的政府、完善的社会保障体系等政治与社会稳定是实现经济稳定、持续增长的基本条件，是实现货币稳定的重要前提。其一，优化产业结构，出口多元化，并不断提高劳动生产率，提高企业及其产品在国际市场上的竞争力。其二，促进和扩大内需。发展中国家政府不能过分依赖国外（主要是西方）消费需求的旺盛来拉动本国经济，应更多地依靠国内需求来促进经济的增长，为此要适当抑制超额储蓄，鼓励居民扩大消费，要不断增加基础设施和其他公共开支项目，健全金融体制，将居民储蓄有效转化为国内投资，促进经济增长。与此同时，要防止持续大规模投资引起经济过热，产生经济泡沫。其三，确保政治与社会稳定。

☆ 案例链接 9-2 ☆

居民资产配置应多“混搭”

作为中国利率市场化的重要一步，《存款保险条例》（以下简称《条例》）于 2015 年 5 月 1 日起正式实施，存款保险实行限额偿付，最高偿付限额为 50 万元。按照《条例》的规定，同一存款人在同一家投保机构最高偿付额为 50 万元人民币，在最高偿付限额以内的，实行全额偿付（包括存款本金和应计利息）。中国人民银行测算，这个额度将为 99.63%的存款人的存款提供完全保护。

对储户来说，虽然短期内银行破产的可能性很小，但除了存款之外，那些在银行购买的理财产品，银行代销的保险、基金、信托等产品，以及投资者在银行证券托管账户中的钱，将不计入存款保险之列，这意味着消费者应当提高理财风险意识，资产配置应分散风险。

央行行长周小川日前接受部分媒体采访时更透露，当前我国存款保险考虑是以低费率起步。综合考虑国际经验、金融机构承受能力和风险处置需要等因素，我国存保起步时的费率水平大概在万分之一到万分之二，远低于绝大多数国家存保起步时的水平以及现行水平。

存款保险制度的意义不言而喻，交通银行首席经济学家连平指出，存款保险制度的出台有利于宏观金融稳定，是利率市场化改革的重要配套机制。

在优选财富高级理财经理李珂看来，新政策一实施，意味着存款由过去国家的全额隐含保险转为显性的有限担保，银行可能作别刚性兑付的时代。对于习惯存款的百姓而言，高利率不一定是最好的选择，靠谱的金融机构和理财手段才是应当着手关注的。

银率网分析师殷燕敏分析，对于非保本浮动收益型理财产品而言，盈利亏损均由投资人承担。保本型理财产品的本金及固定收益是由银行保证的，一旦银行破产，也意味着银行不能履行担保。出现亏损的话，只能作为银行的普通债权通过司法程序处理。

渣打中国财富管理专家郑毓栋告诉京华时报记者，从长期来看，他建议投资者一来是要投资风险与自身相匹配的理财产品，二来则是要分散投资，不能将鸡蛋放入一个篮子中。

资料来源：马文婷．居民资产配置应多“混搭”．京华时报，2015-04-30（d04）.

三、债务危机

（一）债务危机的概念

债务危机是指一国不能偿付其内债和外债而引发的危机。但通常主要指外债危机，即一国在国际借贷领域中大量负债，超过了其自身的清偿能力，造成无力还债或必须延期还债的现象。

衡量一个国家外债清偿能力有多个指标，其中最主要的是外债清偿率指标，即一个国家在一年中外债的还本付息额占当年或上一年出口收汇额的比率。一般情况下，这一指标应保持在20%以下，超过20%就说明外债负担过高。

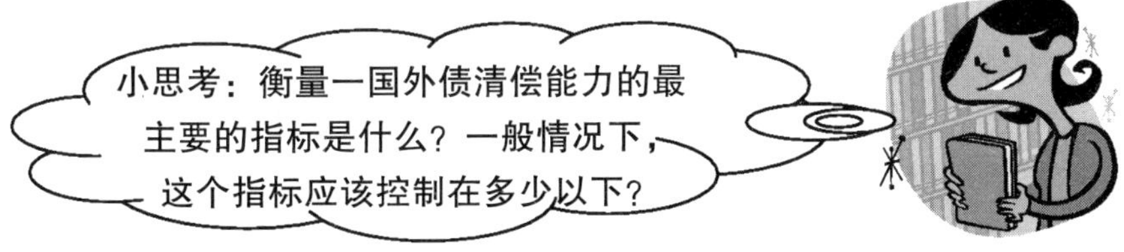

1. 债务转换股权

债务转换股权是1983年以来出现的解决债务国部分债务的办法。基本步骤为：

（1）由政府进行协调、转换的债务属于重新安排协议内的债务。债权方、债务方和政府各方经谈判同意后，委托某中间机构将贷给公共或私人部门的贷款向二级市场打折扣出售。有时外国银行亦把债权直接打折扣售给债务国中央银行。

（2）投资人向债务国金融当局提出申请。在取得同意后，即以这一折扣价买下这笔债务，然后到债务国中央银行按官方汇率贴现，兑换成该国货币。

（3）投资人使用这笔货币在该债务国购入股权进行投资。于是这笔债务便从债务国的外国贷款登记机构注销而转入股票投资登记机构。

2. 债务转用于资源保护

债务转用于资源保护是指通过债务转换取得资金用于保护自然资源。这种措施由世界野生物基金组织主管科研的副会长托马斯·E. 勒夫乔埃于1984年提出。具体做法为：世界野生物基金组织同债务国金融机构、中央银行、政府资源管理机构或私人自然资源保护组织达成原则协议，定下换成当地货币的汇率及管理和使用这笔资金的代理机构，然后以其收到的捐赠资金从私人银行或二级市场以折扣价购进债务后，转售给债务国资源管理机构或私人自然资源保护机构，并向该国中央银行兑换成该国货币，然后再交给资源保护机构用于环保项目投资。

3. 债务调换

债务调换指发行新债券以偿付旧债。具体做法为一国以债券形式举措新债，出售债券取得现款，以便在二级市场上回购债务，或直接交换旧债。这种方案的设想是，如果新债券能比现存债务以较小的折现率出售，那么其效应将是减少债务而不必使债务国动用大量外汇储备。但这种方法受限于一国的债信及资本市场的发达程度。

☆ 案例链接 9-3 ☆

从闻名于世的富国到陷入重重危机——希腊为何发生债务危机

当地时间 2015 年 6 月 30 日 22 点，国际货币基金组织（IMF）确认，希腊没有向其偿还 15 亿欧元贷款，出现债务违约。这也使得希腊成为历史上首个未如期向 IMF 偿还债务的发达国家。

从一个以美景、安居、高福利闻名于世的欧洲富国，到深陷重重危机，银行不得不实行资本管制，债务危机为何发生？希腊到底发生了什么？

导致希腊主权债务危机的直接原因是政府过度举债，以及欧洲式的高福利模式所带来的私人部门负担过重。如果经济形势喜人，高福利也可以维持，可是希腊经济发展偏偏停滞不前。政府以债养债，将雪球越滚越大。

2008 年 10 月，希腊和其他欧洲国家一样，开始受到次贷危机的波及。

2009 年 10 月初，希腊政府宣布，2009 年政府财政赤字和公共债务占国内生产总值的比例预计将分别达到 12.7%和 113%，远超欧盟《稳定与增长公约》规定的 3%和 60%的上限。鉴于希腊政府财政状况显著恶化，全球三大信用评级机构惠誉、标准普尔和穆迪相继调低希腊主权信用评级，希腊债务危机正式拉开序幕。

希腊债务危机爆发以来，欧盟委员会、欧洲中央银行和 IMF 向其提供了两轮共 2 400 亿欧元的救助贷款。这些贷款中，仅有不到 10%由希腊政府掌控，用于提振经济、发展改革项目以及保障低收入家庭，而绝大部分则被用于还债和救助银行。

希腊经济越发吃紧，部分银行开始出现挤兑苗头。2015 年 6 月 28 日，希腊政府发表声明称，从 6 月 29 日至 7 月 6 日，希腊银行将停止对外营业；从 6 月 30 日开始，希腊人每张银行卡每天可以从银行自动取款机中取出不超过 60 欧元现金。希腊政府禁止银行进行转账或向海外付款；禁止发放新的预付信用卡和借记卡；希腊资本管制令也适用于海外银行在希腊的分支机构。

伴随希腊欧债危机愈演愈烈，信用评级机构标准普尔将希腊的主权信用评级从 CCC 下调至 CCC－，垃圾级领域的最低一等。

令投资者更加担忧的是，在 7 月 5 日举行是否接受债权人提出条款的公投之后，希腊可能退出欧元区，这可能将金融危机的战火燃向整个欧洲，甚至是整个世界。

资料来源：希腊为何发生债务危机．渤海早报，2015-07-05（3）.

（二）解决债务危机的措施

债务危机不仅影响债务国，使其物价上涨、经济停顿、社会动荡，也影响债权国，并成为银行业危机的诱因。因此，要注意防范和解决。具体措施包括：

1. 债务重新安排

当一国发生债务危机无力偿还外债时，解决方法之一就是与债权人协商，要求将债务重新安排。这样一方面债务国可以有机会渡过难关，重整经济；另一方面债权人亦有希望收回贷出的本金和应得的利息。需要注意的是，债务重新安排只能解一时之急，却不能从根本上解决债务危机。这是因为，出于不损害自己利益的前提，债务国负债总额不可能因债务重新安排而大量减少。

债务重新安排主要通过两个途径进行：官方间债务重新安排，一般通过巴黎俱乐部（一个成立于1956年的国际性非正式组织，专门为负债国和债权国提供债务安排，例如债务重组、债务宽免、甚至债务撤销等）来进行；商业银行债务重新安排，则由商业银行特别国际财团（有时称为伦敦俱乐部）组织进行。

2. 债务资本化

债务资本化是指债务国将部分外债转变为对本国企事业的投资，包括债务转移股权、债务转用于资源保护以及债务调换等，从而达到减少其外债的目的。

四、银行业危机

（一）银行业危机的含义

银行业危机是指由于某种原因，公众对银行的信心出现危机，造成银行挤提，并迅速蔓延到其他银行，造成大批银行倒闭的现象。

20世纪90年代以来，世界金融业呈现出起伏动荡的态势，世界频繁发生银行危机。引发银行危机的往往是商业银行的支付困难，即资产流动性缺乏。只要银行能够保持资产充分的流动性，就可能在资不抵债、技术上处于破产而实际上并未破产的状态下维持其存续和运营。银行危机具有多米诺骨牌效应，一旦某个金融机构资产配置失误，不能保证正常的流动性头寸，则单个或局部的金融困难就会演变成全局性的金融动荡。

（二）银行危机的防范

实践证明，有几类银行易受到外部冲击影响，分别是：有较严重的结构性危机，如本身有重大财务问题的银行；具有很高知名度，或处于高速发展阶段的银行；信息非常公开透明，并有重大利空传言的上市银行；外部经营环境不佳，坏消息影响力大的银行。这些银行应成为危机防范的重点。

☆ 案例链接 9-4 ☆

1907 年美国银行业危机

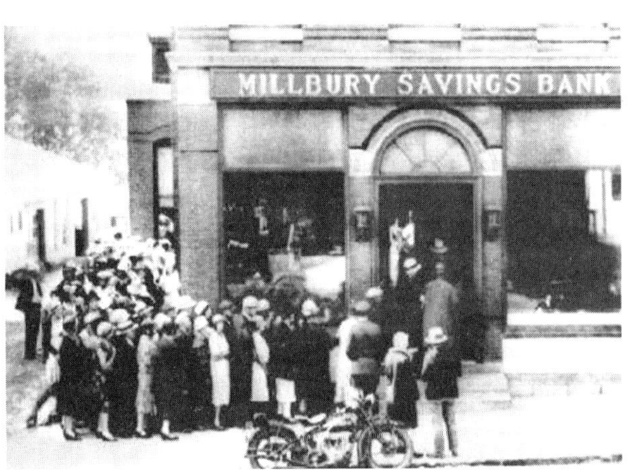

1907 年，美国银行业投机盛行，纽约一半左右的银行贷款都被高利息回报的信托投资公司作为抵押投在高风险的股市和债券上，整个金融市场陷入极度投机状态。

当年 10 月，美国第三大信托公司尼克伯克信托公司（Knickerbocker Trust）大肆举债，在股市上收购联合铜业公司（United Copper）股票，但此举失利，引发了华尔街的大恐慌和关于尼克伯克即将破产的传言，导致该银行客户疯狂挤兑，并引发华尔街金融危机，银行要求收回贷款，股价一落千丈。

时任摩根财团总裁的约翰·皮尔庞特·摩根联合其他银行共同出手，筹集流动资金，才使市场重归平静。很快，美国财政部长乔治·科特留宣布，政府动用 3 500 万美元资金参加救市。随后，市场恢复正常。此次救市导致了 1914 年美国联邦储备系统的诞生，金融体系的稳定性得以增强。

资料来源：新华网．财·发现：历史上的金融危机都是怎么发生的．(2015 - 08 - 25) [2017 - 08 - 11]．http：//money. hexun. com/2015 - 08 - 25/178587939 _ 3. html.

银行危机的防范应从以下两个方面着手：

一方面是依靠各类计量模型，加强各类风险结构研究，及时发出预警的信号，降低风险发生的可能性。各国政府应进一步从危机的共性中提炼出对各国更有实际价值的变量，在目前其行政干预依然有效的条件下，着眼于中长期及银行体系的整体预警。

另一方面是加强外生性冲击因素的控制，控制危机发生的时间进程。主要着眼于当前，重点关注个别的银行经营状况，防止局部风险演化为系统风险，整合银行、金融监管机构、政府三方的力量，提高抗冲击能力。这就要求从银行到政府都要高度重视应对外部冲击的危机管理。

每个银行要有应对外生性金融风险的预案，其主要包括：公共形象管理，新闻媒体的沟通，客户稳定性管理，突发事件处理流程，资金紧急调拨计划，“三防”（防盗、防抢及防火）的措施等内容。银行一定要建立灾难备份中心，周期性地进行反危机演练。对监管机构而言，强化风险监管，除了正常的资产负债比例管理之外，设计危机管理的压力指标值，分别测算其权重，得出不同地区银行的压力警戒区间，分为风险安全区、低风险区、风险区、高风险区、危机区等六大区间，采取不同的监管行为，及时在金融体系当中剔除不健康机构，减少结构风险。

而政府方面则要求谨慎政府行为，合理掌握干预经济的尺度，引导并掌握公众偏好，掌握新闻媒体的舆论炒作，严惩扰乱金融秩序的人员及事件，保持良好的社会心态。

五、泡沫危机

（一）泡沫危机的概念

泡沫危机是指因股票、债券或房地产等资产价格脱离了正常的价格水平和经济运行规律而过度上升，造成大量经济泡沫破裂后而导致的危机。

（二）泡沫危机的防范

1. 把握运用货币政策时机

无论是资产泡沫还是其他行业的投资过热，归根结底是由于游资泛滥。因此一旦资产价格增长过快，就必须抑制造成过快的源头——过剩流动性。各国央行应该在保持汇率稳定的前提下，恰当把握运用货币政策的时机、逐步提高利率。

2. 避免被稳定的物价所迷惑

各国央行在考虑是否升息的过程中也应该尽量排除物价指数变动较小这一指标的迷惑性。通货膨胀率的出现与否是一直以来衡量经济是否过热、游资是否泛滥的一个重要指标。但是，在日本当年出现房地产泡沫时，日本的消费者物价指数增长几乎是零。尽管当时日本的货币供给相对于年均 GDP 4%的增长率而言，以每年超过 10%的速度增长，并且日本的固定资产价格增长也很快，但是当时的日本决策管理层很难做出流动性过剩的判断，日本央行推迟 2 年才决定升息，错失了化解房地产泡沫的良机。

☆ 案例链接 9-5 ☆

1637 年荷兰郁金香危机

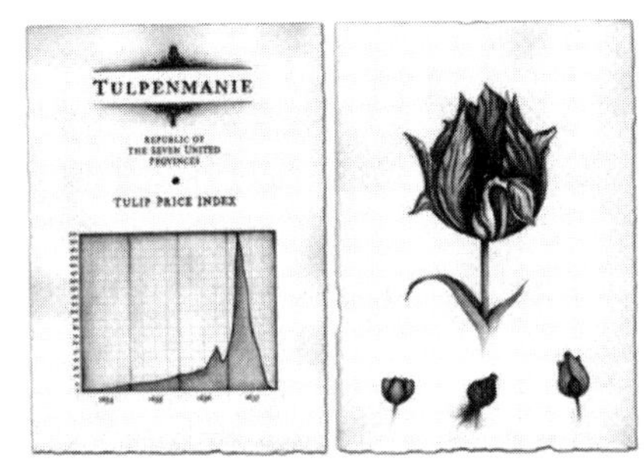

1593 年，一位荷兰商人格纳从土耳其进口首株郁金香，由于这种花是进口货，因此拥有郁金香花便成为有钱人的符号。

开始只有郁金香的行家才懂得欣赏郁金香之美，但在形成风潮后，投机客便趁机炒作，只要今天买了，明天就可赚一笔。买的人多了，交易市场也就形成了，交易场所也逐渐热闹起来。

1634 年，买郁金香的热潮蔓延到中产阶级，更蔓延为全民运动，大家都来买卖郁金香了，炒家只看到买低卖高，利润就进来，于是全民都变成郁金香的炒家。

1 000 美元一朵郁金香花根，不到一个月之后，它就变成两万美元了。

到了 1636 年，郁金香在阿姆斯特丹及鹿特丹股市上市。这时，一朵郁金香花根售价相当于今天的 76 000 美元，比一部汽车还贵。

此时，荷兰政府开始采取刹车的行动，而由土耳其运来的郁金香也大量抵达，郁金香不再那么稀罕，于是一瞬间郁金香的价格往下滑，6 个星期内竟然下跌了 90%，荷兰政府宣布这一事件为赌博事件，结束这一场疯狂的郁金香泡沫事件。这就是有记录的历史上第一次经济泡沫事件。

资料来源：新华网．财·发现：历史上的金融危机都是怎么发生的．(2015-08-25) [2017-08-11]．http：//money. hexun. com/2015-08-25/178587939_3. html.

任务二　金融监管

一、什么是金融监管

（一）金融监管的定义

金融监管是金融监督和金融管理的总称。综观世界各国，凡是实行市场经济体制的国家，无不客观地存在着政府对金融体系的管制。

金融监管有狭义和广义之分。狭义的金融监管是指中央银行或其他金融监管当局依据国家法律规定对整个金融业（包括金融机构和金融业务）实施的监督管理。广义的金融监管在上述含义之外，还包括了金融机构的内部控制和稽核、同业自律性组织的监管、社会中介组织的监管等内容。

金融监管需要解决好以下几个问题：第一，为什么需要金融监管？第二，谁来进行金融监管，即金融监管主体是什么？第三，谁是监管的对象，即监管的客体是什么？第四，监管什么，即监管的内容是什么？第五，通过什么手段来进行监管？

（二）金融监管的必要性

有金融风险的存在，就必须有一定的金融监管，以防范和化解金融风险，阻止金融危机发生。

一方面，金融业的行业特殊性决定了金融监管的重要性。金融业是一个风险较大的行业，金融业的风险来自方方面面，不仅有一般行业共有的信用风险、经营风险、管理风险，还有金融行业特有的利率风险、汇率风险、国际游资冲击风险等。经济发展、体制改革、宏观经济调控都要求对金融风险进行有效的控制，金融稳定是改革和发展的基础。一旦金融机构发生危机或破产倒闭，将直接损害众多债权人的利益，后果是十分严重的。而金融业自身又是一个脆弱的行业，表现为金融体系内在的脆弱性、金融机构内在的脆弱性和金融资产价格内在的波动性。金融监管可以将风险控制在一定范围之内，保证金融体系的安全、金融机构的稳定和金融资产价格的泡沫不至于过多。金融体系安全运行，能够保持公众的信心，进而保证国民经济的健康发展。

另一方面，维护金融秩序、保护公平竞争、提高金融效率是金融业自身发展的需要。良好的金融秩序是保证金融安全的重要前提，公平竞争是保持金融秩序和提高金融效率的重要条件。为了金融业的健康发展，金融机构应该按照有关法律的规定规范地经营，不能搞无序竞争和不公平竞争。这就需要金融主管当局通过金融监管实现这一目的，以保证金融运行有序、竞争公平且有效率。

（三）金融监管的主体、客体和内容

1. 金融监管的主体

一国中央银行或其他金融监管当局是金融监管的主体。金融监管主体是作为社会公共利益的代表，运用国家法律赋予的权力去监管整个金融体系的特殊机构。

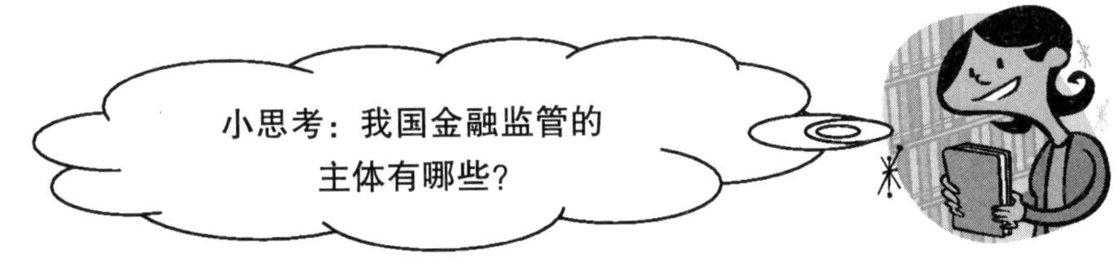

2. 金融监管的客体

金融监管的传统对象是国内银行业和非银行金融机构，但随着金融工具的不断创新，金融监管的对象逐步扩大到那些业务性质与银行类似的准金融机构，如集体投资机构、贷款协会、银行附属公司或银行持股公司所开展的准银行业务等，甚至包括对金边债券市场业务有关的出票人、经纪人的监管等。如今，一国的整个金融体系都可视为金融监管的对象。

3. 金融监管的内容

金融监管的内容主要有三个方面，即市场准入的监管、市场运作过程的监管、市场退出的监管。

（1）市场准入的监管。

市场准入是金融机构获得许可证的过程，各国对金融机构实行监管都是从实行市场准入管制开始的。实行市场准入管制是为了防止不合格的金融机构进入金融市场，保持金融市场主体秩序的合理性。市场准入管制的最直接表现为金融机构开业登记和审批的管制。

（2）市场运作过程的监管。

金融机构经批准开业后，监管当局还要对金融机构的运作过程进行有效监管，以便更好地实现监管目标的要求。例如，对银行机构的监管一般包括资本充足率监管、流动性监管、业务范围的监管、贷款风险的控制、外汇风险管理、准备金管理和存款保险管理。

（3）市场退出的监管。

金融机构市场退出的原因和方式可以分为两类：主动退出和被动退出。主动退出是指金融机构因分立、合并或者出现公司章程规定的事由需要解散，因此退出市场的，其主要特点是主动地自行要求解散。被动退出则是指由于法定的理由，如法院宣布破产或因严重违规、资不抵债等原因而遭关闭，监管当局将金融机构依法关闭，取消其经营金融业务的资格，金融机构因此而退出市场。各国对金融机构市场退出的监管都通过法律予以明确，并且有很细致的技术性规定。

（四）金融监管的手段与方式

1. 金融监管的手段

不同国家、不同时期的监管手段是不同的。例如，市场体制健全的国家主要采用法律手段，而市场体制不发达的国家，更多的是使用行政手段。总的来看，目前金融监管使用的手段主要有以下几种：

（1）法律手段。

法律手段，即国家通过立法和执法，将金融市场运行中的各种行为纳入法制轨道，金融活动中的各参与主体按法律要求规范其行为。运用法律手段进行金融监管，具有强制力和约束性，各金融机构必须依法行事，否则将受到法律制裁。

（2）行政手段。

行政手段，是指金融监管当局采用计划、政策、制度、办法等进行直接的行政干预和管理。运用行政手段实施金融监管，具有见效快、针对性强的特点。特别是当金融机构或金融活动出现波动时，行政手段甚至是不可替代的，但行政手段只能是一种辅助性的手段。

（3）金融稽核。

金融稽核，是指中央银行或金融监管当局根据国家规定的职责对金融业务活动进行的监督和检查。它是以管辖行在稽核机构派出人员以超脱的公正的客观地位，对辖属行、处、所等，运用专门的方法，就其真实性、合法性、正确性、完整性做出评价和建议，向派出机构及有关单位提出报告。它属于经济监督体系中的一个重要组成部分，与纪检、监察、审计工作有着密切的联系。金融稽核的主要内容包括业务经营的合法性、资本金的充足性、资产质量、负债的清偿能力、盈利情况和经营管理状况等。

2. 金融监管的方式

（1）公告监管。

公告监管，是指政府对金融业的经营不做直接监督，只规定各金融企业必须依照政府规定的格式及内容定期将营业结果呈报政府的主管机关并予以公告，至于金融业的组织形式、金融企业的规范、金融资金的运用，都由金融企业自我管理，政府不对其多加干预的监管方式。

公告监管的内容包括：公告财务报表、最低资本金与保证金规定、偿付能力标准规定。在公告监管下金融企业经营的好坏由其自身及一般大众自行判断，这种将政府和大众结合起来的监管方式，有利于金融机构在较为宽松的市场环境中自由发展。但是由于信息不对称，作为政府和公众很难评判金融企业经营的优劣，对金融企业的不正当经营也无能为力。因此，公告监管是金融监管中最宽松的监管方式。

（2）规范监管。

规范监管又称准则监管，是指国家对金融业的经营制定一定的准则，要求其遵守的一种监管方式。在规范监管下，政府对金融企业经营的若干重大事项，如金融企业最低资本金、资产负债表的审核、资本金的运用，违反法律的处罚等，都有明确的规范，但对金融企业的业务经营、财务管理、人事等方面不加干预。这种监管方式强调金融企业经营形式上的合法性，比公告监管方式具有更大的可操作性，但由于未触及金融企业经营的实体，仅有一些基本准则，故难以起到严格有效的监管作用。

（3）实体监管。

实体监管是指国家订立有完善的金融监督管理规则，金融监管机构根据法律赋予的权力，对金融市场，尤其是金融企业进行全方位、全过程有效的监督和管理。

实体监管过程分为三个阶段：

第一阶段是金融业设立时的监管，即金融许可证监管。

第二阶段是金融业经营期间的监管，这是实体监管的核心。

第三阶段是金融企业破产和清算的监管。

实体监管是国家在立法的基础上通过行政手段对金融企业进行强有力的管理，比公告监管和规范监管更为严格、具体和有效。

二、金融监管的目标和原则

（一）金融监管的目标

金融监管目标是实现金融有效监管的前提和监管当局采取监管行动的依据。中央银行金融监管的总体目标是通过对金融业的监管维持一个稳定、健全、高效的金融制度。具体来讲，金融监管的目标可分为四个层次：一是保证知情较少人的利益（如对于存款机构讲，就是保护存款人的利益；对于其他金融机构讲，就是保护处于信息弱势一方的利益）；二是保证金融机构的正常经营活动和金融体系的安全；三是创造公平竞争的环境，鼓励金融业在竞争的基础上提高效率；四是确保金融机构的经营活动与中央银行的货币政策目标一致。

☆ 知识链接9-1 ☆

世界上大多数国家的金融监管目标

世界上大多数国家的金融监管目标体现在中央银行法或银行法中，有的国家金融监管目标较为具体；有的侧重于维护金融体系的正常运转；有的则侧重于对存款人的保护及银行业的有效经营。

例如，美国《联邦储备法》具体的监管目标是：维持公众对银行体系的信心；建立一个有效的和有竞争力的银行体系；保护消费者；允许银行体系适应经济的变化而调整。总体目标是“建立美国境内最有效的银行监管制度”。

《德国银行法》在第六条中授权“联邦金融管理局监管所有的信贷机构，以保证银行资产的安全、银行业务的正常运营和国民经济良好运转”。

根据《2000年金融服务和市场法》，英国金管局的目的和任务是：（1）保护公众对英国金融系统和金融市场的信心；（2）向公众宣传，使公众能够了解金融系统及与特殊金融产品相连的利益和风险；（3）确保为消费者提供应需的保护；（4）为发现和阻止金融犯罪提供帮助。

《中华人民共和国中国人民银行法》第三十一条规定：中国人民银行依法监测金融市场的运行情况，对金融市场实施宏观调控，促进其协调发展。

我国现阶段的金融监管目标可概括为：

（1）一般目标：

1）防范和化解金融风险，维护金融体系的稳定与安全。

2）保护公平竞争和金融效率的提高，保证中国金融业的稳健运行和货币政策的有效实施。

（2）具体目标：经营的安全性、竞争的公平性和政策的一致性。

1）经营的安全性包括两个方面：保护存款人和其他债权人的合法权益，规范金融机构的行为，提高信贷资产质量。

2）竞争的公平性是指通过中央银行的监管，创造一个平等合作、有序竞争的金融环境，保证金融机构之间的适度竞争。

3）政策的一致性是指通过监管，使金融机构的经营行为与中央银行的货币政策目标保持一致。通过金融监管，促进和保证整个金融业和社会主义市场经济的健康发展。

（二）金融监管的原则

所谓金融监管原则，即在政府金融监管机构以及金融机构内部监管机构的金融监管活动中，始终应当遵循的价值追求和最低行为准则。各国金融监管必须遵循的一般性原则如下：

1. 依法监管原则

依法监管原则又称合法性原则，是指金融监管必须依据法律、法规进行。监管的主体、监管的职责权限、监管措施等均由金融监管法规和相关行政法律、法规规定，监管活动均应依法进行。

2. 公开、公正原则

监管活动应最大限度地提高透明度。同时，监管当局应公正执法、平等对待所有金融市场参与者，做到实体公正和程序公正。

3. 效率原则

效率原则是指金融监管应当提高金融体系的整体效率，不得压制金融创新与金融竞争。同时，金融监管当局合理配置和利用监管资源以降低成本，减少社会支出，从而节约社会公共资源。

4. 独立性原则

金融监督管理机构及其从事监督管理工作的人员依法履行监督管理职责，受法律保护，地方政府、各级政府部门、社会团体和个人不得干涉。

5. 协调性原则

在金融国际化、跨国银行成为普遍现象的条件下，一国内各监管机构之间以及各国监管机构之间应相互协调，共同监管。各个监管主体之间职责分明、分工合理、相互配合，这样可以节约监管成本，提高监管的效率。

三、金融监管体制

（一）金融监管体制的定义和分类

1. 金融监管体制的定义

金融监管体制是指金融监管的职责和权利分配的方式及组织制度，其要解决的是由谁来对金融机构、金融市场和金融业务进行监管，按照何种方式进行监管以及由谁来对监管效果负责和如何负责的问题。

2. 金融监管体制的分类

金融监管体制按照不同的依据可以划分为不同的类型。其中按照监管机构的组织体系划分金融监管体制，可以分为统一监管体制、分业监管体制、不完全集中监管体制。

（1）统一监管体制：只设一个统一的金融监管机构，对金融机构、金融市场以及金融业务进行全面的监管。代表国家有英国、日本、韩国等。

（2）分业监管体制：由多个金融监管机构共同承担监管责任，一般银行业由中央银行负责监管；证券业由证券监督管理委员会负责监管；保险业由保险监督管理委员会负责监管，各监管机构既分工负责，又协调配合，共同组成一个国家的金融监管组织体制。

（3）不完全集中监管体制：可以分为“牵头式”和“双峰式”两类监管体制。

“牵头式”监管体制：在分业监管机构之上设置一个牵头监管机构，负责不同监管机构之间的协调工作。巴西是典型的“牵头式”监管体制。

“双峰式”监管体制：依据金融监管目标设置两头监管机构。一类机构专门对金融机构和金融市场进行审慎监管，以控制金融业的系统风险。另一类机构专门对金融机构进行合规性管理和保护消费者利益的管理。

（二）现阶段我国的金融监管体制

2003 年 10 月，修订后的《中国人民银行法》保留了中国人民银行为履行其央行职责所必要的金融监管权力，形成了我国“一行三会”的金融监管体制。

“一行三会”是对中国人民银行、中国银行业监督管理委员会、中国证券监督管理委员会、中国保险监督管理委员会这四家金融管理和监督部门的简称，它构成了中国金融业分业监管的格局。在这种分业监管体制中，中国人民银行处于核心地位，是全国金融业的最高主管机关，它不仅负责银行业和信托业的监管，还要从宏观上对证券业和保险业的监管予以指导，以保证整个金融业的健康发展；银监会负责对银行业的监管，证监会作为国务院证券监督机构对全国证券市场实行集中统一的监督管理；保监会负责对全国保险业和保险市场的统一监管。同时，我国法律还规定金融业的自律监管和社会监管作为辅助监管。自律监管包括金融机构自我监管和行业自律监管，社会监管主要是指中介机构的监管。

2017 年 7 月 14 日，全国金融工作会议对加强监管提出具体要求，即突出功能监管和行为监管，设立国务院金融稳定发展委员会，强化人民银行宏观审慎管理和系统性风险防范职责，落实金融监管部门监管职责，并强化监管问责。

2017 年 11 月，党中央和国务院决定设立国务院金融稳定发展委员会，作为国务院统筹协调金融稳定和改革发展重大问题的议事协调机构。

2018 年 3 月 12 日，根据国务院总理李克强提请第十三届全国人民代表大会第一次会议审议的国务院机构改革方案的议案，组建中国银行保险监督管理委员会。将中国银行业监督管理委员会和中国保险监督管理委员会拟订银行业、保险业重要法律法规草案和审慎监管基本制度的职责划入中国人民银行。不再保留中国银行业监督管理委员会、中国保险监督管理委员会。

中国银行保险监督管理委员会的主要职责是：依照法律法规统一监督管理银行业和保险业，维护银行业和保险业合法、稳健运行，防范和化解金融风险，保护金融消费者合法权益，维护金融稳定。

随着中国银行保险监督管理委员会的组建，我国金融监管框架从“一行三会”进入到“一委一行两会（国务院金融稳定发展委员会、中国人民银行、中国银行保险监督管理委员会、中国证券监督管理委员会）”时代。

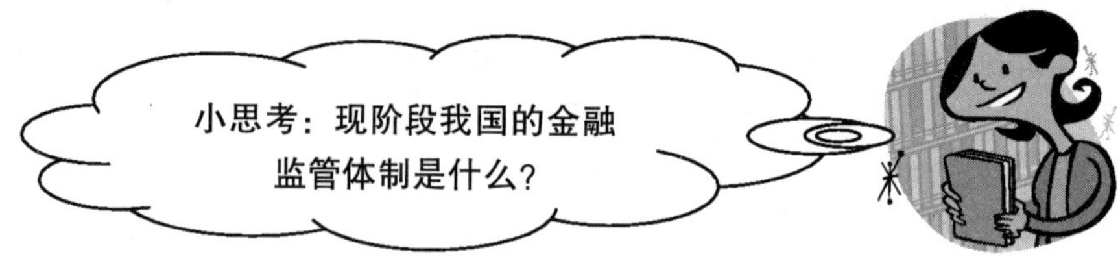

导入案例启示

互联网金融是指借助于互联网技术、移动通信技术等实现资金融通、支付和信息中介等业务的新兴金融模式，既不同于商业银行间接融资模式，也不同于资本市场直接融资的融资模式。互联网金融包括三种基本的企业组织形式：网络小贷公司、第三方支付公司以及金融中介公司。当前商业银行普遍推广的电子银行、网上银行、手机银行等也属于此类范畴。

随着互联网信息技术的日益普及，互联网金融迎来了快速发展的阶段，然而行业的快速发展，也使得一些问题开始显现，主要是行业风险问题，如行业“劣币驱逐良币”、P2P平台跑路事件频发等问题，对互联网金融行业发展起到了致命的负面作用，而有效的监管是解决这一问题的切实办法。

应该看到，互联网金融将被纳入依法依规发展体系。随着互联网金融监管顶层设计的逐步深入与完善，互联网金融将更加的规范化、阳光化和法制化，互联网金融促进普惠金融的发展，提升服务质量与效率，满足多元化投融资需求的作用将更加突出。

项目小结

金融危机指的是金融资产、金融机构或金融市场的危机，具体表现为金融资产价格大幅下跌或金融机构倒闭、濒临倒闭或某个金融市场暴跌等。

金融危机可以分为货币危机、债务危机、银行业危机、泡沫危机等类型。

货币危机的概念有狭义、广义之分。狭义的货币危机是指实行固定汇率制的国家，在非常被动的情况下（如在经济基本面恶化的情况下，或者在遭遇强大的投机攻击情况下），对本国的汇率制度进行调整，转而实行浮动汇率制，而由市场决定的汇率水平远远高于原先所刻意维护的水平（即官方汇率），这种汇率变动的影响难以控制、难以容忍，这一现象就是货币危机。广义的货币危机泛指汇率的变动幅度超出了一国可承受的范围这一现象。

货币危机的防范措施主要有：适时调整汇率；适度储备规模；健全金融体制；谨慎开放市场；有效控制短期资本流入；控制举借外债；稳健财政体制；保持区域金融稳定；建立风险转移机制；夯实政治经济基础。

债务危机是指一国不能偿付其内债和外债而引发的危机。但通常主要指外债危机，即一国在国际借贷领域中大量负债，超过了其自身的清偿能力，造成无力还债或必须延期还债的现象。其防范和解决措施包括：债务重新安排、债务资本化。

银行业危机是指由于某种原因，公众对银行的信心出现危机，造成银行挤提，并迅速蔓延到其他银行，造成大批银行倒闭的现象。

银行危机的防范应从两个方面着手：一方面是依靠各类计量模型，加强各类风险结构研究，及时发出预警的信号，降低风险发生的可能性。另一方面是加强外生性冲击因素的控制，控制危机发生的时间进程。

泡沫危机是指因股票、债券或房地产等资产价格脱离了正常的价格水平和经济运行规律而过度上升，造成大量经济泡沫破裂后而导致的危机。泡沫危机的防范措施包括：把握运用货币政策时机；避免被稳定的物价所迷惑。

金融监管是金融监督和金融管理的总称。金融监管有狭义和广义之分。狭义的金融监管是指中央银行或其他金融监管当局依据国家法律规定对整个金融业（包括金融机构和金融业务）实施的监督管理。广义的金融监管在上述含义之外，还包括了金融机构的内部控制和稽核、同业自律性组织的监管、社会中介组织的监管等内容。

一国中央银行或其他金融监管当局是金融监管的主体。一国的整个金融体系都可视为金融监管的对象。金融监管内容主要有三个方面，即市场准入的监管、市场运作过程的监管、市场退出的监管。金融监管的手段包括法律手段、行政手段、金融稽查。金融监管的方式有公告监管、规范监管、实体监管。

金融监管目标是实现金融有效监管的前提和监管当局采取监管行动的依据。中央银行金融监管的总体目标是通过对金融业的监管维持一个稳定、健全、高效的金融制度。

金融监管原则是指在政府金融监管机构以及金融机构内部监管机构的金融监管活动中，始终应当遵循的价值追求和最低行为准则。各国金融监管必须遵循的一般性原则包括：依法监管原则；公开、公正原则；效率原则；独立性原则；协调性原则。

金融监管体制按照不同的依据可以划分为不同的类型，其中按照监管机构的组织体系划分金融监管体制，可以分为统一监管体制、分业监管体制、不完全集中监管体制。

现阶段，随着中国银行保险监督管理委员会的组建，我国金融监管框架从“一行三会”进入到“一委一行两会（国务院金融稳定发展委员会、中国人民银行、中国银行保险监督管理委员会、中国证券监督管理委员会）”时代。

同步训练

☆ 知识训练 ☆

一、总结本项目知识体系，并画出框架图。

二、知识闯关

1. 名词解释

金融危机、货币危机、债务危机、银行危机、证券危机、金融监管、金融监管体制

2. 简答题

（1）什么是货币危机？如何防范货币危机的发生？

（2）什么是债务危机？债务危机发生的解决措施有哪些？

（3）一国在实施金融监管时可以采用哪些手段和方式？

（4）简述金融监管的目标和原则。

（5）简述我国目前的金融监管体制。

三、讨论：我国当前的房地产价格存在泡沫吗？会引发金融危机吗？

☆技能训练☆

一、分别登录中国人民银行、银保监会、证监会官方网站，查询最新的监管动态。

二、生活中的案例分析

2007—2011 年：美国次贷危机及全球金融危机

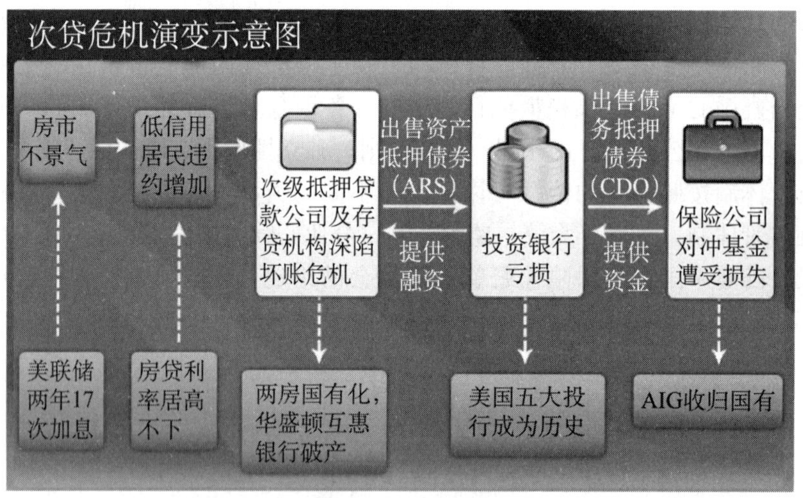

美国次贷危机演变示意图

美国次贷危机又称次级房贷危机，也译为次债危机。它是指一场发生在美国，因次级抵押贷款机构破产、投资基金被迫关闭、股市剧烈震荡引起的金融风暴。

美国“次贷危机”是从 2006 年春季开始逐步显现的。在 2006 年之前的 5 年里，由于美国住房市场持续繁荣，加上前几年美国利率水平较低，美国的次级抵押贷款市场迅速发展。随着美国住房市场的降温尤其是短期利率的提高，次贷还款利率也大幅上升，购房者的还贷负担大为加重。同时，住房市场的持续降温也使购房者出售住房或者通过抵押住房再融资变得困难。

这种局面直接导致大批次贷的借款人不能按期偿还贷款，银行收回房屋，却卖不到

高价，大面积亏损，引发了次贷危机。

2007 年 8 月次贷危机席卷美国、欧盟和日本等世界主要金融市场。这场危机导致过度投资次贷金融衍生品的公司和机构纷纷倒闭，并在全球范围引发了严重的信贷紧缩。

美国次贷危机最终引发了波及全球的金融危机。2008 年 9 月，雷曼兄弟破产和美林公司被收购标志着金融危机的全面爆发。随着虚拟经济的灾难向实体经济扩散，世界各国经济增速放缓，失业率激增，一些国家开始出现严重的经济衰退。

请分析：

1. 什么是次贷危机？次贷危机是如何引发的？

2. 政府应如何加强监管以防范金融危机的发生？

项目十

国际金融

【名人名言】

美元是我们的货币，却是你们的问题。

——约翰·康纳利（美国政治家）

【学习目标】

知识目标

◇ 掌握外汇和汇率的定义及汇率的标价方法。
◇ 了解影响汇率变动的因素以及汇率对经济的影响。
◇ 掌握国际收支和国际储备的定义。
◇ 熟悉国际收支平衡表的主要内容。
◇ 掌握国际储备的内容。

技能目标

◇ 能够区分现汇和现钞。
◇ 能够熟练利用外汇牌价进行购汇、结汇业务。
◇ 能够分析汇率变动对国内外经济的影响。
◇ 能够正确解读国际收支平衡表。

案例导入

美国加息的影响

2015年12月17日，美联储悬着的靴子终于落地，宣布加息25个基点，这是近10年来的首次加息。由于市场已经做了充分的准备，加息的影响已经被消化得差不多了。股市、大宗商品和汇市都没有出现大的波动，主要国家的货币如英镑、欧元、人民币、日元走势总体平稳。

然而，对于严重依赖石油出口、外债高企的新兴市场国来说，噩梦才刚刚开始。

17日当天，阿根廷取消外汇管制，阿根廷比索兑美元日内狂跌41%，今年累计贬值52.7%。

12月21日，阿塞拜疆央行宣布，即日起，取消本币马纳特（manat）自2011年中以来盯住美元的汇率机制，实施自由浮动汇率。马纳特对美元当即狂泻47.6%，至1995年以来的最低水平。2015年以来，马纳特已贬值98.3%。

此前，8月20日，哈萨克斯坦宣布将从当日起让坚戈自由浮动，坚戈对美元随即贬值30%，今年贬值达80.5%。本月初，哈萨克斯坦还发行了面值2万坚戈的纸币，是以前最大面值的2倍，可见通货膨胀有多严重。

还有更多的国家面临与美元脱钩的压力。明年可能承压放弃盯住美元的货币包括沙特里亚尔、科威特第纳尔、阿联酋迪拉姆、卡塔尔里亚尔、安哥拉宽扎、委内瑞拉玻利瓦尔、阿尔及利亚第纳尔。

资料来源：观察者网．美国刚宣布加息　这几个国家的货币就已经崩溃了．(2015-12-29)［2017-08-25］．http：//mil. news. sina. com. cn/dgby/2015-12-29/doc-ifxmykrf2605925. shtml.

小组讨论

什么是外汇和汇率？

人民币是外汇吗？

一国汇率会受哪些因素影响？

任务一　认识外汇与汇率

一、什么是外汇

（一）外汇的定义

外汇是国际汇兑（Foreign Exchange）的简称。外汇可从两个方面来理解，即动态的外汇和静态的外汇。

1. 动态的外汇

动态的外汇是指把一国的货币兑换成另一国的货币，借以清偿国际债权债务关系的行为或活动。

这种行为或活动多是通过委托支付或债权转让的方式，结算国际债权债务。例如进出口企业进行货款收付，办理结售汇；银行与客户之间的外汇买卖；银行同业之间的外汇买卖。

2. 静态的外汇

日常生活中我们所提到的外汇多指静态的外汇。静态的外汇是指外币和以外币表示的用于国际结算的支付手段和信用凭证。

国际货币基金组织对外汇的定义是：外汇是货币当局（中央银行、货币管理机构、外汇平准基金及财政部）以银行存款、财政部库券、长短期政府证券等形式保有的在国际收支逆差时可以使用的债权。

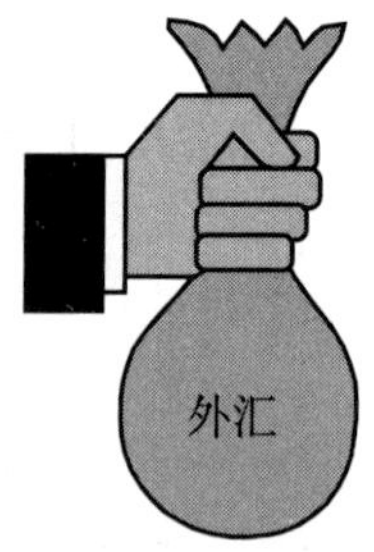

《中华人民共和国外汇管理条例》规定，外汇是指下列以外币表示的可以用作国际清偿的支付手段和资产：

（1）外币现钞，包括纸币、铸币；

（2）外币支付凭证，包括票据、银行存款凭证、邮政储蓄凭证等；

（3）外币有价证券，包括政府债券、分司债券、股票等；

（4）特别提款权、欧洲货币单位；

（5）其他外汇资产。

（二）外汇的基本特征

外汇是非主权货币，通常各国政府不会允许外国货币作为本国市场的计价和结算货币，也不会允许外国货币在本国境内流通和使用，外汇市场上常见的国家和地区货币符号见表 10－1。

外汇一般具有以下三个特征：

（1）可自由兑换性。外汇是以外国货币表示的，必须具有充分的可兑换性，能够自由地兑换成其他国家的货币或者其他信用工具进行多边支付。

（2）普遍接受性。外汇必须是各国普遍接受的支付手段和可用作对外支付的金融资产。

（3）可偿性。外汇必须是在国外能得到补偿的债权，具有可靠的物质偿付保证。

表 10 - 1　常见的国家和地区货币符号

货币名称	货币符号	货币名称	货币符号
人民币	CNY	美元	USD
日元	JPY	欧元	EUR
英镑	GBP	加拿大元（加元）	CAD
瑞士法郎（瑞郎）	CHF	澳大利亚元（澳元）	AUD
新西兰元（纽元）	NZD	港币	HKD
俄罗斯卢布	RUB	新加坡元	SGD
韩国元	KRW	马来西亚林吉特	MYR
印尼盾	IDR	泰铢	THB

（三）现钞和现汇的区别

现钞和现汇是外汇的两种不同形式。现汇是指从国外银行汇到国内的外币存款以及外币汇票、本票、旅行支票等银行可以通过电子划算直接入账的国际结算凭证。现钞指的是外币钞票，包括纸币、铸币。

在进行跨境贸易、投资等国际结算时，现汇的安全性、便捷性和规模性较现钞具有明显优点。现钞多用于零星小额支付，特别是在银行结算没有介入的主要针对个人消费者的商业服务网点，现钞要比现汇方便。

二、汇率的定义、标价方法和种类

（一）汇率的定义

汇率（Exchange Rate），又称兑换率、外币行市、外汇行情、外汇牌价，或简称牌价或汇价，是各国货币之间相互交换时换算的比率，即一国货币单位用另一国货币单位所表示的价格。这种价格联系着不同国家的货币，使人们对各国货币能够直接进行比较。汇率是一切外汇交易的基础。

（二）汇率的标价方法

因为汇率具有双向表示的特点，两种货币可以互相表示对方的价格，所以在折算两个国家的货币时，首先要明确以哪个国家的货币作为标准。目前，国际上使用的外汇标价方法有两种：直接标价法和间接标价法。

1. 直接标价法

直接标价法（Direct Quotation）又称价格标价法，是以本国货币表示一定单位的外国货币的汇率表示方法。一般表示为 1 个单位或 100 个单位的外国货币能够折合多少本国货币。例如，中国外汇交易中心 2016 年 10 月 28 日人民币收盘报价为：人民币对美元的汇率是 6.785 8 元人民币/美元，表示 1 美元可以兑换 6.785 8 元人民币。

在直接标价法下，外汇汇率的升降和本国货币的价值变化成反比例关系：本国货币升值，汇率下降；本国货币贬值，汇率上升。例如，当 1 美元兑换 6.785 8 元人民币变为 6.664 2 元人民币时，表明人民币的汇率上升，美元的汇率下跌，即人民币升值，美元贬值。反之，当 1 美元兑换 6.664 2 元人民币变为 6.785 8 元人民币时，表明人民币的汇率下跌，美元的汇率上升，即人民币贬值，美元升值。大多数国家都采取直接标价法。

2. 间接标价法

间接标价法（Indirect Quotation）又称数量标价法，是以外国货币来表示一定单位的本国货币的汇率表示方法。一般表示为 1 个单位或 100 个单位的本国货币能够折合多少外国货币。从 1978 年 9 月 1 日开始，纽约外汇市场改用间接标价法，以储备美元为标准公布美元与其他货币之间的汇价，但是，对英镑仍沿用直接标价法。例如，某日纽约外汇市场报价为：1 英镑=1.501 7 美元；1 美元=1.653 8 瑞士法郎；1 美元=108.00 日元。

在间接标价法下，外汇汇率的升降和本国货币的价值变化成正比例关系：本国货币升值，汇率上升；本国货币贬值，汇率下降。

值得注意的是，本币与外币的区分是相对的，一般把外汇市场所在地国家的货币视为本币。

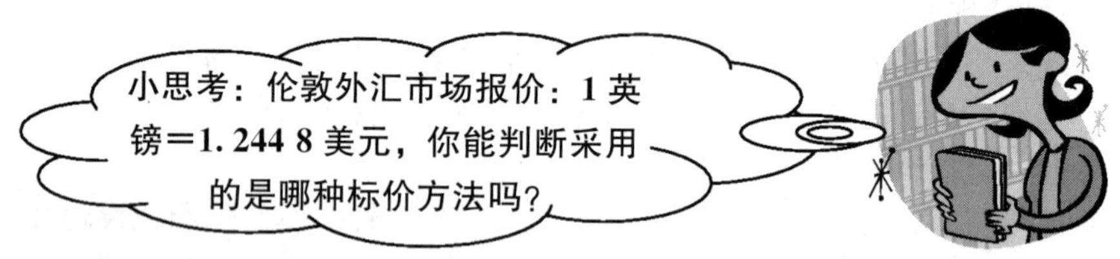

（三）汇率的种类

1. 按汇率制度划分

按汇率制度划分，可分为固定汇率、浮动汇率。

（1）固定汇率（Fixed Exchange Rate），是指两国货币的汇率基本固定，汇率的波动被限制在较小的幅度之内，由官方干预来保证汇率的稳定。

（2）浮动汇率（Floating Exchange Rate），是指一国货币当局不规定本国货币与另一国货币的官方汇率，听任外汇市场的供求来决定的汇率。

实行浮动汇率制的国家，往往也会根据各自经济政策的需要，对汇率变动进行干预或施加影响。我国现行的人民币汇率制度即是以市场供求为基础、参考一篮子货币进行调节、有管理的浮动汇率制度。

2. 按制定汇率的方法划分

按制定汇率的方法划分，可分为基本汇率、套算汇率。

（1）基本汇率（Basic Rate），是指本国货币与关键货币的汇率。关键货币的选择应满足以下条件：在本国国际收支中使用较多，在外汇储备中所占比重较大，在国际上普遍接受。绝大多数国家都把美元作为制定汇率的关键货币，因此常把对美元的汇率作为基本汇率。

（2）套算汇率（Cross Rate），又称为交叉汇率，是指两种货币通过第三种货币的中介而推算出来的汇率。

例如，某日在纽约外汇市场的汇率报价为 USD1=JPY109.55，USD1=HKD7.756 4，由此可套算出港元对日元的汇率为 HKD 1=JPY14.123 8。

3. 按银行外汇付汇方式划分

按银行外汇付汇方式划分，可分为电汇汇率、信汇汇率和票汇汇率。

（1）电汇汇率（Telegraphic Transfer Rate，T/T Rate），是指经营外汇业务的本国银行，在卖出外汇收到本币的当天，即以电报或电传委托其国外分支机构或代理行付款给收款人所使用的一种汇率。当前各国公布的外汇牌价，除另有注明外，一般都是电汇汇率。

（2）信汇汇率（Mail Transfer Rate，M/T Rate），是指以信汇方式卖出外汇时的价格。信汇是由经营外汇业务的银行开具付款委托书，用信函方式寄给国外代理行付款给指定收款人的汇款方式。

（3）票汇汇率（Demand Draft Rate，D/D Rate），是指银行以票汇方式卖出外汇时的价格。票汇是指银行在卖出外汇时，开立一张由其国外分支机构或代理行付款的汇票交给汇款人，由其自带或寄往国外凭票取款。

4. 从银行买卖外汇的角度划分

从银行买卖外汇的角度划分，可分为买入汇率、卖出汇率、中间汇率和现钞汇率。

（1）买入汇率（Buying Rate or Bid Rate），是银行从客户或其他银行买入外汇时所使用的汇率。它又称为现汇买入价。

（2）卖出汇率（Selling Rate or Offer Rate），是银行向客户或其他银行卖出外汇时所使用的汇率。它又称为卖出价。

（3）中间汇率（Middle Rate），又称中间价。是买入价与卖出价的算术平均数，即中间价＝（买入价＋卖出价）÷2。中国人民银行于每个工作日闭市后公布当日银行间外汇市场美元等交易货币对人民币的收盘价，作为下一个工作日该货币对人民币交易的中间价。

（4）现钞汇率（Bank Note Rate），又称现钞买入价，是指银行买入外汇现钞所使用的汇率，又称现钞买入价。

现钞汇率一般低于买入汇率，这是由于外国现钞不能在本国流通，银行买入现钞后，需积累到一定数额后，才能将其运送到外国银行，在此期间，买进现钞的银行要承受一定的利息损失，而且还要支付运费、保险费等。

☆ **知识链接 10-1** ☆

我国的外汇报价

外汇报价一般为双向报价，即由报价方同时报出自己的买入价和卖出价，由客户自行决定买卖方向。当日外汇报价可去银行官方网站查看外汇牌价。

我国的外汇牌价采取以人民币直接标价方法，即以一定数量的外币折合多少人民币挂牌公布。每一种外币都公布 3 种牌价，即外汇买入价、外汇卖出价、现钞买入价。卖出价是银行将外币卖给客户的牌价，也就是客户到银行购汇时的牌价。外汇牌价中的银行卖出价只有一个，因为银行卖出时都是现汇，客户可以支付一定的汇兑手续费之后以现钞的形式取出，所以卖出价只有一个。

而买入价则是银行向客户买入外汇或外币时的牌价，它分为现钞买入价和现汇买入价两种。现汇买入价是银行买入现汇时的牌价，而现钞买入价则是银行买入外币现钞时的牌价。

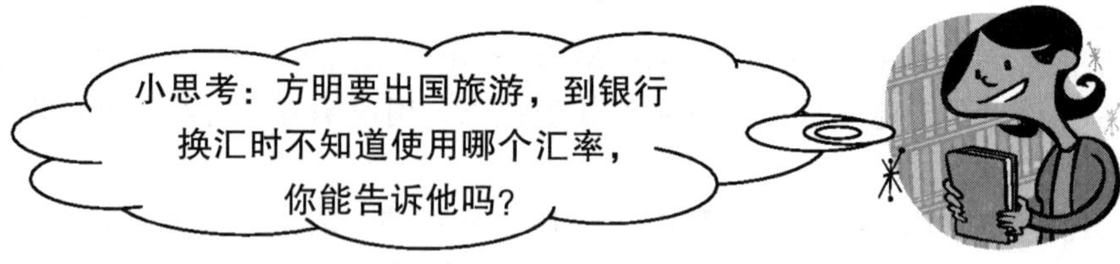

5. 按外汇买卖的交割期限划分

按外汇买卖的交割期限划分，可分为即期汇率、远期汇率。

(1) 即期汇率（Spot Rate），也叫现汇汇率，是指买卖外汇双方在成交当天或两个营业日以内办理交割的汇率。交割是指外汇业务中两种货币的对应实际收付行为。

(2) 远期汇率（Forward Rate），远期汇率是指外汇买卖双方约定在将来某日期进行交割，而事先签订合同，达成协议的汇率。到了交割日期，不管市场上汇率有何变化，都按预先约定的汇率进行交割。

6. 按银行营业时间划分

按银行营业时间划分，可分为开盘汇率、收盘汇率。

(1) 开盘汇率（Opening Rate），也称开盘价，是指外汇银行在一个营业日刚开始营业时进行第一笔外汇交易所使用的汇率。

(2) 收盘汇率（Closing Rate），也称收盘价，是指外汇银行在一个营业日结束前成交的最后一笔外汇交易所使用的汇率。

三、影响汇率变动的因素

在当今的浮动汇率制度下，影响汇率变动的因素主要有下述几种。

(一) 国际收支

国际收支是一国对外经济活动的综合反映，它对一国货币汇率的变动有着直接的影响。其中，贸易收支又是影响汇率变化的最重要的因素。当一国国际收支出现逆差时，即进口大于出口，或资本流出大于资本流入，对外汇的需求大于外汇供给，从而导致外币对本币升值，外汇汇率上升；反之，当一国国际收支顺差时，导致本币对外币升值，外汇汇率下跌。

(二) 通货膨胀率

国内外通货膨胀率差异是决定汇率长期趋势的主导因素。它影响汇率的传导机制包括：

(1) 当一国通货膨胀率高于其他国家时，该国商品出口竞争力下降，引起贸易收支逆差，从而导致本币贬值，外汇汇率上升。

(2) 通货膨胀率使一国实际利率下降，资本流出，引起资本项目逆差，从而引起本币贬值，外汇汇率上升。

(三) 利率

利率对汇率的影响在短期尤其显著。它影响汇率的传导机制包括：

(1) 一国利率上升会吸引资本流入，在外汇市场上形成对该国货币的需求，从而导致该国货币升值，外汇汇率下降。

（2）利率上升意味着信用紧缩，会抑制该国通货膨胀和总需求，这会使一国进口减少，从而有助于该国货币升值，外汇汇率下降。

（四）经济增长率

汇率的走势最终是一个国家经济发展状况的综合反映。在其他条件不变的情况下，一国实际经济增长率相对他国上升较快，其国民收入增加也较快，会使该国增加对外国商品和劳务的需求，结果会使该国对外汇的需求相对于其可得到的外汇供给来说趋于增加，导致该国货币汇率下跌，外汇汇率上升。

（五）政府干预

政府的各项政策特别是经济政策都会通过各种途径直接或间接地影响汇率。政府干预汇率的直接形式是通过中央银行干预外汇市场。通常由中央银行在外汇市场上买卖外汇或投放本币，改变外汇供求关系，从而影响汇率。政府也可以通过调整国内货币政策的措施来干预外汇市场，例如，在经济萧条的时候，政府可以采用扩张性货币政策刺激总需求和经济增长，从而引起外汇需求的扩大，导致外汇价格上涨，本币汇率下跌。

（六）市场预期

市场预期是短期内影响汇率变动的一个重要因素。外汇市场的参与者经常对影响汇率的主要因素进行预测和估计，从而预测某种货币汇率的升跌，进而做出在外汇市场上买进或卖出某种货币的决策。例如，如果市场预期本币将会贬值，在外汇市场上立即就可能出现抛售本币的风潮，助长本币贬值的压力，最终导致本币的实际贬值。反之，结果则相反。

（七）政治局势

在当今的外汇市场上，汇率变化是十分敏感的，一些非经济因素、非市场因素的变化也会波及外汇市场，如政府更迭、军事政变、战争爆发、双边矛盾加剧、遭遇严重的自然灾害、突发国际重大事件等，而这些事件和灾害如果未能得到有效的控制，就会导致国内经济萎缩或瘫痪，使投资者信心下降而引发资本外逃，其结果是导致该国汇率下跌。例如，1991 年的海湾战争、2011 年 9 月 11 日恐怖分子对纽约世贸中心的突发袭击、2003 年 3 月 21 日美英联军发动的对伊拉克的战争等，均对美元汇率产生了重大的影响。

此外，国际金融市场间的联系十分密切，价格相互传递，黄金市场、股票市场、石油市场等其他投资品市场价格发生变化也会引起外汇市场的汇率变动。

☆ **案例链接 10－1** ☆

广场协议

20 世纪 80 年代初期，美国财政赤字剧增，对外贸易逆差大幅增长。美国希望通过美元贬值来增加产品的出口竞争力，以改善美国国际收支不平衡状况。

1985 年 9 月 22 日，美国、日本、联邦德国、法国以及英国的财政部部长和中央银行行长（简称 G5）在纽约广场饭店举行会议，达成五国政府联合干预外汇市场，诱导美元对主要货币的汇率有秩序地贬值，以解决美国巨额贸易赤字问题的协议。

因协议在广场饭店签署，故该协议又被称为“广场协议”。

“广场协议”签订后，上述五国开始联合干预外汇市场，在国际外汇市场大量抛售美元，继而形成市场投资者的抛售狂潮，导致美元持续大幅度贬值。1985 年 9 月，美元兑日元在 1 美元兑 250 日元上下波动，协议签订后不到 3 个月的时间里，美元迅速下跌到 1 美元兑 200 日元左右，跌幅 20%。在这之后，以美国财政部部长贝克为代表的美国当局以及以弗日德·伯格斯藤（当时的美国国际经济研究所所长）为代表的金融专家们不断地对美元进行口头干预，表示当时的美元汇率水平仍然偏高，还有下跌空间。在美国政府强硬态度的暗示下，美元对日元继续大幅度下跌，最低曾跌到 1 美元兑 120 日元。在不到三年的时间里，美元对日元贬值了 50%，也就是说，日元对美元升值了一倍。

有专家认为，日本经济进入十多年低迷期的罪魁祸首就是“广场协议”。但也有专家认为，日元大幅升值为日本企业走向世界、在海外进行大规模扩张提供了良机，也促进了日本产业结构调整，最终有利于日本经济的健康发展。因此，日本泡沫经济的形成不应该全部归罪于日元升值。

四、汇率变动对经济的影响

浮动汇率制度下汇率变动频繁，对各国经济产生的影响日益深刻，主要体现在以下方面。

（一）汇率变动对国际收支的影响

1. 汇率变动对进出口贸易的影响

汇率对进出口的影响是最直接的也是最重要的。一国的汇率变动不会改变进出口商品本身的价值，而是影响该国进出口商品在国际贸易中的相对价格，从而提高或削弱它们在国内外市场上的竞争力。一国的汇率下跌，该国出口商品以外币表示的价格会下降，从而提高该国出口商品在国际市场上的竞争力，出口数量增加；同时，以该国货币表示的进口商品的价格上升，使进口需求减少。因此，一般情况下，一国货币对外贬值后，有利于该国商品的出口；一国货币对外升值后，有利于外国商品的进口，不利于该国商品的出口。

2. 汇率变动对非贸易收支的影响

本币贬值可以改善本国的非贸易收支。以国际旅游为例，本币贬值后，单位外币兑换到本币数额增加，外币在本国的购买力相对提高，使得外国旅游者在本国旅游时的费用开支减少，增加了外国旅游者来本国旅游的吸引力，使本国的旅游外汇收入增加；而本币贬值后，由于兑换单位外币所需的本币数额增加，本国出国旅游者的费用开支增加，使本国的旅游外汇支出减少。

☆ 案例链接 10-2 ☆

人民币汇率跌回四年前　财富缩水怎么办?

2015 年 12 月 11 日，人民币对美元中间价再跌 122 点，报 6.435 8，创 2011 年 8 月 5 日以来新低，最近 5 日累计贬值达 507 基点。近期公布的信贷、投资等宏观数据显示经济下行压力较大，加之美联储加息预期，市场对人民币的看空情绪达到逾五年以来最高。

人民币贬值，跟我什么关系?

对普通百姓而言，人民币贬值影响最大的为出境游。数据显示，2014 年我国内地公民出境游突破 1 亿人次。以美国游为例，按人均消费 5 000 美元计，人民币汇率从 6.2 跌到 6.4，约增加花费 1 000 元。此外，留学、海外代购也将受到影响。但人民币适度贬值有利于提升出口企业在国际市场的价格竞争力。

从 2014 年以来，人民币就一改单边升值的趋势，2014 年人民币中间价按年下跌 0.36%，是汇改以来首次年度下跌。今年以来人民币中间价跌幅已达 4.82%。两年合计跌幅超过 5%。

如果你需要出国留学、旅游或海淘，相比两年前：你的 1 000 元，就少了 50 元，相当于少看一场电影；如果你有 10 万元，那么就少了 5 000 元，相当于少去 1 次国内游；如果你有 1 000 万元，那么就失去了 50 万，相当于失去了一部宝马 5 系。

钱就这样悄悄地飞走了!!!

分析称，为实现资产保值增值，资产配置可以考虑增加美元、英镑计价的投资品比例。有条件的可以选择海外置业、海外保险，或选择 QDII 类产品以及关注港股的投资机会。

资料来源：李利辉．人民币汇率跌回四年前　财富缩水怎么办?．(2015-12-12) [2017-09-22]．http：//finance.eastmoney.com/news/1345，20151212575161197.html.

3. 汇率变动对国际资本流动的影响

汇率变化是影响国际间资本流动的直接因素，资本流动的目的主要是追求利润和避免受损。当一国的货币贬值尚未到位时，国内资本的持有者和外国投资者为避免该国货币再次贬值而蒙受损失，会将资本调出该国，进行资本逃避。若该国货币贬值已经到位，在具备投资环境的情况下，投资者不再担心贬值受损，外逃的资本就会流回国内。特别是如果某种货币贬值过头，当投资者预期该汇率将会反弹，就会引起大规模的资本流入。而货币升值的作用正好相反。

4. 汇率变动对外汇储备的影响

汇率变动对外汇储备的影响主要体现在三个方面：一是汇率变动会改变一国外汇储备的规模；二是储备货币的汇率变动会影响一国外汇储备的实际价值；三是汇率的频繁波动将影响储备货币的国际地位。

（二）汇率变动对国内经济的影响

1. 汇率变动对物价水平的影响

一国汇率变动对国内经济最直接的作用是影响物价。一般来讲，一国货币汇率下降容易引发国内的通货膨胀现象。首先从进口角度看，本币贬值导致进口商品的本币价格提高，它所产生的示范效应会带动国内同类商品的价格上升；若进口商品属于生产资料，其价格上升还会通过生产成本上升推动最终产品价格上涨。其次从出口角度看，一国货币汇率下降首先引起出口量的扩大，但是短期内扩大生产存在一定的困难，这就加剧了国内市场的供求矛盾，引起出口商品的国内价格上涨；反之，一国货币汇率上升，则有助于抑制本国通货膨胀。

2. 汇率变动对国内利率的影响

汇率变动会激发人们对利率变动的心理预期。如果一国货币汇率下降激发人们产生进一步下降的预期，会引起短期资本外逃，国内资本供给减少，可能引起利率上升。如果汇率下降激发起人们对汇率反弹的预期，则可能导致短期资本流入，国内资本供给增加，利率下降。

3. 汇率变动对国民收入和就业的影响

一国货币汇率下降会使该国出口增加，从而刺激国内企业扩大出口产品生产规模，推动就业水平的提高，增加国民收入。同时，本币汇率下降使进口减少，导致国内对进口产品的需求转向国内的同类商品，即产生进口替代效应，使生产进口替代品的部门和企业的收益增加，从而引起资源在国内各部门的重新配置，而上述的一系列变化会使该国的国民收入总额增加。如果一国的货币汇率上升，则情况正好相反。

☆ 案例链接 10-3 ☆

人民币快速贬值　央行为何如此淡定?

在岸价 6.90，离岸价 6.91，人民币短期快速贬值，让国内的小伙伴，越来越不能淡定了，甚至有些人呼吁央行为什么不干预一下外汇市场，这么快速的贬值真的好吗? 如果你站在央行的角度想问题，似乎没什么不好。

第一，这波贬值是美元走强引起的，美元冲破了 101，这在 15 年里是没有出现过的，所以美元走强带动人民币被动贬值，我们只是一个被动的接受方，而没有任何主动贬值的意图。所以，任何以央行印钱，干预汇率，让人民币大幅贬值刺激出口的言论，在这里不攻自破。

第二，贬值确实对出口有利，这个毋庸置疑。全年人民币贬值了 6%，出口企业年初签的美元订单，用美元结算，年底算账多出了 6%的利润，这也就意味着中国制造多出了 6%的议价空间，可以进一步降价打击对手。

第三，你觉得人民币贬值了，海外购物受损，而这正是人家需要的，你们总是在海外买买买，国内的消费怎么办，所以人民币贬值，正赶上美国的圣诞购物季，年底贬值一下也打击一下你们国外血拼的念头。

第四，为明年川普上台积累一定的政治筹码，川普一直觉得人民币低估，应该升值，还拿汇率操纵国来吓唬我们，而他真正坐进白宫，基本上明年1月底了，所以这段时间我们争取把明年的贬值额度用了，万一明年川普真的跟我们过不去，也好有个准备。

第五，人民币表现并不是最糟的，美元走强，欧元、英镑、日元都在贬，美元兑日元，两个月就升了9%，美元对欧元和英镑，两个月升幅也有6%，相比之下人民币2个月才升3.2%，全年贬值6%～7%真心不算多。我们已经很坚挺了。

第六，央行最担心的事，也是最重要的事，就是资金外流，这样外汇压力就会增加。但好就好在我们10月份进行了楼市调控，基本上把资金链切断了。让炒楼的钱，想跑已经跑不了了。根据wind数据显示，10月份，也就是贬值最快的这个月，资本外流不但没有增加，反而收窄了一半，9月份是785亿，而10月份只有400亿，估计随着调控的继续深入，未来资本外流还将进一步收窄。

所以综合来看，人民币贬值对于央行来说，明显好处多坏处少，唯一担心的问题还被楼市调控解决了，下一步央行肯定的还是会用加强监管的办法来进一步压缩资本外流。所以，事情都向我们有利的方向发展，压根不用出手干预外汇市场。

资料来源：齐俊杰．人民币快速贬值 央行为何如此淡定？．(2016-11-21)[2017-06-22]．http：//finance.ifeng.com/a/20161121/15022081_0.shtml.

（三）汇率变动对国际经济关系的影响

在浮动汇率制度下，外汇市场上各种货币频繁的、不规则的变动，不仅给各国对外贸易、国内经济等造成了深刻影响，而且也影响着各国之间的经济关系。

1. 加深了各国争夺销售市场的斗争

如果一国实行以促进出口、改善贸易逆差为主要目的的货币贬值，会使对方国家货币相对升值，出口竞争力下降，尤其是以外汇倾销为目的的本币贬值必然引起对方国家和其他利益相关国家的反抗甚至报复，这些国家会采取针锋相对的措施，直接或隐蔽地抵制贬值商品的侵入，汇率战由此而生。竞相货币贬值以促进各自国家的商品出口是国际上很普遍的现象，由此造成的不同利益国家之间的分歧和矛盾也层出不穷，这加深了国际经济关系的复杂化。

2. 促进了储备货币多元化的形成

由于某些储备货币发行国的国际收支恶化，其货币汇率不断下跌，影响其国际地位，而有些国家的情况相反，其货币在国际领域的地位和作用日益加强，进而促进了国际储备货币多元化的形成。

3. 促进了国际金融业务的不断创新

汇率变动影响国际资本流动，促进了外汇交易的投机，造成了国际金融市场的动荡与混乱，同时由于汇率的起伏不定，加剧了国际贸易与金融的汇率风险。为了减缓汇率风险，货币期货、货币期权、货币互换和欧洲债券等衍生金融工具推陈出新，使国际金融业务的形式与市场机制不断创新。

任务二　了解国际收支与国际储备

一、国际收支的定义

国际收支（International Balance of Payment），是指在一定时期内，一国居民与非居民之间进行的全部经济交易的系统的货币记录。

国际货币基金组织（IMF）在《国际收支手册》（1993 年第 5 版）中将国际收支定义为："国际收支是一定时期的统计报表，它着重反映：（1）一国与其他国家之间商品、劳务和收入的交易；（2）该国货币、黄金、特别提款权以及对其他国家债权、债务的所有变化和其他变化；（3）无偿转移支付，以及根据会计处理的需要，平衡前两项没有相互抵消的交易和变化的对应交易。"

国际收支的定义内涵非常丰富，我们可以从以下几个方面来理解：

（1）国际收支记录的是对外往来的内容，即一国居民与非居民之间的经济交易。

在国际收支统计中，居民是指在一个国家（或地区）的居住期限达一年以上，在其经济领土内具有经济利益的经济单位。除此之外的经济单位就被称为该国（或地区）的非居民。

（2）国际收支反映的内容以交易为基础，而不是以货币收支为基础。

国际收支既包括立即结清的各种到期支付的交易，也包括未到期的交易；既包括发生货币收付的国际交换活动，也包括未发生货币收付的国际交换活动等。

（3）国际收支记录的是全部经济交易。

所谓交易，包括经济价值的交换、转移、移居以及其他根据推论而存在的交易。

（4）国际收支是个事后的概念。

国际收支概念中的"一定时期"一般是指过去的一个会计年度，所以它是对已发生事实进行的记录。

目前，我国对居民与非居民之间的一切经济交易、对外金融资产和负债存量，以及跨境交易资金流动进行统计、监测和分析，实行国际收支统计申报制度。由机构或个人直接向外汇管理部门申报相关信息的，称为直接申报。非银行机构或个人通过金融机构申报其涉外收付款的，称为间接申报。

此外，我国还建立了国际收支统计专项调查制度，如贸易信贷调查制度等，辅助采集特定交易信息。外汇管理部门根据申报、调查以及其他管理部门的数据加工编制国际收支统计相关报表，综合反映我国涉外经济状况，为社会各界提供经济分析和经营决策所需的信息。

二、国际收支平衡表

国际收支平衡表，是国际收支的外在表现，是指在一定时期内的全部国际经济交易根据交易的内容与范围，按照经济分析的需要设置账户或项目，按照复式记账法进行分类记录的会计报表。2016 年二季度和上半年的国际收支平衡表，见表 10 - 2。

表 10-2　　中国国际收支平衡表（概览表，以人民币计值）　　单位：亿元人民币

项目	行次	2016 年二季度	2016 年上半年
1. 经常账户	1	4 190	6 759
贷方	2	41 224	77 042
借方	3	−37 034	−70 284
1. A 货物和服务	4	4 574	7 596
贷方	5	36 863	68 889
借方	6	−32 290	−61 293
1. A. a 货物	7	8 220	15 006
贷方	8	32 317	60 104
借方	9	−24 097	−45 098
1. A. b 服务	10	−3 646	−7 410
贷方	11	4 546	8 784
借方	12	−8 193	−16 195
1. B 初次收入	13	−357	−625
贷方	14	3 821	7 097
借方	15	−4 178	−7 721
1. C 二次收入	16	−27	−213
贷方	17	540	1 057
借方	18	−567	−1 270
2. 资本和金融账户	19	−934	−944
2.1 资本账户	20	−2	−9
贷方	21	3	15
借方	22	−5	−24
2.2 金融账户	23	−932	−935
资产	24	−5 970	−5 092
负债	25	5 038	4 157
2.2.1 非储备性质的金融账户	26	−3 187	−11 238
2.2.1.1 直接投资	27	−1 983	−3 045
资产	28	−4 181	−7 928
负债	29	2 198	4 884
2.2.1.2 证券投资	30	508	−2 163
资产	31	−1 024	−2 463
负债	32	1 532	301
2.2.1.3 金融衍生工具	33	−223	−156
资产	34	−190	−301
负债	35	−34	144
2.2.1.4 其他投资	36	−1 488	−5 875
资产	37	−2 830	−4 704
负债	38	1 342	−1 171
2.2.2 储备资产	39	2 255	10 303
3. 净误差与遗漏	40	−3 256	−5 815

注：

1. 根据《国际收支和国际投资头寸手册》（第六版）编制，资本和金融账户中包含储备资产。

2. “贷方”按正值列示，“借方”按负值列示，差额等于“贷方”加上“借方”。本表除标注“贷方”和“借方”的项目外，其他项目均指差额。

3. 季度人民币计值的国际收支平衡表数据，由当季以美元计值的国际收支平衡表，通过当季人民币对美元季平均汇率中间价折算得到，季度累计的人民币计值的国际收支平衡表由单季人民币计值数据累加得到。

4. 本表计数采用四舍五入原则。

5. 细项数据请参见国家外汇管理局国际互联网站“统计数据”栏目。

（一）国际收支平衡表的内容

国际货币基金组织提出了一套有关构成国际收支平衡表的项目分类的建议，称为标准组成部分，其账户主要有：

1. 经常项目

经常项目又称经常账户，是国际收支平衡表中最基本最重要的账户，通常是指一个国家或地区对外经济交往中经常发生的交易项目，包括货物、服务、收入以及经常转移四个子项目。我国已于1996年实现人民币经常项目可兑换。

（1）货物。

货物具体包括了一般商品、用于加工的货物、货物的修缮、各种运输工具在港口采购的所有货物以及非货币黄金。货物的出口或进口应在货物的所有权从一居民转移到另一居民时记录下来。

（2）服务。

服务是指居民与非居民相互提供的服务，包括运输、旅游、通信服务、建筑服务、保险服务、金融服务（不包括保险公司和退休基金会的服务）、计算机和信息服务、专有权力（如商标、版权、专利制作方法、技术、设计、制造权和经销权等）的使用费和特许费、研究和开发服务、广告和市场调研服务、个人和文化及娱乐服务、其他商业服务（如经营租赁服务、法律、会计和管理咨询）以及政府服务等。

（3）收入。

收入包括职工报酬和投资收入两部分。

1）职工报酬。职工报酬指以现金或实物形式支付给边境工人、季节工和其他非居民工人（即在使馆的当地工作人员）的工资、薪金和其他福利。

2）投资收入。投资收入是指居民持有的国外资产而得到的收入，包括直接投资收入（利润）、证券投资收入和其他投资收入。

（4）经常转移。

经常转移是指商品、劳务或金融资产在居民与非居民之间转移后，并未得到补偿与回报，它包括了各级政府（如政府间经常性的国际合作、对收入和财产支付的经常性税收等）的转移和其他转移（如个人汇款、保险费——减去服务费以及非人寿保险的保费），而不包括固定资产所有权的转移、同固定资产收买/放弃相联系的或以其为条件的资金转移、债权人不索取任何回报而取消的债务。被排除的三类转移，应属于资产转移范畴。

2. 资本项目

通常所说的资本项目是对国际收支平衡表中资本和金融账户的总称。它是指对资产所有权在国际间流动行为进行记录的账户，它由资本账户和金融账户两大部分组成。目前，我国没有完全放开资本项目管制，而是在有效防范风险的前提下，有选择、分步骤地放宽对跨境资本交易活动的限制，逐步实现资本项目可兑换。

（1）资本账户。

资本账户主要由资本转移和非生产、非金融资产的收买和放弃两部分组成。

1）资本转移。资本转移指涉及固定资产所有权转移，同固定资产买进卖出联系在一起或以其为条件的资金转移以及债权人不索取任何回报而取消的债务。这一项目下细分为各级政府的转移和其他转移。

2）非生产、非金融资产的收买和放弃。非生产、非金融资产指的是各种无形资产，如注册的商标、注册的单位名称、租赁合同或其他可转让的合同和商誉。

（2）金融账户。

金融账户包括了引起一个经济体对外资产和负债所有权变更的所有权交易。根据投资类型或功能分成直接投资、证券投资、其他投资和储备资产等项目。

1）直接投资。直接投资反映一经济体的直接投资者对另一经济体的直接投资企业的永久利益，它包括直接投资者和直接投资企业之间的所有交易，即直接投资包括两者之间开始的交易，以后的交易及它们与公司型和非公司型的附属企业之间的交易。

2）证券投资。证券投资包括股票和债券的交易。债券交易包括了长期债券、中期债券、货币市场的工具和金融衍生工具。

3）其他投资。这是一个剩余项目，它包括所有直接投资、证券投资或储备资产未包括的金融交易。主要有长短期的贸易信贷、贷款（包括利用基金组织的信贷、基金组织的贷款和同金融租赁联系在一起的贷款）、货币和存款（可转让的和其他类型的，如储蓄存款、定期存款、入股形式的存款和贷款、在信贷合作社的股份等），以及应收款项和应付款项（直接投资项下的交易排除在外）。

4）储备资产。储备资产又称官方储备或国际储备，包括一经济体的货币当局认为可以用来满足国际收支和在某些情况下满足其他目的资产的交易。具体项目包括货币化的黄金、特别提款权、在基金组织的储备头寸、外汇资产（货币、存款和有价证券）以及其他的债权。

3. *净误差与遗漏*

由于国际收支运用的是复式记账法，经常项目、资本和金融项目的变动余额相加之后在理论上应等于零，如果不为零，其差额即以“净误差与遗漏”项目去抵补。

产生误差与遗漏的主要原因：一是由于原始资料不准确，居民漏报少报等引起的；二是跨年度交易，统一口径不一；三是短期资本的国际转移，故意逃避管制引起的。在国际收支平衡表中，标准的做法是将误差和遗漏用一个单独的项目表示出来，称作平衡项目或统计误差。它的目的就是平衡表上各组成部分的数据报得过高与过低。因此，如果组成部分的贷方出现余额，那么就在借方注上一笔数目相等的误差和遗漏，出现相反的情况，同理。

（二）国际收支平衡表的编制原理和记账方法

国际收支平衡表是按照复式记账法进行记录编制的，即每笔交易都是由两笔价值相等，方向相反的账目表示。

复式记账法运用在国际收支平衡表时，主要包括以下三个要点：

第一，任何一笔交易发生，必然涉及借方和贷方两个方面，有借必有贷，借贷必相等。

第二，所有国际收支项目都可以分为资金来源项目（如出口）和资金运用项目（如进口）。

资金来源项目的贷方表示资金来源（即收入）增加，借方表示资金来源减少。资金运用项目的贷方表示资金占用（即支出）减少，借方表示资金占用增加。

第三，凡有利于国际收支顺差增加或逆差减少的资金来源增加或资金占用减少均记入贷方，凡有利于国际收支逆差增加或顺差减少的资金占用增加或资金来源减少均记入借方。

借方科目记录本国对外国支付的项目，凡是外汇支出、资本输出、资产增加、负债减少都记入借方。贷方科目记录本国从外国那里收入的项目，凡是外汇收入、资本输入、资产减少、负债增加都记入贷方。

三、国际收支失衡的调节

（一）国际收支失衡的定义

国际收支平衡表上的国际收支总是平衡的，但这种平衡只是会计意义上的平衡。从经济意义上，国际收支经常存在不平衡，即出现不同程度的顺差或逆差，这就是国际收支失衡。

20 世纪 50 年代初期，詹姆斯·米德在其所著的《国际收支》一书中提出，将国际收支平衡表上的各种经济交易区分为自主性交易和调节性交易，用来判断国际收支的平衡与不平衡。

自主性交易，又称事前交易，是指那些基于交易者自身的利益或其他的考虑而主动发生的交易，主要包括经常项目和资本和金融项目中的交易。例如，货物和劳务的输出入、直接投资、长期资本流出入、侨民汇款、赠予等。通常判断一国国际收支是否平衡，主要看其自主性交易是否平衡。

调节性交易，又称事后交易，是指为弥补自主性交易各项目所发生的差额而进行的交易。例如，为弥补国际收支逆差而向外国政府或国际金融机构借款、动用官方储备等。

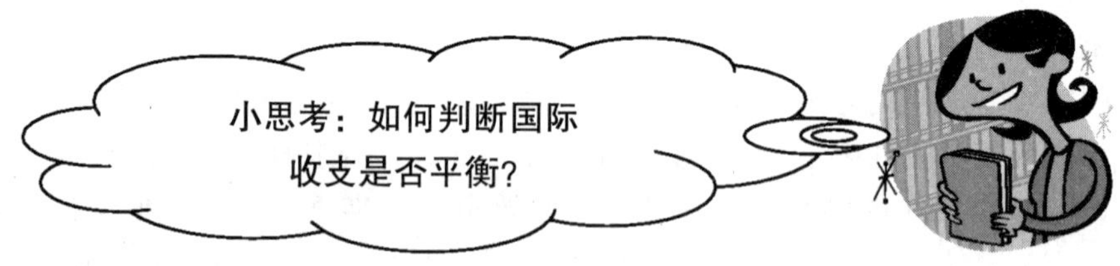

（二）国际收支失衡的口径

一国国际收支不平衡是各国政府和国际经济组织政策调整的重要对象，但在做到“对症下药”时，还需要正确认识国际收支不平衡的口径，即国际收支不平衡出现在哪个或者哪些账户中。

1. *贸易收支差额*

贸易收支差额即商品进出口收支差额。进口大于出口则为逆差，出口大于进口则为顺差。这是传统上用得较多的一个口径。

2. *经常项目差额*

经常项目差额是国际收支平衡中最重要的差额，它综合反映一国进出口状况，是一个国家国际竞争力和经济地位的体现，也是预测一国经济发展与政策变化效果的主要指标。

3. *资本和金融账户差额*

资本和金融账户逆差，表明本国资本流出大于资本流入；反之亦然。

4. *综合账户差额*

这一指标是全面衡量和分析国际收支状况的指标。在没有特别指明的情况下，人们所称的国际收支顺差或逆差，就是指综合账户差额（又称总差额）的顺差或逆差。

☆ 案例链接 10-4 ☆

国家外汇管理局新闻发言人就
2016 年三季度国际收支状况答记者问

问：2016 年三季度国际收支形势有何新变化？

答：一是经常账户顺差有所增长，与当期国内生产总值（GDP）之比为 2.5%，处于合理水平。2016 年三季度，经常账户顺差 712 亿美元，环比增长 11%。其中，货物贸易顺差 1 371 亿美元，环比增长 9%。随着国际国内市场需求缓慢回暖，货物出口和进口均有所增长。服务贸易逆差 695 亿美元，环比扩大 25%，主要是季节性因素影响，7 月、8 月为出国旅游旺季，三季度旅行逆差 629 亿美元，环比增长 26%。

二是非储备性质的金融账户逆差（含净误差与遗漏）为 2 073 亿美元，主要是境内主体积极配置对外资产。具体来看，对外资产方面，对外直接投资资产净增加 550 亿美元，环比收窄 14%；据不完全统计，合格境内机构投资者（QDII）、港股通等对外证券投资净增加超 300 亿美元，对外贷款净增加超 400 亿美元。对外负债方面，外国来华直接投资净增加 236 亿美元，表明我国长期投资环境仍具有吸引力，同时，随着企业去杠杆化告一段落，证券投资和贷款负债项下净流入也有所恢复，如境外机构购买境内股票和债券净流入超 400 亿美元。

总体来看，我国经济仍将保持中高速增长，以货物贸易为主导的经常账户仍将保持顺差，对长期资本的吸引力也仍然较强。随着人民币正式加入特别提款权（SDR）货币篮子，金融市场双向开放不断推进，包括国内股票市场、债券市场、外汇市场等进一步开放。一方面，国内主体合理安排跨境投融资的主动性将进一步增强；另一方面，国际投资者投资我国资产的需求也会明显提升，这些因素会共同引导我国跨境资本呈现有进有出、双向波动的局面。

（三）国际收支失衡的原因

国际收支失衡是由多种原因引起的，可以概括为以下几种：

1. 临时性失衡

临时性失衡是短期的、由非确定或偶然因素如自然灾害、政局动荡等引起的国际收支不平衡。这种性质的国际收支失衡程度一般较轻、持续时间不长、带有可逆性，可以认为是一种正常现象。

在浮动汇率制度下，这种性质的国际收支失衡有时根本不需要政策调节，市场汇率的波动有时就能将其纠正。在固定汇率制度下，一般也不需要用政策措施，只需动用官方储备便能加以克服。

2. 结构性失衡

结构性失衡是指由于国际市场的变化，一国国内经济、产业结构不能适应而导致的该国经济结构失去生命力，即该国的出口产品失去竞争力，继而失去国际市场而导致的国际收支不平衡。

例如，在20世纪70年代，石油输出国调整了石油产量，引起世界市场石油价格上涨数倍，导致部分国家国际收支出现巨额逆差。这就是由于进口需求价格弹性低所引起的结构性失衡。

3. 周期性失衡

周期性失衡是指由经济周期变化而引起的该国国民收入、价格水平、生产和就业发生变化而导致的国际收支不平衡。周期性失衡是世界各国国际收支不平衡的常见原因。

当一国的经济处于衰退期时，社会总需求下降，进口需求也相应下降，国际收支可能发生盈余。反之，如果一国经济处于繁荣时，国内投资与消费需求旺盛，进口需求相应增加，国际收支便出现逆差。

4. 货币性失衡

货币性失衡又称价格性失衡，是指在一定汇率水平下，一国物价与商品成本高于他国而引起出口货物价格相对高昂、进口货物价格相对便宜，从而导致的国际收支失衡。

在这里，国内商品成本与一般物价上升的原因被认为是货币供应量的过分增加，因此，国际收支失衡的原因是货币性的。货币性失衡可以是短期的，也可以是中期或长期的。

5. 收入性失衡

收入性失衡是指由于一个国家的国民收入的相对快速增长而导致进口需求的增长超过出口增长所引起的国际收支不平衡。

一般来说，一国经济增长较快，国民收入大幅增加，全社会消费水平就会提高，社会总需求扩大，在开放型经济下，社会总需求的扩大通常不一定会表现为价格上涨，而表现为增加进口，减少出口，导致国际收支出现逆差；反之，当经济增长率较低，国民收入减少时，国际收支出现顺差。

6. 政策性失衡

政策性失衡是指由于一国政策性因素引发的国际收支失衡，货币政策、财政政策和外汇政策的变化均可引发国际收支的失衡。当一国货币过度发行或财政严重超支时，都可能造成国内经济升温、需求过度膨胀，导致进口需求增加。如果汇率政策不做出相应调整，则会同时导致本币高估，出口下降，从而使一国国际收支状况严重恶化。

7. 资本性失衡

资本性失衡是指短期投机性资本大量流动或短期内资本大量外逃，造成是国际收支失衡。大量的投机性资本流出会使一国汇率恶化，造成货币贬值，货币贬值又进一步刺激了投机，从而使外汇市场混乱，造成国际收支失衡。例如，1997年亚洲金融危机中，东南亚国家国际收支严重失衡，直接原因就是投机性资本流动和资本外逃。

（四）国际收支失衡的调节手段

国际收支失衡对一国的经济会产生诸多不良影响，由于市场本身对国际收支失衡的调节是一个缓慢的过程，因此，政府有必要采取政策措施调节国际收支失衡，使之趋于或达到均衡状态。政府调节国际收支的政策措施主要有：

1. 外汇缓冲政策

外汇缓冲政策是指一国动用外汇储备或临时向外借款抵消超额外汇需求或供给以调节国际收支。当国际收支出现逆差时，货币当局减少外汇，弥补超额外汇需求；反之，当国际收支出现顺差时，货币当局在外汇市场上购进外汇，增加外汇储备，消除超额外汇供给。

2. 汇率政策

汇率政策是指政府运用汇率的变动来调节国际收支。当国际收支出现逆差时，货币当局可以采取本币贬值的措施。本币贬值，一方面，本国出口商品的外币价格下跌，从而提升其在国际市场上的竞争力，刺激出口，增加国际收入；另一方面，进口商品的本币价格上升，从而削弱其在本国市场上的竞争能力，抑制进口，减少国际支出。在两方面因素的综合作用下，国际收支逆差逐步缩小，乃至消除。反之，当国际收支出现顺差时，可以采用本币升值的措施。

3. 经济政策

经济政策具体包括财政政策和货币政策。

财政政策主要是通过改变税收和政府支出来调节总需求。当国际收支出现逆差时，政府可以采取紧缩性的财政政策，如减少政府公共支出、提高税率或增加税收；反之，当国际收支出现顺差时，宜采取扩张性的财政政策。

货币政策主要是调节货币供应量。当国际收支出现逆差时，可采取紧缩性的货币政策，如在公开市场上卖出政府债券、提高再贴现率和提高法定存款准备金率；反之，当国际收支出现顺差时，宜采取扩张性的货币政策。

需要说明的是，财政政策与货币政策在调节国际收支失衡时有一定的局限性，为此要进行正确的政策搭配，以降低经济政策调节对国内经济的不利影响。

4. 直接管制措施

运用汇率政策和经济政策调节国际收支是通过市场机制发挥作用，政策效应时滞较长，难以立竿见影，特别是对结构性国际收支失衡难以收到良好效果。因此，在国际收支出现结构性逆差时，许多国家往往采取直接管制措施。直接管制措施是指一国政府通过发布行政命令等手段对本国的对外经济交易进行干预，以期达到解决国际收支失衡的目的，具体措施包括外贸管制、外汇管制、数量管制和价格管制等。

5. 国际经济合作措施

由于国与国之间经济的相互性，解决一国国际收支失衡不单纯是当事国自身的问题，寻求广泛的国际合作，才能更有利于失衡问题的解决。国际经济合作的形式主要有：

（1）建立和加强国际金融机构。

（2）建立国际清算制度，使国际间债权债务通过清算机构得以顺利清算。

（3）恢复国际贸易自由，使生产要素能在国际间自由流动，消除人为障碍，促进国际贸易顺利进行。

由于发达国家之间、发达国家与发展中国家之间的严重利益冲突和矛盾，真正意义上的国际经济合作很难实现。要实现真正的国际经济合作的关键在于建立公平的国际经济新秩序。

四、国际储备

（一）国际储备的定义和特点

1. 国际储备的定义

国际储备也称“官方储备”或“自主储备”，是一国政府持有的，可以随时用来平衡国际收支差额、对外进行国际支付、干预外汇市场的国际可以接受的资产总额。

一般而言，一国的国际储备可以分为两部分：一部分用于日常弥补赤字和干预外汇市场的需要，称为交易性储备；另一部分用于不可预测的突发性内外冲击，称为预防性储备。前者与弥补赤字和干预外汇市场所需储备量保持一致，后者则需按照分散原则进行投资。

2. 国际储备的特点

（1）官方持有性。

即作为国际储备的资产必须是一国货币当局直接掌握并予以使用的，这种直接“掌握”与“使用”可以看成是一国货币当局的一种“特权”。非官方金融机构、企业和私人持有的黄金、外汇等资产，不能算作国际储备。该特点使国际储备被称为官方储备，也使国际储备与国际清偿力区分开来。

（2）自由兑换性。

即作为国际储备的资产必须可以自由地与其他金融资产相交换，充分体现储备资产的国际性。缺乏自由兑换性，储备资产的价值就无法实现，这种储备资产在国际上就不能被普遍接受，也就无法用于弥补国际收支逆差及发挥其他作用。

（3）充分流动性。

即作为国际储备的资产必须是随时都能够动用的资产，如存放在银行里的活期外汇存款、有价证券等。当一国国际收支失衡或汇率波动过大时，就可以动用这些资产来平衡国际收支或干预外汇市场来维持本国货币汇率的稳定。

（4）普遍接受性。

即作为国际储备的资产，必须能够为世界各国普遍认同与接受、使用。如果一种金融资产仅在小范围或区域内被接受、使用，尽管它也具备可兑换性和充分流动性，仍不能称为国际储备资产。

（二）国际储备的构成

根据国际货币基金组织（IMF）的统计口径，一国国际储备由以下四个部分构成：黄金、外汇、国际货币基金组织中的储备头寸、特别提款权，见图 10－1。

1. 黄金储备

黄金储备是指一国货币当局持有的，用以平衡国际收支，维持或影响汇率水平，作为金融资产持有的黄金。它在稳定国民经济、抑制通货膨胀、提高国际资信等方面有着特殊作用。作为国际储备的主要形式之一，黄金储备在流动性上有其自身存在局限性，因此应考虑其适度规模的问题。

图 10－1 国际储备的构成

2. 外汇储备

外汇储备是货币当局控制并随时可利用的对外资产，其形式包括货币、银行存款、有价证券、股本证券等，主要用于直接弥补国际收支失衡，或通过干预外汇市场间接调节国际收支失衡。外汇储备管理遵循安全、流动和保值增值的原则，开展多元化投资，创新多层次运用。

3. 国际货币基金组织中的储备头寸

国际货币基金组织中的储备头寸是指一成员国在 IMF 的储备部分提款权余额，再加上向 IMF 提供的可兑换货币贷款余额。储备头寸是一国在 IMF 的自动提款权，其数额的大小主要取决于该会员国在 IMF 认缴的份额，会员国可使用的最高限额为份额的 125%，最低为 0。IMF 的成员国可以无条件地提取其储备头寸用于弥补国际收支逆差。

4. 特别提款权

特别提款权是国际货币基金组织于 1969 年创造的一种虚拟货币，用于补充成员国官方储备的国际储备资产。特别提款权不是货币，也不是对基金组织的债权，而是对基金组织成员国的可自由使用的货币的潜在求偿权。除了作为补充储备资产外，特别提款权还是基金组织和其他一些国际组织的记账单位。

☆ **案例链接 10-5** ☆

人民币成为国际储备货币

在刚刚闭幕的 G20 杭州峰会上，中国和与会各方达成一系列共识，推动国际秩序朝着更加公正合理的方向发展。作为 G20 峰会的重要成果，2016 年 10 月 1 日，人民币正式加入国际货币基金组织特别提款权，也就是 SDR 货币篮子，成为全球储备货币，这不仅是中国融入与完善世界金融体系的重要一步，更透射出随着国力不断增强，中国在全球治理中的话语权不断提升。

就在人民币加入 SDR 货币篮子之际，不少国际组织和投资机构已经开始行动，增加人民币资产配置。

国际清算银行亚太代表处首席代表埃里瑞蒙罗纳表示："这是我们喜欢持有的资产，国际清算银行最近几周将在中国市场再次进行更多的投资。"

德意志银行的一项调查显示，未来一年，国际基金经理们打算把对以人民币计价债券的投资增加一倍。

人民币获得国际投资者的青睐，并非一日之功。能成为继美元、欧元、英镑、日元之后世界上又一种"硬通货"，靠的是中国经济的稳步增长和与世界更紧密的对接。2015 年中国外贸出口总值 2.28 万亿美元，在全球占比上升到近 14%。

哈佛商学院教授约翰·奎尔奇提道："人民币在现有的贸易中已不可或缺，而这种重要性在加入 SDR 后会得到提升，这不仅给中国和全球贸易带来好处，同时也有益于其他国家。"

从更广阔视角看，人民币加入 SDR，只是中国深度参与全球经济治理的一个组成部分。近几年来，中国在多个层面推动国际货币基金组织、世界银行等机构的改革，提高新兴经济体和发展中国家的代表性和发言权，同时主动引领和参与创建亚投行。这次人民币加入 SDR，就是我国从战略高度出发，在 G20 框架下运用议题和议程设置的主动权，抓住机遇，顺势而为，推动国际货币体系改革。

资料来源：银鸿投资．人民币成为国际储备货币　中国载入历史一刻．(2016-10-04) [2017-08-24]．http：//www.sohu.com/a/115459099_446089.

(三) 国际储备的作用

1. 清算国际收支差额，维持对外支付能力

当一国发生出口减少或因特大自然灾害以及战争等突发情况而造成短期的临时性国

际收支逆差时，政府需要采取措施加以纠正，就可运用国际储备来平衡，使其国内经济免受政策调整产生的不利影响，有利于国内经济的稳定发展及维护本国国际信誉。

2. 干预外汇市场，保持本国货币汇率的稳定

当一国本币汇率在外汇市场上发生波动时，尤其是因投机性因素导致这种波动时，该国政府可以动用外汇储备来缓和这种波动，甚至改变波动的方向，而从达到稳定汇率的目的。

3. 提供举债和偿债的保证，增强国际清偿力

一国所拥有的国际储备数量的多少，是一个国家国际清偿力强弱的一个重要体现。国际储备多，就意味着国际清偿力高；国际清偿力高，该国向外借款的保证得到加强，同时也表明该国金融实力和国际地位的提高。

（四）国际储备的管理

国际储备管理是一国政府或货币当局根据一定时期内本国的国际收支状况和经济发展的要求，对国际储备的规模、结构和储备资产的使用进行调整、控制，从而实现储备资产的规模适度化、结构最优化和使用高效化的整个过程。

一个国家的国际储备管理包括两个方面：一是国际储备规模的管理，以求得适度的储备水平；二是国际储备结构的管理，使储备资产的结构得以优化。通过国际储备管理，一方面可以维持一国国际收支的正常进行，另一方面可以提高一国国际储备的使用效率。

导入案例启示

美联储加息，一定意义上意味着美国经济复苏并走向正轨，会吸引全球资金回流，对新兴市场尤甚，直接影响的是汇率。

美联储加息会收紧美元在全球的货币流动，美国利息上升，国家经济强劲。资金都会流向美国，新兴国家的货币贬值，同时可以预见的是新兴国家国内的资产泡沫更加显形化，资本流出的压力更大。当然资本流动的管制会更加严格。

另外最重要的一点，美联储加息意味着经济的大周期要变了！以前是在降息通道，资产价格被推的很高，现在美联储进入加息通道，未来的流动性不会比现在更宽松了，那么与流动性有关的资产价格可能下挫！

对于新兴国家大部分民众来说，影响可能有限。但如有海外支出，例如海外的消费或出国留学等，金额就会增加。对企业的话，可能加重美元债务的偿债负担。

项目小结

外汇是国际汇兑的简称，动态的外汇是指把一国的货币兑换成另一国的货币，借以清偿国际间债权债务关系的行为或活动；静态的外汇是指外币和以外币表示的用于国际结算的支付手段和信用凭证。一种资产成为外汇必须具备可兑换性、普遍使用性、可偿

性等前提条件。

汇率又称兑换率、外币行市、外汇行情、外汇牌价，或简称牌价或汇价，是各国货币之间相互交换时换算的比率，即一国货币单位用另一国货币单位所表示的价格。汇率的标价方法有两种：直接标价法和间接标价法。

汇率的分类主要有：(1) 按汇率制度划分为固定汇率、浮动汇率；(2) 按制定汇率的方法划分为基本汇率、套算汇率；(3) 按银行外汇付汇方式划分为电汇汇率、信汇汇率和票汇汇率；(4) 从银行买卖外汇的角度划分为买入汇率、卖出汇率、中间汇率和现钞汇率；(5) 按外汇买卖的交割期限划分为即期汇率、远期汇率；(6) 按银行营业时间划分为开盘汇率、收盘汇率。

影响汇率变动的因素主要包括：国际收支；通货膨胀率；利率；经济增长率；政府干预；市场预期政治局势。汇率变动对经济的影响主要体现在对国际收支、国内经济、国际经济关系的影响。

国际收支是指在一定时期内，一国居民与非居民之间进行的全部经济交易的系统的货币记录。

国际收支平衡表，是国际收支的外在表现，是指在一定时期内的全部国际经济交易根据交易的内容与范围，按照经济分析的需要设置账户或项目，按照复式记账法进行分类记录的会计报表。其账户主要包括经常项目、资本项目和净误差与遗漏。

从经济意义上，国际收支经常存在不平衡，即出现不同程度的顺差或逆差，这就是国际收支失衡。通常判断一国国际收支是否平衡，主要看其自主性交易是否平衡。

国际收支失衡的原因可以概括为以下几种：临时性失衡、结构性失衡、周期性失衡、货币性失衡、收入性失衡、政策性失衡、资本性失衡。

政府调节国际收支失衡的政策措施主要有：外汇缓冲政策、汇率政策、经济政策、直接管制措施、国际经济合作措施。

国际储备也称“官方储备”或“自主储备”，是一国政府持有的，可以随时用来平衡国际收支差额、对外进行国际支付、干预外汇市场的国际可以接受的资产总额。

根据国际货币基金组织（IMF）的统计口径，一国国际储备由以下四个部分构成：黄金、外汇、国际货币基金组织中的储备头寸、特别提款权。

同步训练

☆ 知识训练 ☆

一、总结本项目知识体系，并画出框架图。

二、知识闯关

1. 名词解释

外汇、汇率、直接标价法、间接标价法、固定汇率、浮动汇率、基本汇率、套算汇率、电汇汇率、买入汇率、卖出汇率、中间汇率、现钞汇率、即期汇率、远期汇率、国际收支、国际收支失衡、自主性交易、调节性交易、国际储备

2. 选择题（包括单项选择题和多项选择题）

（1）在直接标价法下，当汇率上升时，说明本国货币对外国货币（　　）。

A. 贬值　　B. 升值　　C. 不变　　D. 不确定

（2）根据汇率制度的不同，汇率可分为固定汇率和（　　）。

A. 基本汇率　　B. 市场汇率

C. 官方汇率　　D. 浮动汇率

（3）一国国际收支顺差会导致（　　）。

A. 外国对该国货币需求增加，该国货币汇率上升

B. 外国对该国货币需求减少，该国货币汇率上升

C. 外国对该国货币需求增加，该国货币汇率下跌

D. 外国对该国货币需求减少，该国货币汇率下跌

（4）外汇的具体形式包括（　　）。

A. 可以自由兑换的外国货币

B. 外币有价证券

C. 外币支付凭证

D. 外币银行汇票

（5）汇率变动对进出口贸易的影响包括（　　）。

A. 本币对外贬值有利于本国的出口

B. 本币对外贬值有利于本国的进口

C. 本币对外升值有利于本国的进口

D. 本币对外升值有利于本国的进口

3. 简答题

（1）比较分析在不同的标价方法下，汇率变化与外汇升贬值之间的关系。

（2）影响汇率变动的因素有哪些？汇率变动对经济产生哪些影响？

（3）简述国际收支平衡表的内容。

（4）国际收支失衡的原因有哪些？政府如何调节国际收支失衡？

（5）利率对经济的影响体现在哪些方面？

三、讨论：人民币升值或贬值对我们生活有什么影响？

☆技能训练☆

一、登录中国银行网站，查询最新的汇率情况。

二、外汇牌价计算

中国工商银行 2016 年 12 月 6 日人民币外汇牌价如下表所示。

中国工商银行人民币外汇牌价（节选）

单位：人民币／100 外币

币种	现汇买入价	现钞买入价	卖出价	发布时间
美元（USD）	686.20	681.25	688.95	2016 年 12 月 06 日 14:26:30
港币（HKD）	88.49	87.84	88.83	2016 年 12 月 06 日 14:26:30
欧元（EUR）	736.43	85.28	86.29	2016 年 12 月 06 日 14:26:30
英镑（GBP）	666.89	661.41	669.43	2016 年 12 月 06 日 14:26:30

请计算：

1. 当天，一位出国旅游者到中国银行兑换 1 000 元港币现钞，需要付出多少人民币？

2. 一位居民欲把手中的 100 英镑现钞兑换成等值的人民币，该居民能兑换多少人民币？

3. 一家出口企业到中国银行办理 1 万美元的即期结汇，能兑换多少等值的人民币？

三、生活中的案例分析

香港的联系汇率制度

香港在 1983 年 10 月 15 日开始实施与美元挂钩的联系汇率制度，这是一种货币发行局制度，主要意义是降低交易成本，该制度是香港成为国际贸易中心和国际金融中心的基础。

联系汇率制度规定，港元兑美元的兑换汇率为 7.80 港元兑 1 美元。香港金管局会在 7.75 港元兑 1 美元的汇率水平时，从持牌银行买入美元；当触及 7.85 港元的弱方保证时，则会卖出美元，从而让强弱双向的兑换保证能以联系汇率 7.80 港元为中心点对称地运作。

联系汇率是与港币的发行机制高度一致的。香港没有中央银行，是世界上由商业银行发行钞票的少数地区之一。而港币则是以外汇基金为发行机制的。外汇基金是香港外汇储备的唯一场所，因此是港币发行的准备金。发钞银行（汇丰、渣打和中银）在发行钞票时，必须以百分之百的外汇资产向外汇基金交纳保证，换取无息的“负债证明书”，以作为发行钞票的依据。换取负债证明书的资产，先后是白银、银元、英镑、美元和港币，实行联系汇率制度后，则再次规定必须以美元换取。在香港历史上，无论以何种资产换取负债证明书，都必须是十足的，这是港币发行机制的一大特点，实行联系汇率制则依然沿袭。

联系汇率真正成为香港金融管理制度的基础，是在经历了一些金融危机和 1987 年股灾之后的事情。主要是香港金融管理当局为完善这一汇率机制，采取了一系列措施来创造有效的管理环境，如与汇丰银行的新会计安排，发展香港式的贴现窗，建立流动资金调节机制，开辟政府债券市场，推出即时结算措施等；此外，还通过货币政策工具的创新，使短期利率受控于美息的变动范围，以保障港元兑美元的稳定。而对于联系汇率制最有力的一种调节机制，还在于由历史形成的，约束范围广泛的和具有垄断性质的“利率协议”，其中还包括了举世罕见的“负利率”规则，它通过调整银行的存、贷利率，达到收紧或放松银根，控制货币供应量的目的，因此至今仍然是维护联系汇率制度的一项政策手段。

香港作为一个高度开放的国际金融中心，采取与美元挂钩的联系汇率制度，在特定的历史时期中，无可厚非。联系汇率制度，可以为香港提供了一个稳定的、低成本的、高效率的交易结算工具。这对于香港金融产业的发展具有一定的积极意义。但是，联系汇率制度一向都是双刃剑。它带给香港一定的方便，也带给香港严重的问题。

首先，没有货币主权，就没有经济管理主权。这就意味着，香港无法制订清晰的产业发展政策。其次，没有货币主权，港币就无法具备成为国际储备货币的价值。这就意味着，以港币计价的资产并不具备对冲美元风险的能力。最后，没有货币主权，就没有管理通货膨胀的能力。在刚性的联系汇率制度下，美元持续贬值，必然导致香港的持续通货膨胀。香港的持续通货膨胀表现为房地产的长期畸形繁荣，可以说是一业兴旺，百业萧条。

请分析：

1. 什么是香港的联系汇率制度？它属于哪种汇率制度？
2. 实施联系汇率制度对香港经济的影响有哪些？

参考文献

1. 黄达．金融学（第二版）．北京：中国人民大学出版社，2009.

2. 弗雷德里克·S. 米什金．货币金融学（第九版）．北京：中国人民大学出版社，2011.

3. 斯科特·贝斯利，尤金·F. 布里格姆．金融学原理（第5版）．北京：北京大学出版社，2016.

4. 曹龙骐．金融学（第四版）．北京：高等教育出版社，2013.

5. 房燕．金融学．北京：北京大学出版社，2016.

6. 陈登峰．金融学基础．大连：东北财经大学出版社，2015.

7. 张孝君．金融理论与实务（第二版）．北京：中国人民大学出版社，2014.

8. 秦梓华，安春梅．金融概论．北京：北京出版社，2014.

9. 中国人民银行．金融知识国民读本．北京：中国金融出版社，2014.

10. 谭小芳．超实用金融学．北京：中国铁道出版社，2013.

11. 刘纪鹏．资本金融学．北京：中信出版社，2012.

12. 石月华．货币银行学（第二版）．北京：中国人民大学出版社，2012.

13. 张晓华．金融基础．北京：机械工业出版社，2012.

14. 朱孟楠．国际金融学（第二版）．厦门：厦门大学出版社，2013.

15. 倪信琦，李杰辉．国际金融（第二版）．北京：中国人民大学出版社，2013.

16. 证券考试命题研究组．金融市场基础知识．成都：西南财经大学出版社，2015.

图书在版编目（CIP）数据

金融学基础/孙黎主编．—北京：中国人民大学出版社，2018.4
21 世纪高职高专规划教材．金融保险系列
ISBN 978-7-300-24472-3

Ⅰ.①金… Ⅱ.①孙… Ⅲ.①金融学-高等职业教育-教材 Ⅳ.①F830

中国版本图书馆 CIP 数据核字（2017）第 123118 号

21 世纪高职高专规划教材・金融保险系列
金融学基础
主　编　孙　黎
副主编　刘　星　蔡　璨
Jinrongxue Jichu

出版发行	中国人民大学出版社		
社　　址	北京中关村大街 31 号	**邮政编码**	100080
电　　话	010－62511242（总编室）		010－62511770（质管部）
	010－82501766（邮购部）		010－62514148（门市部）
	010－62515195（发行公司）		010－62515275（盗版举报）
网　　址	http://www.crup.com.cn		
经　　销	新华书店		
印　　刷	唐山玺诚印务有限公司		
规　　格	185 mm×260 mm　16 开本	**版　　次**	2018 年 4 月第 1 版
印　　张	16	**印　　次**	2021 年 12 月第 5 次印刷
字　　数	380 000	**定　　价**	35.00 元